영원한 민족의 스승 **고당 조만식 전기**

"북한 일천만 동포와 생사를 같이 하겠소"

세상을 앓던 사람

고당 조만식 선생 83회 생신 기념 헌시(獻詩)

박 남 수 朴 南 秀

검은 두루마기는 무릎을 덮은 일이 없고
당신의 옥 같은 몸은 비단에 감겨 본 일이 없다.
한국의 촌부(村婦)가 짠
씨날이 굵은 무명으로도
당신은 족히 자랑을 만들었다.

살눈썹에 서리는 자부러움 뒤에서
당신의 작은 눈은 늘 타고 있었고
옳은 일이면 동강 부러질지언정
구부러져 휘이는 일이 없었다.

오늘 누구도
그니의 생사를 아는 이 없다.

머리에 붕대를 감고 세상을 앓던 사람

그 육신은 사로잡혀 적(赤)의 볼모가 되었지만

그니가 우리의 둘레를 떠난 것이 아니라

오히려 가슴마다에 새겨진 그니의 모습은

지워지지 않고 있다.

가져다 준 해방의 어려운 터전에

십자가를 스스로 지고

지금 어디서 당신은

은전(銀錢)에 팔려간 형제들을 굽어보시는가.

오늘 누구도

그니의 생사를 아는 이 없다.

철조(鐵條)로 가로질러진 남북 삼천리

잘리고 흩어진 몸 고달픈 형제들도 많지만

당신은 더 멀리 당신은

더 고달픈 어디에서 지금도

머리에 붕대를 감고 세상을 앓고 계시리라.

박 남 수(朴南秀)
1918~1994. 시인, 공초문학상, 아세아자유문학상 수상.
평양 출생. 평양 순인상업학교 졸업. 일본 주오대(中央大) 법학과 졸업.
1932년 〈조선중앙일보〉에 시 '삶의 요로' 로 데뷔. 1939년 정지용 추천으로
〈문장〉을 통해 등단. 1940년 첫 시집 『초롱불』 발표.

서울 어린이대공원에 세워진 동상

영원한 민족의 스승

고 당 조 만 식 전 기

일러두기

변화된 국명과 지명
원칙적으로 1945년 8월 15일을 기준으로 그 이전은 조선과 경성,
그 이후는 한국과 서울로 표기한다.

외국 지명
원칙적으로 현지 발음으로 표기하고 한자를 병기한다.
베이징(北京), 상하이(上海), 도쿄(東京), 메이지대학(明治大學) 등.

부호
〈 〉는 신문, 잡지 등 정기간행물.
『 』는 서적.
" "는 대화체 또는 인용문.
' '는 단어나 단문 인용.

초상화

밝은 햇살처럼, 맑은 샘물처럼 사셨던 한 평생

고당 조만식 선생께서 북한 공산당 패거리들에게 억류되어 계시다가 순국하신지 올해로 60주기가 됩니다. 선생께서 그리도 바라시던 조국 해방이었건만, 일제 강점에서 벗어나자마자 북녘 땅에는 새로운 침략자 소련군이 들이닥쳤습니다. 그들 '붉은 군대' 는 우리 모두에게 낯선 30대 초반인 김일성을 내세워 공산정권 수립의 야욕을 드러냈습니다.

그로 인해 고당 선생을 비롯한 민족진영 지도자들은 숱한 고통과 위협을 당해야했습니다. 하지만 선생께서는 "우리는 결코 용기를 잃지 말고 자기 일에 충실해야 한다. 혼란과 갈등이 많을수록 의연히 능동적으로 대처하자."면서 동지들의 기가 꺾이지 않도록 추스르고 다독거려주었습니다.

신탁통치라는 터무니없는 술책에 대한 선생의 반대 의지는 단호했습니다. 점령군 행세를 한 소련군 당국이 "신탁통치를 받아들이기만 하면 조선임시정부의 대통령으로 추대하겠다."고 했지만 "우리의 운명은 우리가 결정한다!"면서 일언지하에 거절하셨습니다. '그 어떤 권력도, 그 누구도 내 뜻을 꺾지는 못할 것' 이라고 선언할 때, 선생의 이글거리는 눈동자는 성난 범과 같았고, 맑고 카랑카랑한 음성은 성에 낀 유리창을 깰 듯 쨍쨍 울렸다고 합니다.

결국 '붉은 군대'와 공산집단은 선생을 평양 고려호텔에 불법 감금하고 맙니다. 그것이 1946년 정월 초닷새의 일이었습니다. 이후 선생을 구해내려는 시도가 여러 차례 있었습니다. 남쪽에서 비밀리에 올라간 동지들에 의한 모험적인 구출작전이 계획되기도 했습니다. 그러나 그럴 때마다 선생은 이런 요지의 말씀과 함께 가만히 고개를 저으셨다고 합니다.

"내 일신은 염려들 마라. 나는 죽으나 사나 평양을 떠날 수 없다. 나만 먼저 살겠다고 나를 믿고 있는 이북의 동포들을 버릴 수야 있겠느냐? 나는 서울로 올라가지 않겠다. 거기도 내 나라, 여기도 내 나라니까 거기나 여기나 마찬가지라는 생각을 갖고 열심히 일해서 살아가도록 하라."

1947년 여름, 미소공동위원회 미국대표였던 브라운(Albert E. Brown) 소장이 평양을 방문했을 때도 마찬가지였습니다. 브라운 소장은 선생과의 단독 회견을 소련 측에 요청했고, 거부할 명분이 없었던 그네들은 내키지 않으나 선생의 감금을 일시 해제했습니다. 그렇게 해서 우뚝한 한민족의 큰 지도자를 만난 브라운 소장이 선생의 남행(南行) 의사를 타진했던 모양입니다. 여기서도 선생은 태산 같은 신념을 그대로 드러내셨다고 합니다.

"하나님께서 도우셔서 우리 민족의 앞길이 열릴 것을 확신하오. 나는 북한 일천만 동포와 생사를 같이 하기로 결심하였소."

혹독한 일제 치하에서도 언제나 한결 같은 자세로 꼿꼿하게 애국 독립운동을 펼치셨던 고당. 다른 민족 투사들처럼 해외로 나갈 수도 있었으련만 의연히 이 땅을 지키면서 나라 잃은 동포들의 손을 맞잡고 서러움을 달래주시던 고당. 그 같은 선생의 결연한 의지는 해방 후 공산주의의 마수가 뻗쳤던 북녘 땅에서도 변할 리가 없었던 것입니다.

　나라의 큰 별, 민족의 영원한 스승 고당 조만식. 선생은 누구 하나 지켜보지 않는 암흑 속에서 1950년 10월 18일 홀연히 우리 곁을 떠나셨습니다. 나중에 와서야 밝혀진 사실이지만, 6 · 25전쟁을 일으킨 북한의 공산도배들이 평양으로 진격하는 국군과 유엔군에 쫓기면서 마지막 발악으로 선생을 죽음으로 몰아넣었다고 합니다. 그런 무리들이 오늘 이 시간까지도 여전히 선생이 목숨 바쳐 지킨 그 땅을 더럽히고 있다는 사실이 우리의 가슴을 치게 만듭니다.

　이번에 순국 60주기를 맞으면서, 민족사에 깊이 각인된 선생의 발자취를 다시 한 번 더듬어 보는 일대기를 간행하게 되었습니다. 잘 아시는 것처럼 선각자의 길을 걸으셨던 선생의 생애와 업적에 견주어 볼 때, 우리의 연구와 기록은 너무 빈약한 형편이었습니다. 전기만 해도 1966년 3월 평남민보사가 펴낸 『고당 조만식』이 고작이었습니다. 이 책의 발간을 주도했던 평남민보사 김병연(金炳淵) 사장은 고당 선생과 동지적 입장에서 해방 전후에 함께 활동하던 분이어서 가장 생생한 기록을 남겼다는 평가를 받았습니다. 그 후 또 하나의 『고당 조만식』이 평안남도 건국준비위원회에서 일하다가 월남한 한근조(韓根祖) 선생에 의해 태극출판사에서 나왔고, 그 밖에는 고당사상 연구가인 홍만춘(洪萬春) 목사의 저서 등 손꼽을 정도에 지나지 않았습니다. 그나마 앞의 두 전기는 너무 오래 전에 나온 것이어서 이미 절판되었거나, 간신히 구해보아도 종이가 삭아서 페이지를 넘기기조차 힘들지경입니다.

이 같은 여러 사정을 감안하여 평남민보사 발간 『고당 조만식』을 저본 (底本)으로 삼고, 고당기념사업회가 펴낸 『고당 조만식 회상록』(1995, 10) 과 오산학교 역사자료를 비롯한 여타 관련 자료들, 그리고 『조선일보 사람들, 일제시대 편』(조선일보사 사료연구실 지음, 랜덤하우스), 『북한의 역사』(金學俊 지음, 서울대출판부), 『6·25와 이승만』(프란체스카 도너 리 지음, 기파랑) 등 다른 저술을 참고하여 새로운 고당 전기를 엮어내기에 이르렀습니다. 다만 한 가지, 고당 선생에 관해 생생한 증언을 해주실 생존자가 이제 거의 계시지 않다는 사실이 여간 아쉽지 않았습니다.

본문에 소상히 밝혀져 있습니다만, 고당 선생은 조선일보사 사장을 역임하시면서 일제하 민족 언론의 토대를 쌓는데 크게 기여하셨습니다. 이번의 전기 출간에 LG상남언론재단과 방일영문화재단에서 많은 도움을 주신 것도 다 그런 뜻 깊은 인연에 의한 것이 아닐까 합니다. 이 자리를 빌어 감사의 인사를 전합니다.

오늘도 변함없이 갈등과 다툼만 거듭되고 있는 남북 분단의 숨 막히는 현실은 늘 우리의 가슴을 무겁게 짓누릅니다. 그러면 그럴수록 더욱더, 영원한 민족의 스승 고당 조만식 선생의 정신과 가르침을 다시금 우러르게 되는 것은 어쩌면 당연한 이치이겠지요. 그 점, 이 책에 담긴 선생의 생애가 한 줄기 밝은 햇살과 한 모금의 맑은 샘물이 되어 우리 모두의 지친 몸과 마음을 어루만져 줄 것입니다.

2010년 9월
고당 조만식 선생 기념사업회 이사장 방우영

차례

曺晩植

제1장
"하나님의 일을 하려고 합니다."

역사의 격동기

1868년에 일본은 메이지유신(明治維新)을 통해 천황제를 강화하고, 서양문물을 받아들여 근대국가로 성장하면서 제국주의의 길로 들어섰다. 역사학자들은 흔히 1870년부터 1914년까지의 44년을 '제국주의 시대'라고 부른다. 이 시기에 영국·프랑스·네덜란드·독일·러시아 등을 포함한 유럽의 제국주의국가들은 아프리카와 아시아 약소국가들을 먹잇감으로 삼아 약육강식의 대외정책을 추구했다. 그리고 일본제국주의는 동북아시아의 약소국가들을 상대로 똑같은 방식을 취했다. 조선은 이러한 열강들의 침략 대상이 되었다.

그 까닭은 조선의 지정학적 위치에 있었다. 조선은 동남쪽으로 일본의 혼슈(本洲)와 가깝고, 북서쪽으로는 압록강을 사이에 두고 중국과 접경했으며, 북동쪽으로는 두만강을 사이에 두고 러시아와 마주했다. 즉 조선은 대륙세력과 해양세력 사이에 위치했다. 그러한 맥락에서 일본은 조선을

'일본의 심장을 겨냥하는 단도(短刀)'로 여겼고, 중국은 조선을 '중국의 머리를 때릴 준비가 되어 있는 망치'로 보았다. 조선은 동북아시아에서 '전략적 삼각지대'의 중심을 차지했던 것이다. 이러한 지정학적 위치 때문에 조선은 제국주의 시대에 열강의 사냥터가 되었다. 마치 폴란드와 벨기에의 역사가 그러했듯, 조선은 순탄치 않은 노정(路程)을 밟게 된다.

약소국이었던 조선은 이미 청의 강력한 영향 아래 놓여 있었다. 일제는 대륙으로 진출하기 위해서 우선 조선을 청의 지배로부터 벗어나게 하여, 자신의 지배 아래 두는 것이 절대적으로 필요하다고 계산했다.

그리하여 1875년 8월, 일본 군함 운요(雲揚:운양)호가 강화도를 포격하여 조선군을 패주시켰다. 조선을 침략하기 위한 장기적 계획에 따른 전초작업이었다. 1866년 프랑스함대가 강화도에 침공했을 때(=丙寅洋擾:병인양요) 이를 막아냈고, 대동강에서 미국상선을 불태웠으며, 1871년 미국함대가 강화도를 침공했을 때(=辛未洋擾:신미양요) 이를 막았던 조선이 이번에는 굴복한 것이다. 그 결과 조선 조정은 1876년 2월 26일, 일본과 강화도조약(=朝日修好條規:조일수호조규)을 맺고 개항했다.

강화도조약의 의미는 컸다. 이전까지 조선은 중국을 종주국으로 받들어 조공전례(朝貢典例)를 행하면서 폐쇄적인 외교정책을 취했었다. 그러나 이 조약을 계기로 조선의 국내외 질서는 급변하기 시작했다. 이런 역사의 격동기에 고당(古堂) 조만식(曺晩植)은 태어났다.

고당 조만식은 평안남도 강서(江西)가 낳은 인물이다.

강서 지방은 높은 산이나 드넓은 평야가 없는 곳이다. 1895년에 현(縣)이 군(郡)이라는 명칭으로 바뀌면서 강서군의 행정구역은 보다 넓어졌다.

강서군은 평양과 진남포(鎭南浦)의 중간에 위치하고, 동남쪽은 대동강을 건너서 중화군(中和郡)과 마주보며, 서남쪽은 황해에 이르고, 동북쪽은 평원군(平原郡), 대동군(大同郡)과 경계를 이루고 있다. 강서 지방 서북부에는 응암산(鷹岩山), 석다산(石多山) 등의 산악이 평지에 우뚝 치솟고, 경작지가 교차한다. 동남부 일대는 평야로 연결된다. 이곳에서는 대동강의 물을 끌어다가 논농사를 짓는다. 평남선 철도가 강선역(降仙驛), 기양역(岐陽驛), 대성역(台城驛)을 걸치며 군의 남부를 횡단한다.

고당은 임오군란(壬午軍亂)이 일어난 다음 해인 1883년 2월 1일 세상에 태어났다. 평양성 창녕 조씨(昌寧曺氏)의 후손이다. 부친은 선비 조경학(曺景澩)이고, 모친은 경주 김씨(慶州金氏) 가문의 김경건(金敬虔)이다. 고당의 조상들은 평안남도 강서군 반석면 반일리 안골(=內洞)에 여러 대에 걸쳐 조씨 집성촌을 형성하며 살아왔다. 고당은 이 선대의 고향에서 태어나지는 않았으나, 가문의 일가들이 살고 있었던 인연으로 해방 직전 일제의 탄압을 피해 여기서 약 1년간 은거했다.

무학산(舞鶴山) 기슭에 자리한 안골은 강서읍에서 서쪽으로 10리쯤 떨어진 곳에 있는 농촌이다. 동쪽의 봉황대와 서쪽의 옥녀봉이 좌우로 펼쳐져 마치 학이 나래를 펴고 춤추는 형세여서 무학산이라 불렸다. 옥녀봉에는 선녀가 살았던 것으로 전해졌다. 안골이라는 이름도 무학산의 양쪽 산세가 좌청룡 우백호(左靑龍 右白虎)처럼 뻗어 나와 마을을 품에 안은 듯해서 붙여진 이름이라고 한다. 안골에서 각각 20리만 가면 반석면 면사무소가 있는 모락장(沙川市場)이나 평남선 기양역(平南線 岐陽驛)에 닿을 수 있다. 또한 시오리(15里) 거리에 대동강 서안(西岸)의 탄포(灘浦)와 청산포(青

山浦)가 위치하고 있다. 이 안골에 창녕 조씨 수십 세대가 아늑하게 살아가고 있었다.

창녕 조씨로 말하면 일찍이 고려시대 때 8대에 걸쳐 세습 평장사(平章事:정2품의 벼슬)를 지낸 명문이다. 조연우(曺延祐)·조한지(曺漢知)·조지현(曺之賢)·조사전(曺思詮)·조정린(曺正麟)·조중룡(曺仲龍)·조의문(曺義文)·조자기(曺自奇) 등이 그들이다.

조선에 들어와서도 걸출한 공신을 배출했다. 영의정 조석문(曺錫文)을 비롯하여 조효문(曺孝門), 참판 조위(曺偉), 불세출의 꼿꼿한 선비였던 남명 조식(南冥 曺植)과 조유(曺逾), 부제학 조상치(曺尙治), 공신 조계은(曺繼殷)·조계상(曺繼商), 청백리 조치우(曺致虞), 그리고 판서를 지낸 조윤대(曺允大)·조석우(曺錫雨)·조석여(曺錫輿) 등을 꼽을 수 있다.

조씨 마을인 이 안골에는 일가가 50호 밖에 없었고 살림살이도 빈궁한 편이었다. 이에 비해 조경학의 가세(家勢)는 벼 100섬이나 한다는 말을 들을 만큼 비교적 풍족한 편이었다. 강서 지방 사람들은 타 지방 사람들에 비해 개화에 일찍 눈을 떴다. 그 힘은 강서 사람들의 기질에 있었다. 강서 기질이란 천연자원이 박한 곳에서 순전히 자력으로 살아나가는 투지력을 뜻한다. 고당은 그러한 강서 기질을 자연스레 체득하면서 자라났다.

1910년의 한일병탄이 일어나기 전, 평안도에서 교육 열풍이 가장 크게 불어 닥친 곳이 바로 강서 일대였다. 강서 지방은 스스로 개화하고 근대화한 곳이라 할 수 있다. 기독교라는 종교의 힘도 컸지만 교육의 힘이 더욱 컸다. 강서 군수가 운동회에 참석하여 단발(斷髮)을 적극 장려했다는 유명한 일화가 있다. 군수는 단발을 한 사람이면 '당신'이라 부르고, 머리를 길게 늘어뜨린 사람을 보면 아무리 나이가 많아도 '자네'라고 하대(下待)했다는 것이다.

당시 교육자 양성의 선구적인 역할을 했던 사범학교 문천의숙(文天義塾)에서는 "배우면 곧 노다지판이다."라는 말이 하나의 신념과 희망으로 자리 잡았다. 실제로 미국으로 이민 가서 갑부가 된 노무자의 대부분이 강서 사람이었다. 강서 지방의 교육에 대한 열의와 사명감은 그만큼 대단했다. 그러한 교육의 힘은 민족운동과 근대화의 저력이 되었다. 이러한 배경과 근면하고 검소한 가풍이 고당의 인격을 형성하는 모태가 되었음은 물론이다.

고당이 평양에서 출생했을 당시의 가세는 유족한 편이었다. 아버지 조경학은 고향 강서에 있을 때 집안 아이들을 모아서 글방을 차리고 직접 훈장이 되었다. 이렇게 일찌감치 청소년 교육에 손을 대는가 하면, 이재(理財)에도 눈이 밝은 편이었다. 평양으로 이사 온 초기에는 어느 상점에서 서사(書士) 노릇을 한 적이 있었다. 회계에 자신을 얻자 물산 객주(物産客主)로서 위탁 판매업을 직접 운영하여 아들에게 비교적 풍족한 유산을 남겼다. 그 덕으로 고당은 일생 동안 의식주 걱정을 하지 않고 지낼 수 있었고, 평생 무보수로 사회단체에 봉사할 수 있었으며, 애국운동에 헌신할 수 있었다. 하지만 사재까지 털어 민족운동과 사회활동에 전념하느라 재산은 계속 줄어들었다. 더욱이 해방되기 10년 전에는 느낀 바 있어 소작인들에게 주었던 토지의 대부분을 처분하기도 했다.

고당 조만식은 외아들로서, 5년 위의 누이 조보패(曹보패)와 5년 아래의 누이 조은식(曹恩植)이 있었다. 고당은 부모는 물론이고 온 집안으로부터 귀여움을 독차지했다.

유년 시절의 가정교육은 엄격했다. 아버지 조경학은 학식과 덕행을 겸비한 전형적인 선비풍이었다. 아들을 교육함에 있어서 인자하면서도 동시에 근엄했다. 이러한 교육관은 고당의 단아한 인품과 외유내강의 성격을 형성하는 바탕이 되었다. 훗날 고당이 사회활동과 독립운동에 전념할 수 있었던 든든한 배경 중의 하나가 바로 아버지였다.

고당이 평양 감옥에 수감되어 있을 때의 일이다. 감옥으로 외아들을 면회하러 간 조경학은 엉뚱하게도 감옥 내 취사장으로 갔다. 거기서 수수와 콩으로 지은 밥을 손수 먹어보더니, "그 뭐, 이만하면 견딜만하겠군!" 하더라는 것이다. 금지옥엽으로 키운 외아들이 가혹한 옥살이를 하는 것이 어찌 마음 아프지 않았을까만, 한편으로 나라를 위해 투신하는 아들이 대견스러웠던 것이다. 가정에 대한 걱정을 조금이나마 덜어주기 위해 "비록 입에 거친 음식이더라도 생존할 수는 있다."는 마음의 격려를 아끼지 않았던 호걸이 고당의 아버지였다. 고당의 어머니도 선비 집안의 현부인으로 아들의 육성과 교육에 극진했다.

소년 고당은 일곱 살 때부터 글공부를 시작했다. 서당은 평양 관후리(舘後里)에 있었다. 훈장은 평양에서는 꽤 알려진 한학자 장정봉(張正鳳)이었다. 고당은 열다섯 살 때까지 수학하는 동안 『사서삼경』의 기초과정을 전부 마쳤다. 이 서당에서 함께 공부한 이들 중에 한정교(韓鼎敎)와 김동원(金東元)이 있었다. 훗날 두 사람은 평양 사회에 널리 알려진 장로들이 된다. 유년시절의 고당은 괄괄한 성미였지만, 글방에서는 집중력이 뛰어나 늘 성적이 좋았다. 글방의 장 선생은 그의 부인이나 측근들에게 소년 조만식을 칭찬하는 말을 자주 했다.

"글방 아이들 가운데 장차 사람 구실을 제대로 할 녀석은 조당손(曺長孫: 고당의 애칭)이란 말이야. 당손이가 제일이야! 공부도 잘 하지만 신의가 있고 의협심이 강하거든. 그 애가 하는 언행을 보면 지혜가 이만저만이 아니야. 뱃속에 이미 어른이 들어 있다니까 글쎄.......!"

고당은 또래에 비해 퍽 성숙한 소년이었던 것 같다.

그러나 아버지는 다재다능한 외아들에 대한 자애가 유별나면서도 결코 밖으로 드러내는 법이 없었다. 아버지는 사랑의 매질도 서슴지 않았다. 아침마다 아들을 꿇어 앉혀 놓고 옛 성현들의 말씀으로 훈계하는가 하면, 조금이라도 잘못이 있으면 사정 보지 않고 종아리를 때렸다. 진심으로 반성하고 뉘우쳐야만 매를 내려놓았다. 어떤 때는 종아리를 때리다가 회초리가 부러지는 경우도 있었다. 그럴 때면 숨소리조차 내지 못하고 엉거주춤 앉아 있는 딸에게 심부름을 시켰다.

"애 은식아, 너 어서 회초리 하나 더 가져오렴!"

아파하는 오빠를 측은히 여겨 누이동생이 머뭇거리면 아버지의 불호령이 떨어졌다. 훗날 조은식 여사는 이렇게 회고했다.

"제가 마지못해 회초리를 갖다 드리면 아버지는 더욱 사정없이 때렸습니다. 저는 겁에 질려 엉엉 울면서 오빠가 맞는 것을 볼 수밖에 없었습니다."

이토록 엄한 아버지였지만, 동심의 세계를 함께 즐기는 자애로운 면도 있었다. 특히 정초나 대보름에는 아들과 함께 연날리기를 자주 했다. 소년은 아버지로부터 "사람이란 의리가 있어야 한다. 절의(節義)를 존중하고 지

켜야 한다."는 훈계를 귀에 못이 박히도록 들으면서 자랐다. 소년의 마음속
엔 지조와 신의가 자연스레 배양되었을 것이다.

누이동생 은식은 열일곱 살에 출가했다. 평양 중성(中城)에 사는 이재흠
(李載欽)의 며느리가 되어 가정에 재미를 붙일 무렵에 남편을 여의었다. 결
혼 3년 만에 청상과부가 된 은식은 친정살이를 하면서 양친을 극진히 모셨
다. 양친이 세상을 떠난 후에도 오빠 집에서 살다가 나중에는 고당의 맏딸
선부(善富)의 집에서도 살았는데, 일흔이 넘도록 장수했다. 선비 가문의 딸
로서 50여년을 수절한 고고한 인생이었다. 그것은 우연이 아니었을 것이
다. 절의를 숭상하는 가풍을 따른 것이 아닐까 싶다.

날파람 명수(名手)

소년 조만식은 몸이 날래고 기운은 용맹스러운데다가 운동에 남다른 소질이 있었다. 또한 작은 몸집에 비해 목청도 크고 조숙했다. 한마디로 골목대장감이었다. 소년의 특기는 날파람이었다. 날파람 명수라 하면 조당손으로 통했다. 날파람이란 평양의 명물 중 하나였다. 양쪽 편이 처음엔 돌팔매질로 다투는 석전(石戰)을 벌이다가, 나중엔 육박전으로 최후의 일각까지 싸워 담판을 짓는 거친 게임이었다. 소년들의 단체 대항전이 있는 날이면 상대방 선수의 실력이 화제에 오르곤 했다.

"이번에 조당손이 나온대나 봐."

이런 소문이 들리면 상대편은 벌벌 떨었다. 소년 조당손은 날파람의 명수로 정평이 났기 때문이다.

날파람은 본래 호신용 무술의 일종이었다. 그런데 동네 아이들끼리 편을 짜서 하거나 동네 대항 단체전 경기에 곧잘 활용하면서, 나중에는 이 편

싸움놀이를 날파람이라고 부르게 되었다. 날파람 경기 자체는 석전보다는 덜 위험했다. 게임은 연중행사로서 대개 봄과 가을에 행해졌다.

날파람 대항전에 나가는 선수는 우선 몸이 날래야 하며, 손발이 상대방을 공격하고 방어하는데 자유자재여야 했다. 그런데 간혹 반칙으로 출전 금지가 선언되는 경우도 있었다. 쇳조각이나 돌멩이를 줄에 달아서 옷소매 속에 감춰 상대방을 골탕 먹일 때가 그랬다.

석전 경기도 평양에서는 꽤 관록 있는 게임이었다. 소년 조당손은 이 무용을 자랑하는 민속경기의 열렬한 팬이었다. 평양 석전은 장대현교회(章臺峴敎會)로 유명해진 옷밭재 동네와 그 맞은편 동네 설수당골(薛岩里: 설암리) 청소년들을 중심으로 싸움의 막이 열리곤 했다. 그러다가 규모가 큰 어른들의 '가마골 석전'이 시작되면 평양성이 떠들썩했었다. 석전의 싸움터는 평양성 밖 서남쪽에 있는 벌판이었는데, 나중에 광성학교(光成學校)가 들어선 자리이기도 하다.

석전도 연중행사의 하나로 음력 정월 초이튿날부터 시작되어 대보름날까지 보름에 걸쳐 개최됐다. 가마골 석전은 처음에 오픈게임으로 소년들이 싸우고, 나중에 청장년 팀의 본격적인 싸움이 벌어졌다. 어른들의 싸움은 실전을 방불케 하는 무서운 게임이었다. 때론 부상자가 속출했고, 사망자가 발생하기도 했다. 가마골 석전은 평양성을 함락시키려는 외적으로부터 성을 사수하는 전투를 염두에 두고 만들어졌다. 그래서 실제 경기도 성내군(城內軍)과 성외군(城外軍)으로 편성되어 진지까지 구축하는 등 가상전쟁을 치르는 것이었다. 이처럼 위험천만한 민속행사가 고구려인의 무인(武人) 정신을 계승 발전시켰기 때문인지, 아니면 일종이 민병저(民兵的) 사기를 길러주는 의미에서였던지 옛날에는 행정기관에서도 장려했다고 한다.

그리하여 석전이 개막되면 지방장관들도 관전에 그치지 않고 직접 참전하여 그 권위를 높였다. 이 싸움에 평안감사와 평양서윤(庶尹: 부시장 격)이 각각 성 안팎에 좌정하여 자기편의 승리를 응원했다. 감사와 서윤은 경기가 끝나면 자기편 선수들에게 상을 내렸다. 출전 시 선수들이 머리에 질끈 동여매는 띠 또한 관아에서 나누어 주었다. 어느 해 석전에선가는 '꼬마당손'이라는 별명의 한량(閑良) 형제가 모두 전사하는 불상사가 일어나기도 했다. 그럼에도 석전은 평양에서 여전히 인기리에 계속되었다.

소년 조만식은 석전 구경에 흠뻑 매료되어 경기가 있는 날이면 하루도 빠지지 않고 경기장으로 달려갔다. 고당의 부모는 구경꾼도 언제 어떻게 다칠지 모르는 위험한 장소에 외아들이 가는 것을 막았다. 그러나 어느 사이에 집을 빠져 나가는 아들 때문에 마음을 졸여야 했다.

하지만 소년의 이러한 스포츠 애호 취미는 훗날의 체육 보급과 활성화에 공헌하는 계기가 되었다고 볼 수 있다. 고당이 평양에서 관서체육회를 창설하고 회장이 되어 스포츠를 장려한 것은 결코 우연한 일이 아니었던 셈이다. 고당은 소년 시절부터 날파람 경기나 석전을 통하여 사나이다운 의협심과 민족정기를 체득했던 것이다.

첫 결혼의 슬픔과 장사꾼의 길

　　남아 15세면 호패(號牌)를 찬다고 하듯이 고당도 열세 살 (1895년)에 어른이 되었다. 당시의 풍습에 따라 부모가 시키는 대로 일찍 결혼했다. 혼인한 이듬해에는 글방에서의 공부도 그만두었다. 한학공부의 중지와 결혼은 소년시절과 결별하는 하나의 계기이기도 했다. 이미 고당은 정신적으로나 육체적으로 어른 구실을 할 만큼 조숙했던 셈이다.

　　한문 수업을 그만둔 소년은 열다섯 살에 상인으로 변신했다. 그는 평양 종로에 백목전(白木廛)을 차리고 소년 상점주가 된 다음, 국내에서 생산된 무명과 베를 전문으로 팔았다. 그렇지만 어린 나이에 상인이 되어 직접 포목점을 경영하게 된 것이 가정을 위한 경제적 의무 때문만은 아니었다. 본시 평양 기질이라는 것이 있었다. 아무리 부유한 집안의 아들이더라도 소싯적부터 상업계에 진출시켜 그 경험을 토대로 일생을 꾸려나가게 하는 관습이 있었던 것이다. 그래서 고당의 부친도 그에게 상점을 차려 주면서 "여하튼 근면하고 정직하게 장사해서 신용을 얻어 보아라. 신용은 앞날에 무형의 재산이 되느니라."고 격려했다. 상업계에 종사한 지 4, 5년이 지나자 고당의 사업적 수완이나 생활 토대도 웬만큼 틀이 잡혔다.

부인 박씨는 고당보다 두 살 연상인 열여섯 살 때 시집와서 3년 만인 열아홉 살에 첫아들을 낳았다. 고당은 열일곱 살에 이미 아버지가 되었던 것이다. 그러나 기쁨도 잠시, 첫 아들은 정신박약이라는 불행한 운명을 안고 태어난 아이였다. 고당의 양친과 고당 부부는 상심에 빠졌다. 게다가 불행은 홀로 찾아오지 않는다고 했던가! 부인 박씨가 스물세 살의 젊은 나이로 세상을 떠나고, 고당은 스물한 살에 홀아비가 되고 말았다. 그리고 박씨가 남긴 아들 칠숭(七崇)이도 유년을 넘기지 못하고 가족 곁을 영영 떠나갔다. 그러니 고당은 이미 젊은 나이에 비극적인 가족사를 가슴 깊은 곳에 묻어야 했다.

부인 박씨를 잃은 해인 1902년에 고당은 안주(安州) 태생 전주 이씨 가문의 이의식(李義植)과 재혼했다. 부인은 좀 가냘파 보이면서 말수가 적었으나 현명한 여인이었다. 고당은 단란한 가정을 꾸리며 장녀 선부(善富), 장남 연명(然明), 차녀 선희(善姬), 차남 연창(然昶)을 두었다.

열다섯 살에 시작한 장사는 스물세 살이 될 때까지 8년간 지속됐다. 처음엔 포목상만 경영했지만 나중에 지물포까지 영역을 넓혔다. 지물포는 서당 시절의 친구였던 한정교와의 동업이었다.

당시 평양의 상점가 풍경을 한 번 둘러보자. 서문 거리에 곡물상이 모여 있었고, 거기서 신창리(新倉里)쪽으로 올라가면 엿전골이 나오는데 여기에는 생사(生絲), 요대(腰帶), 면사(綿絲) 등 의류 잡화상이 들어섰다. 그리고

평양 시내 대동문(大同門) 전경

이곳과 종로 보통학교가 있던 대동관 사이에는 지물상을 비롯하여 철물상과 피혁상 등이 있었다. 엿전골 앞의 큰 거리 맞은편과 거기서 계속해서 대동문 큰 거리 들목(=初入)의 남쪽 모퉁이까지가 주단 포목전이고, 대동문 들목 북쪽의 종각 근처가 백목전 구역이었다.

　여기에서 신창리 쪽으로 가다보면 솜을 파는 상점들이 자리 잡았다. 대동문 들목 남쪽 모퉁이를 끼고 좁은 골목길에 들어서면 큰 거리에서 계속되는 주단 포목 상점들이 있었으며, 그 뒷골목 거리가 죽비(竹扉)라 하여 은장방(銀匠房)들이 있었다. 또 대동문 거리 중간쯤은 좌우 양편이 모두 솥전이었고, 대동문 남쪽의 강안(江岸) 도로에는 육로(陸路)문 선창(船艙)이라 해서 보행객주(步行客主)가 즐비하게 늘어서 있었다.

　고당은 엿전골과 대동관 부근에서 장사를 했다. 그 동안 고당은 전형적인 시정상인이었다. 이때 고당은 상인으로서도 두각을 나타냈는데, 놀기 잘하는 활달한 성미에 술이라면 누구에게도 뒤지지 않는 두주불사(斗酒不 辭)였던 점도 적잖은 영향을 미쳤을 것으로 여겨진다. 예나 지금이나 상도 (商道)에 밝은 사람은 사교에도 능란한 수완을 발휘하고, 거래를 하다보면 으레 주색이 따르게 마련이니까 말이다.

청년 조만식도 예외는 아니어서 질펀한 술판에 빠져 며칠을 보내다가 술이 덜 깬 채 길바닥에서 하늘을 이불 삼아 잠들기 일쑤였다. 또한 담배를 피워도 예사 담배로는 만족하기 어려웠는지 특제의 큰 담뱃대에다가 성천 초(成川草) 세 잎사귀를 꽁꽁 말아서 석 대를 연이어 피우다가 기침을 내뱉 곤 했다. 성천초는 평안도 성천 지방에서 만들어지던 담배로, 조선시대에 는 왕실에 공물로 바칠 만큼 품질이 뛰어났다고 한다. 고당은 술독에 빠져 지내던 시절을 이렇게 회고한 적이 있다.

"연일 술을 그렇게 마셔대니, 혹 내 몸이 상할까봐 어머니가 어찌나 염 려를 하셨는지 몰라요. 그때 받은 어머니의 사랑이 일생을 두고 골수에 사 무칠 정도로 깊었오."

그러나 당시에는 혈기 왕성하던 청년 시절인지라 마치 주마(酒魔)에 홀 린 사람처럼 술을 마셨던 것이다. 술에 골아서 식사도 못하고 구역질을 하 게 되면, 모친이 아무 말 없이 쇠고기를 다져 넣은 콩나물국을 끓여 아들의 쓰린 속을 달래주었다.

그렇게 방탕한 시절을 보내니 상업도 서서히 거덜나기 시작했다. 그러 다 예기치 않은 청일전쟁과 러일전쟁이 이 나라 조선을 도마 위에 올려놓은 채 벌어졌다. 우리 민족의 의지와는 무관하게 나라 전체가 열강들의 각축

대동강변의 대표적 명소인 을밀대

장이 되는 것을 사람들은 그저 속수무책으로 바라볼 뿐이었다. 고당의 가슴 깊숙한 곳에서 뜨거운 무언가가 치밀어 오르기 시작했다. 나라가 힘이 없으면 민족의 미래도 없다는 깨달음이 새삼 온몸을 감쌌다. 더 이상 젊음을 소진해서는 안 되겠다는 각오로 두 주먹을 불끈 쥐었다.

"내일부터는 조만식으로 새롭게 태어난다."

그렇지만 지지부진한 장사와 불안한 시국 속에서 번뇌하며, 특별한 돌파구를 찾지 못한 고당이 홧김에 놀음을 계속하고 있을 때였다. 주위의 한 분이 "요새 신학문을 가르친다는 숭실학교(崇實學校)에 입학해 보라."고 권고했다. 청년 조만식은 귀가 솔깃했고 막연한 호기심이 발동했다. 곧바로 아버지를 찾아가 공손히 말씀드렸다.

"저는 내일부터 숭실학교에 입학해서 공부를 해보겠습니다."

아버지는 혀를 차며 "그러면 사람구실하게. 나는 암만해도 네 소리가 믿어지지 않는다."고 반신반의 하면서도 일단 승낙을 했다.

그 날 저녁 청년 조만식은 화류계 친구나 싸움 친구를 모두 불러 모았다. 그리고는 밤새도록 술을 마시자고 청했다. 그것은 과거에 대한 청산이자 고별 인사였다. 술독이 바닥나고 동이 틀 무렵, 고당은 일대 선언을 했다.

"오늘까지만 과거의 조당손이고 내일부터는 조만식으로 새롭게 태어난다."

고당의 숭실학교 입학 당시 사정을 보도한 1938년 1월 6일자 〈조선일보〉. 기사 속에 있는 고당의 학생 시절 모습이 이채롭다.

친구들은 취중의 허튼 소리로 여겼지만, 고당은 다음날 곧바로 결심을 실행했다. 입에서는 술 냄새가 풀풀 나고 발걸음은 이리저리 비틀거렸지만, 내친김에 곧장 숭실학교로 향했다. 그 모습은 흡사 알에서 깨어나는 새의 몸부림과도 같았다. 이것이 아마도 고당이 마지막으로 술에 취한 모습이었으리라. 미국인 선교사 교장을 찾아간 고당은 다짜고짜 입학을 시켜달라고 졸랐다. 교장은 기가 막히지만 궁금하기도 하여 넌지시 물었다.

"그 꼴로 공부를 하겠다고 하는데 도대체 왜 공부를 하려고 하느냐?"

고당의 대답은 간단명료했다.

"하나님의 일을 하려고 합니다."

그 무렵에는 외국인 선교사가 한국인을 전도하기가 무척 힘든 시절이었다. 그런데 조선 청년이 이런 명답을 내린데다가, 기백 또한 남달라 보여 교장은 선선히 입학을 허락했다.

입학과 동시에 고당은 환골탈태했다. 상업에서 손을 떼고 평양 숭실중학교에 입학하면서 술의 악몽에서 깨끗하게 벗어났던 것이다. 이후 고당은 일생을 통하여 금주를 실천했다. 해방된 후 비로소 저녁 반주로 가끔 한두 잔 했을 뿐이었다. 그것도 공산당과 소련군에 대항해 다시 투쟁해야 하는 괴로운 심신을 잠시 달래기 위함이었다.

하지만 청년 시절 습성화된 음주를 멀리하는 데에는 남모르는 생리적 고통이 없지 않았다. 고당과 늘 가까이 지냈던 김병연(金炳淵)의 회고다.

"언젠가 하루는 고당이 YMCA 사무실에서 큰 회의용 탁자를 돌면서 손뼉을 치고 있는 것을 보았습니다. 하도 이상해서 '왜 그러오?' 하고 물었더

숭실학교 초기 교사

니 고당의 말인즉, '사람의 습성이란 정말 무섭군요. 글쎄 내가 술을 끊은
지가 벌써 30년인데 오늘같이 날씨가 흐리터분하거나 경찰의 심문을 심하
게 받거나 하면 속이 컬컬해서 이렇게 술 생각이 나거든요. 그 술 생각을 떨
쳐버리려고 지금 이러는 거요. 하하하...,' 하며 파안대소하는 게 아니겠습
니까!"

제 2 장
만학(晚學)에서 유학(留學)까지

사랑을 실천하던 청년

고당이 숭실학교에 들어간 것은 그의 나이 23세 때였다. 골목대장이요 날파람 명수였던 소년, 평양 상계에서 이름난 한량이요 술꾼이었던 그가 심기일전하여 상투머리를 쳐내고 골샌님이 된 것이었다. 엄청난 생활의 혁명이라 할 수 있었다. 고당은 술과 담배를 단칼에 끊고는 이후 40년간 절제된 삶으로 일관했다. 한번 결심하면 어떤 습관이나 유혹에도 굴하지 않는 굳건한 의지가 있었기에 가능한 일이리라.

처음에는 기초 학습이 전혀 없기에 예비과 무등반(無等班: 초등학교 5,6학년 수준)에 들어가서 공부를 시작했다. 처음 보는 아라비아 숫자를 비롯해서 물리, 지리, 생물학 등 생소한 공부를 하는 것이 꿀맛같이 달았다. 그러한 향학열이 있어서인지 보통 4년 걸리는 과정을 월반해서 2년에 다 마쳤다. 고당이 숭실학교 무등반에 입학할 때 하나의 에피소드가 있다. 고당기념사업회가 1995년에 펴낸 『고당 조만식 회상록』에 나오는 '양안경(洋眼鏡) 끼던 이야기'가 바로 그렇다.

개화한 사람은 양안경을 끼어야 쓴다는 법이라 생각하여 어떤 친구에게 부탁하여 미국으로부터 금테 안경 하나를 사다가 끼었는데, 웬일인지 안경의 도수가 너무 깊어서 70세 노인에게나 맞을 만한 도수를 끼니까 땅이 높았다 낮았다 허벙치벙하여 잘 걸어갈 수가 없었고, 또한 앞에 있는 사람이 다 어물어물하기만 하여 잘 보이지 아니하는데다가 골머리가 아파서 괴롭기 짝이 없었다. 그래서 나는 개화한 사람 놀음하느라고 사람들의 내왕이 좀 드문 곳에서는 안경을 벗어들고(머리가 아프니까) 사람들의 교통이 좀 많은 곳에서는 이 금테 안경을 번쩍이곤 했다.

숭실중학교는 평양에서 최초로 설립된 신교육 기관이었다. 1897년에 미

초기 숭실학교 운동회

국인 선교사 배위량(裵緯良, Baird,W.M.)이 설립한 미션 스쿨이자 중등 교육기관이었다. 1907년에는 전문교육 기관인 숭실대학을 병설해서 명실공히 고등교육의 요람이 되었다. 배위량 목사는 1890년에 한국 땅을 처음 밟았다. 7년 동안은 부산에서 선교 사업을 하다가 1896년에 서울로 왔다. 교육 사업을 하기 위한 상경이었다. 그러던 중 선교회의 결정에 따라 평양에 숭실학교를 세운 것이다. 창립 당시의 숭실학교는 학교 건물이 따로 있는 것이 아니라 배 목사의 사택에서 소수의 학생들을 가르치는 작은 규모였다. 교사 두 명에 13명의 학생이 전부였다. 교사는 배 목사와 박자중(朴子重)이라는 한학자였다. 두 사람은 성경 · 사서삼경 · 수학 · 음악 · 체조 등을 번갈아가며 가르치다가 뒤에는 도덕 · 천문 · 논리 · 생물 등에 이르기까지 과목을 늘렸다. 배위량 목사는 강직하고 근엄한 인물이었다. 평양에서는 물론 지방 교회에 가서 세례문답을 할 때 그러한 성품은 여실히 드러났다.

당시 예수교를 믿게 된 부녀자들은 종교를 통해 개화한 축에 속했다. 그러나 누대에 걸쳐 내려온 내외하는 풍습 때문에 목사의 얼굴을 함부로 쳐다보지 못하는지라 고개를 숙이고 설교를 듣는 게 상례였다. 설교를 듣던 한 여인이 방바닥에 있던 호박씨 한 톨을 까자 배 목사가 엄하게 꾸짖었다.

"여보시오 부인, 그래 주인의 승낙 없이 남의 호박씨를 까면 어떡하오? 남의 것 소중한 줄을 모르시오? 허락 없이 남의 것을 집는 것은 도적질이기에 죄가 됩니다."

그런 목사 밑에서 교육을 받는다는 것은 여간 힘들지 않았으리라. 그런데 조만식은 이 엄격한 교장 밑에서 오히려 많은 것을 터득했다. 특히 지행(知行)과 언행(言行)을 일치시키는 생활태도를 배웠다. 그래서인지 고당은 학교에서 배운 학문과 종교를 새로운 지식이나 신앙으로 삼는데 그치지 않고 그것들을 실제 생활 속에서 실천했다. 고당이 기독교의 사랑을 실천하기 시작한 것도 이 무렵부터였다. 이런 미담이 있다.

어느 추운 겨울밤이었다. 귀가 길을 재촉하던 고당의 눈에 한 거지가 들어왔다. 거적을 뒤집어 쓴 거지는 몸을 제대로 가누지 못한 채 덜덜 떨고만 있었다. 고당은 거지에게서 눈길을 돌린 채 집으로 돌아와 잠자리에 일단 누웠으나 그 거지가 눈에 밟혀 잠이 오지 않았다. "사랑 없이는 구원도 없다." 죄책감이 밀려왔다. 고당은 옷을 다시 주섬주섬 주어 입고 나갈 채비를 했다. 부인은 무슨 급한 일로 친지 오윤선(吳胤善)씨 집이라도 가는 줄 알고 묻지 않았다. 집을 나온 고당은 서둘러 그 거지에게로 갔다.

"여보시오, 어서 일어나시오."

걸인은 무슨 영문인지 몰라 한동안 멍하니 바라보기만 했다.

"내 집이 근처에 있으니 함께 가십시다. 저녁 식사라도 하면서 몸을 좀 녹여야 하지 않겠소!"

"예?"

반신반의하면서도 걸인은 청년이 내민 손을 잡고 간신히 일어섰다. 거지를 부축하고 집으로 향하는 고당의 마음은 흐뭇했다. 대문간에 당도하여 부인에게 "여보, 여기 손님 모시고 왔소."하니 가족들이 걸인을 보고 처음엔 모두 놀라움을 금치 못했다. 이에 고당이 "이 사람이 남의 문 앞 땅바닥에 웅크리고 벌벌 떠는 걸 보고 가만 생각해보니 그냥 놔두면 필시 얼어 죽을 것만 같았소. 따뜻한 물과 저녁밥을 대접하고 하룻밤 편히 쉬었다 가게 합시다."고 했다.

께름칙하긴 했지만 남편의 말을 따르지 않을 수 없었다. 부인은 묵묵히 따뜻한 물과 밥 한 끼를 대접하고 걸인의 잠자리를 마련했다. 이야말로 '이웃을 내 몸같이 사랑하라' 는 성경의 교리를 행동에 옮긴 것이다.

숭실학교의 아버지 중학생들

당시만 해도 평양에선 신교육이 낯설기만 했던지라 입학
지원자가 많지 않았다. 그래서인지 연령의 제한도 없었다. 중
학생이라고는 하지만 고당처럼 결혼하여 자식을 거느린 기혼자들이 수두
룩했다. 그래서 학교에서는 청소년과 장년층이 나란히 함께 앉아 공부했
다. 아버지와 아들이 동기동창으로 학교에 다니는 진풍경도 볼 수 있던 시
절이었다. 그런 관계로 한 반에서도 지능과 학업성취의 차이가 심했다. 그
래서 실력이 앞선 학생은 하급생이나 동급생을 맡아서 가르치는 선생 역할
을 하기도 했다. 일례로 초창기에 방관진(方寬鎭)은 체조를 가르쳤고, 김득
수는 음악을 맡았으며, 박승두(朴勝斗)와 김창걸(金昌杰)은 한문 과목을 가
르쳤다. 이들은 다 학생의 신분이었다.

제복을 입지 않았던지라 복장도 각양각색이었다. 한복과 양복이 뒤섞여
있었나. 한복차림에 지링지링 머리를 땋아 내린 총각이 있는가하면, 성무

쟁이 애아버지도 있었고, 까까머리에 탕건을 쓴 사람도 있어 그야말로 형 형색색이었다. 같은 신교육을 받으면서도 복장과 풍모에는 낡은 것과 새로 운 것이 뒤섞여 잡탕을 이루었다.

그러다가 10년 후에 숭실대학이 병설될 무렵에 와서야 학생들에게 모자 를 쓰게 했다. 여전히 한복을 입는 실정이었으나 각 학년을 표시하는 학생 모만은 쓰게 한 것이다. 그래서 댕기머리나 상투머리는 자연히 사라졌다. 당시 숭실학교의 모자에는 네 가지 표지가 있었다. 최고 학년인 1등반의 모 자는 테두리에 흑색 띠를 두르고, 2등반은 청색 띠, 3등반은 황색 띠를 둘 렀다. 최저 학년인 무등반은 보라색 띠를 둘렀다. 그리고 대학생은 사각모 를 썼다. 그 무렵쯤 해서 평양신학교가 설립되었다. 거기서는 이채롭게도 육각모를 썼다.

미국인 선교사 배위량 교장의 교육방침에 따라 숭실학교의 교풍은 엄격 하기로 정평이 나있었다. 숭실중학교는 제4회 졸업생을 배출할 때까지는 학업 기간만 채우면 성적에 상관없이 졸업을 시켰었다. 하지만 5회 졸업생 부터는 졸업시험에 합격한 학생들만 졸업시켰다. 첫 졸업시험 때 학교 측 은 성적 미달자를 낙제시킨다는 언질도 하지 않았다. 교장이 친히 시험 감 독을 했다. 시험이 끝나자 교장은 성적이 나쁜 학생은 낙제시킨다는 청천 벽력의 선언을 했다.

학생들은 모두 긴장했다. 결국 방침대로 31명 중 21명이 졸업하고 10명 이 낙제했다. 전국 각지에서 아들의 명예로운 졸업식을 참관하러 왔던 부 모들의 일부는 당황했다. 당시 중학교를 졸업하는 것은 오늘날의 대학원 졸업보다도 영광스러운 일이었다. 낙제한 학생들은 대성통곡을 하며 학교에 호소했으나 소용없었다. 낙제생들은 다시 일 년을 더 공부했다.

선교회 직영의 교육기관인 만큼 성경 공부와 주일예배 참석을 열심히 해야 했으며, 이에 대한 규율도 매서웠다. 주일이면 전교생 모두가 한 명도 빠짐없이 예배에 참석해야 했는데, 어길 시에는 엄격하게 처벌했다. 예배 후에는 꼭 도장을 받아 출석을 확인할 정도였다. 더욱이 주일에는 안식일을 반드시 지키게 해서 운동이나 산보도 못하게 했다. 성서교육에 있어서는 성서를 유창하게 낭독함은 물론이고, 다음날 배울 대목을 미리 읽어서는 안 된다는 까다로운 규칙도 있었다.

배 목사는 학생들이 조금만 잘못을 하더라도 넘어가지 않고 크게 꾸짖었다. 언행이 눈에 거슬리면 참지 못하는 성미여서 "너, 그런 죄를 범해서야 되겠느냐! 어서 잘못을 회개하라."고 불호령을 내리기가 일쑤였다. 그렇지만 한편으로는 비상한 기억력으로 학생들의 신상을 파악하여, 각각에 맞는 호의를 베풀고 계도를 하여 많은 이들의 감탄을 자아냈다. 특히 수백 명이나 되는 학생들의 이름을 일일이 기억하여 만나는 학생마다 이름을 부르면서 손을 들고 먼저 인사하였다. 배 교장은 철저한 복음주의자였다. 이상주의자라기보다 현실주의 색채가 짙은 복음주의의 화신이었다. 그는 줄곧 이렇게 강조했다.

"내가 조선에 와서 전도하는 목적은 장래 천당에 가는 영적인 구원보다도 현재의 육적인 구원에 있다. 그것이 내 전도의 요체이다."

고당은 인격 형성 과정에서 배 교장의 영향을 강하게 받았다. 배 교장과 마찬가지로 청년 조만식은 스스로에게 엄격했다. 특히 술 마시는 것을 큰 죄라 믿고 철지히 금주를 실천했다. 고당은 숭실학교의 학풍을 적극적으로 수용하면서 모범학생으로 성장했다. 학과 성적은 늘 우수한 편이었고 품행도 단정했다. 소년 시절부터 뛰어난 운동신경을 자랑했던 고당은 학교에서도 높이뛰기 선수로 명성을 날렸다. 1908년 봄, 고당은 26세의 나이로 숭실학교를 졸업했다. 이때 고당은 이미 독실한 신앙인이자 투철한 애국자로 거듭나 있었다.

현해탄을 건너다

그 무렵 국내외 정세는 실로 암담했다. 1905년 을사보호조약의 체결은 온 국민의 맹렬한 분노와 반대에 부딪쳤다. 엄격한 일본의 검열 때문에 언론은 진실을 제대로 알릴 수 없었다. 그럼에도 불구하고 〈황성신문(皇城新聞)〉은 조약체결의 전말과 함께 비분강개하는 논설을 실어 사전 검열을 무시하고 배포했다. 이에 자극을 받은 국민들의 시위와 의병들의 봉기로 전국은 분노의 도가니가 되었다. 의분의 유서를 남기고 자결한 민영환(閔泳煥)을 시작으로 많은 이들이 분신 자결하였다. 그런가 하면 매국노 이완용(李完用)의 집이 불타고, 친일분자들이 의로운 자객들에 의해 부상하는 일들이 발생했다. 이러한 국민들의 저항에도 불구하고 일본의 침략정책은 변함이 없었다. 1907년에 접어들자 전국에서 일어난 국채(國債)보상운동도 별 진전 없이 좌절되었고, 대부분의 공공사업은 통감부의 지배 아래 놓이게 되있다.

고종은 1907년에 네덜란드 헤이그에서 열린 만국평화회의에 이상설(李相卨)·이준(李儁)·이위종(李瑋鐘)을 밀사로 보내어 조선의 억울한 사정을 세계만방에 호소하려고 했다. 그러나 회의 참관부터 난관에 봉착했고, 분을 참지 못한 이준은 자결하기에 이른다. 결국 헤이그 밀사의 목적은 이루지 못했지만 그 사건이 국제적으로 큰 파문을 일으켰다. 일본은 이 사건을 빌미로 고종을 양위시킨 뒤 더욱 가혹한 속박의 손을 뻗쳤다. 그리하여 이듬해 전국 각처에서 항일 무장 봉기가 다시금 고개를 들었다. 이러한 정세 속에서 청년 조만식은 새로운 결의를 하게 된다.

숭실학교를 졸업한 그해 6월에 고당은 도쿄(東京)로 유학을 떠났다. 암담한 조국의 현실을 타개하기 위해서는 무엇보다 실력을 배양할 필요가 있다고 자각했던 것이다. 민족 독립의 소명이 있을 때 언제든지 달려갈 수 있는 힘을 키워야겠다는 굳센 결의였다. 현해탄을 건너는 청년의 마음은 조국의 현실에 대한 슬픔과 새로운 세계에 대한 기대가 뒤섞여 착잡했다.

도쿄에 도착한 그는 외국어에 대한 자신감을 갖기 위해서 세이소쿠(正則) 영어학교에 입학했다. 영어는 물론 수학도 여기서 공부했다. 그러다가 1910년 4월, 메이지(明治)대학 전문부 법학과에 입학했다. 법학과를 선택한 것은 이유가 있었다. 조국의 독립과 독립 후의 국정을 위해서는 서구 선진국의 법과 제도를 먼저 연구해야한다는 당위 때문이었다.

5년의 유학 기간 동안 고당은 무던히도 학업에 열중했다. 여름방학에도 웬만하면 귀국하지 않고 학업에 몰두했다. 그는 집으로부터 학비조로 매달 50원이란 거액을 송금 받았다. 궁색하지 않게 공부에만 열중하라는 아버지의 배려 덕분이었다. 고당은 다달이 오는 이 학비를 근검절약했고, 그렇게 아낀 돈을 친구의 학비에 보태기도 했다. 길(吉)모라는 친구였다. 이 친구는 고당보다 한 해 먼저 학업을 마치고 귀국했다. 고당은 여비도 없는 친구의 궁색한 형편을 보다 못해 아버지에게 소개 편지를 보냈다. 평양에서 그의 고향까지 가는 비용을 대 주도록 간청했던 것이다. 친구의 고향은 평양 북방의 어느 지방이었던 모양이다. 길모는 나중에 남한에서 어느 고을의 군수가 되었다.

고당이 형편이 어려운 친구들을 도와준 일은 한두 번이 아니었다. 그것도 항상 남모르게 도와주었다. 때로는 땅까지 팔아가며 희사한 적도 있었는데, 일절 남에게 말하지 않았기 때문에 그 대상이 누군지도 알 도리가 없었다.

'국치(國恥)의 날'에 치민 비분

일본 유학시절에 고당은 다시 미국 유학의 꿈을 키웠다. 전공 외에 영어에 몰두했던 것은 이를 염두에 둔 것이었다. 그가 고국에 온 것은 1910년 여름이었다. 유학을 떠난 지 2년 만의 일이었다. 와 보니 고국의 정세는 심각했다. 〈황성신문〉·〈대한민보〉·〈대한매일신보〉등 언론기관은 모두 정간처분을 당하고, 한일병탄조약이 불법으로 체결되었다. 조약은 8월 22일에 체결되었으나 여론이 무서워 감히 발표를 못하고 있었다. 일본은 애국 단체를 해산시키고 애국지사 수천 명을 무단 검거하는 등 저항의 싹을 자른 다음, 마침내 8월 29일 순종(純宗)으로 하여금 국권을 포기하게 만들었다. 경술(庚戌)년 국치(國恥)의 날이었다. 몇몇 매국노들에 의해 사직은 무너지고 일제의 가혹한 무단 통치가 시작된 것이다.

평양에 돌아와 이를 본 고당은 비분을 참지 못했다. 평양 전체가 술렁였다. 한일병탄의 조서가 발표되자 희비가 엇갈렸다. 시내의 한국인과 일본

거류민의 기분은 아주 대조적이었다. 신시가지에 사는 일본인들은 축하 행사를 하며 비탄에 잠긴 우리 동족을 조롱하는 듯했다. 일본인들은 그들의 신(神)을 모신 가마인 '오미코시(神輿)'를 앞장세우고 행렬을 이루어 한국인 거주지인 구시가지까지 덮쳐 올 기세였다. 때로는 길가의 상점을 들부수는 만행도 서슴지 않았다.

"왓쇼! 왓쇼! 왓쇼!"

오미코시 행렬이 고당의 집 근처에까지 몰려 올 때였다.

"저 넋 빠진 자들의 미친 짓거리를 그냥 둘 수 없다."

고당은 자리를 박차고 일어났다. 격분한 그는 일본인들이 날뛰는 현장으로 달려갈 참이었다. 한일병탄의 불법성을 성토하고, 눈꼴사나운 오미코시 행렬을 해산시켜 버리려는 충동적 행동이었다. 순간 아버지가 아들의 길을 가로 막았다.

"애야, 왜 그러느냐. 저자들이 미쳤다고 너까지 그래서야 되겠느냐? 이럴 때는 냉철하게 지켜보며 참는 것도 하나의 용기란다. 지금 너 혼자 맨손으로 아무리 발악한들 무엇을 얻겠느냐?"

무익한 희생이 무슨 성과를 거두겠는가. 아버지는 아들의 팔을 붙잡고 계속해서 만류했다.

"나라가 이미 망한 지금, 너 혼자 나서 본들 뾰족한 수가 없구나. 물론 네 뜻이야 장한 줄 안다. 그러나 깊이 생각해 보아라. 우리가 상대할 적은 저 거리의 불량배 일본 거류민이 아니다. 정말 이 민족과 나라를 위해서 싸우려 한다면 그 장소와 때를 알아야 한다."

그러나 분노에 찬 젊은이의 끓는 피는 쉽게 식지 않았다. 아버지의 애원에도 불구하고 당장 집을 뛰쳐나갈 기세였다. 마치 분신자살이라도 각오한 사람처럼 얼굴에 비장감이 감돌았다.

격분한 청년의 마음이 평온을 되찾기까지는 적지 않은 시간이 걸렸다. 가족이 총동원되어 그를 붙들고 억제하는 한편, 밖으로 나가지 못하도록 대문을 닫아걸었다. 고당은 양친의 만류에 따라 집안에서 한 발짝도 나가지 못한 채 통분한 마음으로 그날을 보내야했다. 이튿날 흥분이 가라앉았을 때 고당은 깨달은 바가 있었다.

"오늘의 이 망국을 설욕하는 길은 나 하나의 희생에 있지 않다. 나 한사람의 극한적인 항거보다는 실력을 충분히 배양한 뒤 온 국민과 함께 보조를 맞춰 싸워나가는 길밖에 없지 않은가. 그러자면 일시적인 울분을 억제하고 계속 학문 탐구에 매진해야 한다."

고당이 다시 도쿄로 돌아간 것은 그해 9월이었다.

도쿄에 세운 조선인 장·감 연합교회

당시 도쿄에는 조선인 교회가 없었다. YMCA는 있었지만 교회는 아직 설립된 것이 없었다. 때마침 평양 장대현교회의 정익로(鄭益魯) 장로가 도쿄에 왔다. 그는 평양에서 기독교 도서관을 경영하고 있었는데, 옥편(玉篇)을 발간하는 일 때문에 일본에 온 것이었다.

정 장로는 일본의 수도에 우리 교회가 아직 없음을 알고 안타깝게 생각했다. 그래서 YMCA 총무이던 김정식(金貞植)과 이 문제를 상의했다. 그들은 유학생들의 힘을 빌리기로 했다. 결국 독실한 기독교 신자였던 조만식과 백남훈(白南薰)의 협력으로 교회가 설립되었다. 백남훈은 1909년에 일본으로 유학을 온 터였다. 그는 고당과 친밀한 사이로서 도쿄 YMCA 총무를 맡았으며, 훗날 2·8독립선언에 참여했다.

이처럼 우리 교회의 설립과 운영을 가능케 한 것은 기독교 학생으로 유학생들의 지도자격이던 두 사람의 힘이 컸다. 당시 도쿄에는 평양 출신의 장로교 목사인 한석진(韓錫晉)이 와 있었고, 세례 받은 교인은 40여명을 헤아렸다. 그 동안 예배는 YMCA회관에서 해왔다. 그러나 기독교 운동을 승화시켜 민족독립운동으로 발전시키자면 독자적인 교회가 필요했다. 고당의 생각도 그러했기에 적극적으로 관여한 것이다. 그래서 본국 총회의 승인을 얻어서 정식으로 교회 설립의 형식을 갖추게 되었다. 여건상 교회당은 따로 개설하지 않고 계속 YMCA회관에서 예배와 집회를 하였으나, 조직체와 운영은 완전히 독립적으로 해 나갔다.

그런데 40여명의 신도 중 홍모(洪某: 김옥균을 암살한 홍종우洪鍾宇의 아들) 한 사람만 감리교인이고, 나머지 모두가 장로교인이었다. 기독교의 역사에 비추어볼 때 두 교파가 한 교회에 공존하는 것은 특기할 만한 일이었다. 여하튼 도쿄에 장·감(長監) 연합의 조선인 교회가 설립되었다는 것은 기념할 만한 일이었다. 설립 후에는 한석진 목사를 중심으로 운영되었다. 뒤에 숭실학교 출신의 박영일(朴永一) 장로가 전도차 도쿄로 오고, 이어서 전영택(田榮澤), 노정일(盧正一), 김영섭(金永燮) 등이 옴으로써 교회의 발전은 순조로웠다.

그런데 교회의 발전과 더불어 감리 교회의 중진급 인사들이 늘어나기 시작했다. 그러자 교파 문제가 불거졌다. 급기야 감리교인과 장로교인이 따로 예배를 보는 사태가 벌어졌다. 고당은 교회의 갈등을 해소시키고자 잠시 귀국해있던 백남훈을 도쿄로 불러들였다.

"감리교인이 장로교인과 따로 예배를 보는 판이니 문제가 심상치 않구려. 이는 교파 문제이기 전에 민족적 문제입니다. 일본인이나 다른 외국인들에게 부끄러운 일이 아닐 수 없소. 가뜩이나 우리 한민족이 국난을 당하고 있는 이때 본바닥 일본에서 민족 분열의 인상을 주다니 가슴 아픈 일입니다. 우리가 어떻게든 통합을 위한 대책을 세워봅시다."

백남훈은 고당의 말에 전적으로 공감했다. 곧바로 두 사람은 양쪽 교파의 대표 인사들을 만나 일일이 설득했다. 또한 이 특수한 사정을 국내의 교회에 교파별로 각기 청원한 끝에 양측 모두의 승인을 얻었다. 그리하여 이 문제를 원만하게 해결할 수 있었다. 물론 이때도 보이지 않는 고당의 힘이 크게 작용했다.

명실공히 연합교회이다 보니 국내 장로교와 감리교 본부에서 일 년씩 교대로 목사를 파견했다. 파견 온 목사 중에는 주요한(朱耀翰)의 부친 주공삼(朱孔三) 목사와 오천석(吳天錫)의 부친 오기선(吳基善) 목사가 있었다. 이들은 우리나라 초기 교회 발전의 공로자들이다.

열혈 구국(救國) 투쟁 삼총사

도쿄의 조선인 기독교청년회(YMCA)는 1906년에 창립되었다. 처음에는 간다(神田)의 미도시로(美土代)에 있는 일본 YMCA회관의 일부를 빌려 썼다. 그러다가 이듬해에 근처 고니시카와(小西川)의 가정집을 빌려서 독립했다.

그러다가 1914년 9월에 고니시카와 2정목(丁目) 5번지에 2층 회관을 신축했다. 3만여엔의 공사비가 들었다. 당시 일본 화폐 3만엔이면 큰돈이었다. 이 공사비는 약 5백명의 유학생들이 성금으로 모은 7백엔과 스코틀랜드 선교부에서 보낸 1천엔, 그리고 나머지는 미국 기독교 선교부에서 기부한 것이었다. 초대 총무는 김정식(金貞植) 목사, 초대 간사는 장덕순(張德淳)이었다. 1917년에는 백남훈이 총무로 취임했다. 당시 YMCA는 조선인 유학생들의 집결지요, 민족 운동의 심장부였다. 청년 운동의 모든 집회가 여기서만은 자유로운 편이었다. 1919년 3·1운동의 기폭제가 되었던 2·8독립선언

도쿄 YMCA 초기 건물

의 발원지도 바로 여기였다.

1912년 고당이 교회 설립에 주동적 역할을 하고 있을 무렵, 고하(古下) 송진우(宋鎭禹)를 만나게 된다. 송진우는 당시 22세로서 고당보다 7살 어렸지만 둘은 막역한 동지가 되었다. 훗날 두 사람은 한반도의 남과 북을 뒤흔드는 두 불기둥이 된다. 송진우는 1908년에 인촌(仁村) 김성수(金性洙)와 함께 일본으로 유학 왔다. 1910년 와세다(早稻田)대학에 입학했다가 귀국한 뒤, 1912년에 다시 일본으로 건너와 메이지대학 법학과에 입학했다. 이렇게 고당과 고하가 같은 대학 같은 과에 다니게 되니, 비록 연령과 학년의 차이는 있었지만 애국심이 상통하여 친한 사이가 되었다.

당시 도쿄에는 고당과 인촌, 고하 외에도 설산(雪山) 장덕수(張德秀), 해공(海公) 신익희(申翼熙), 낭산(郎山) 김준연(金俊淵), 가인(街人) 김병로(金炳魯), 그리고 현상윤(玄相允), 조소앙(趙素昻), 현준호(玄俊鎬) 등 기라성 같은 유학생들이 즐비했다. 이들을 중심으로 한인 유학생 친목회가 결성되었다. 특히 유학생 친목회를 주도적으로 조직한 송진우는 총무를 맡는 한편 〈학지광(學之光)〉이라는 잡지를 편집했고, 호남 출신 유학생을 모아 호남 다도회도 조직했다.

평소 지방색을 싫어했던 고당으로서는 이점이 못마땅했다. 그리하여 김성수나 송진우를 만날 때마다 "동지들, 우리가 앞으로 고국에 돌아가게 되면 피차 고향을 묻지 말고 일해 나갑시다. 앞으로 국권을 회복하는 과정에서뿐만 아니라, 독립했을 경우에도 인화단결이 가장 중요하다고 보오."라고 당부했다. 인촌과 고하는 둘 다 호남 출신이었다. 고당·인촌·고하는 구국투쟁의 삼총사인양 훗날 물산장려운동에 보조를 같이 했고, 민립대학 운동도 함께 추진했다.

2 · 8독립선언의 불씨

고당이 도쿄로 유학 갔을 무렵 유학생 조직체로 대한흥학회(大韓興學會)가 있었다. 그러나 이 조직은 한일병탄과 함께 해산되었다. 당시 500명에 이르는 유학생들은 자연스레 YMCA를 중심으로 집결하여 새로운 투쟁의 기점을 확보해 나갔다. 국내에서도 일본의 무단정치가 심해짐에 따라 모든 결사와 집회가 금지되자, 민족 운동의 거점이 기독교 단체로 옮겨지는 면이 있었다. 이러한 분위기 속에서 고당은 유학생 친목회를 이끄는 인촌, 고하, 현상윤 등의 힘을 끌어들여 항일세력 규합에 박차를 가했다.

재미있는 일화 중 하나는 고당이 유학 5년 동안 두 번의 극장 관람을 하게 된 사연이다. 고당은 유학 기간 내내 일본형사들의 미행을 받았다고 한다. 하루 종일 따라다니는 형사가 너무 안쓰러워 고당이 표를 두 장 사서 함께 보았다는 것이다.

도쿄 YMCA 앞에 세워진 2·8 독립선언 기념비

　　그러던 중 1914년에 발발하여 4년간 지속되던 제1차 세계대전이 1918년 11월 11일, 독일의 항복으로 종결됐다. 이때 미국의 윌슨 대통령은 전후 문제 처리에 있어서 민족자결주의를 포함한 14개 조항의 원칙을 제시했다. 1913년에 대통령으로 취임한 윌슨은 재임 8년 동안 루스벨트 대통령이 추진했던 제국주의적인 외교정책과 대조되는 이상주의적인 외교정책을 펼치고자 노력했다. 특히 일제의 제국주의정책에도 반감을 표시해 일본과의 관계를 부분적으로 긴장과 대결의 관계로 바꾸었다.

　　그러나 윌슨의 민족자결주의는 유럽에만 적용된 것이었다. 달리 말해, 유럽제국주의에 희생된 유럽의 소수민족들에게 해당되는 것이었을 뿐, 일본제국주의에 희생된 조선에 해당되는 것은 아니었다. 그 차이를 잘 알지 못했던 우리가 막연한 희망을 가졌던 것이다. 여하튼 민족자결의 원칙은 일제하에 신음하던 한민족의 열광적인 환영을 받았음은 물론, 독립운동의 새로운 전기를 마련하는 계기가 되었다. 즉 1917년 뉴욕에서 열린 약소민족회의와 1919년 파리에서 열린 평화회의에 대표를 파견하는 등 구체적인 독립운동을 모색하기 시작했다.

1919년 2월 8일, 도쿄 유학생들 사이에서 마침내 독립운동의 봉화가 피어 올랐다. 최팔용(崔八鏞)을 주축으로 한 600여명의 유학생들은 YMCA 회관에 모여 춘원(春園) 이광수(李光洙)가 쓴 독립선언서를 낭독하고 결의문을 채택한 뒤 "대한 독립 만세!"를 일본의 심장부에서 목이 터져라 외쳤다. 이 사건은 그동안 숨죽이고 기회를 엿보던 국내의 애국지사들에게 큰 자극을 주었고, 마침내 3·1운동으로 연결되었다.

고당은 1913년 3월에 귀국했기 때문에 2·8독립선언에 직접 가담하지는 않았으나, 동지들의 가슴에 그 불씨를 이미 뿌려 놓았다. 2·8독립선언을 주동했던 10명은 모두 조선 기독교연합교회에 속한 유학생들이었다. 즉 고당의 정신을 이어받은 후배들이었던 것이다.

曺晩植

제 3 장
독립운동의 전초기지 오산학교

33세의 젊은 교장선생님

1913년 메이지대학을 졸업할 때 고당은 31세였다. 만학이었다. 그는 염두에 두었던 미국 유학을 접고 뜻한 바 있어 귀국의 길을 택했다. 1913년 평양으로 돌아오니, 네 살이 된 딸 선부가 재롱을 부렸다. 아버지와 딸의 첫 대면이었다. 하지만 꼬맹이는 처음 만난 아버지가 당연히 낯설 수밖에 없었다. 그래서 문틈으로 가만히 들여다보며 "아버진 말이야, 일본 사람 같네요."하고는 어머니의 치마 뒤에 숨기도 했다. 고당은 가만히 미소를 머금었다.

귀국 후 고당은 정주에 있는 오산학교(五山學校)에 가서 9년을 머물게된다. 오산학교는 1907년에 남강(南岡) 이승훈(李昇薰)이 설립한 학교였다. 장사만 해오던 이승훈이 도산(島山) 안창호(安昌浩)에게 감화를 받아 신민회(新民會)에 가입하여 모은 돈을 민족교육에 바치기로 결심한 결과였다. 그의 나이 44세 때의 일이었다. 남강은 1909년 평양에 신민회의 사업체인 마산동 자기회사(馬山洞磁器會社)를 발기하여 그 사장에 취임했다. 이듬해에는 기독교 신앙을 갖게 되어 민족독립 운동의 뜻을 더욱 굳혔다.

이를 눈치 챈 총독부가 그를 그냥 놔둘 리 없었다. 무관(武官)학교 사건 (= 일명 안악사건安岳事件, 1910년 11월 안중근의 사촌 동생 안명근이 황해도 안악 지방에서 서간도西間島에 세우려던 무관학교의 설립자금을 모집하다 관련인사 160 여 명과 함께 검거된 사건)으로 제주도에 유배를 보내는가 하면, 105인 사건(= 일제가 평안도를 중심으로 하는 배일 기독교 세력과 신민회의 항일 운동을 탄압하기 위하여 날조한 사건. 신민회원을 비롯한 민족 지도자 600여 명을 검거하여 중심인물 105명을 기소했으므로 105인 사건이라고 불렀다)을 날조하여 징역 10년을 언도 했다. 남강은 대구 감옥과 경성 감옥에서 성경을 100여번 되풀이해서 읽는 한편, 머릿속으로 끊임없이 민족의 운명을 가늠해보곤 했다. 결국 감옥은

교문에서 본 정주 오산학교 교사

남강 이승훈

그를 강철로 만들어주었다. 경성 감옥에서 가출옥했을 때 남강의 나이는 이미 50이 넘었다. 그러나 출옥 후 남강은 세례를 받고 평양신학교에 입학하면서 제2의 인생을 시작했다.

옥중에 있을 때 남강은 오산학교를 대신 맡아줄 인재가 아쉬웠다. 이광수가 시베리아로 떠나면서 새로운 인물이 필요했던 것이다. 평소 고당의 비범한 인격을 익히 들어왔던 남강은 고당을 초빙하라고 지시했다. 남강의 측근인 김세환과 장세윤이 고당을 찾아와 간곡히 청했다. 고당도 오산학교의 명성을 익히 들어왔던지라 흔쾌히 수락했다. 처음엔 석 달 동안만 교사를 맡아줄 약속을 하고 온 것이었으나, 이후 세 차례에 걸쳐 9년의 세월을 보내게 된다.

잡역부 몫까지 몸소 떠맡다

1913년 4월, 고당은 평양에서 3백리 떨어진 평안북도 정주에 도착했다. 그곳에서 교편을 잡은 지 2년 만에 오산학교의 교장이 되었다. 늦깎이 학생이었던 그가 33세의 젊은 교장으로 민족교육에 헌신하게 된 것이다. 고당은 봉급을 일절 받지 않고 교육에 봉사했다. 또한 가족을 모두 평양에 둔 채 기숙사에서 학생들과 함께 생활했다. 그는 교장이요, 선생이요, 사감이요, 사환이었다. 1인 4역이었던 셈이다.

머리는 짧게 깎아 버렸고, 무명두루마기 옷차림에 말총 모자를 쓰고 갓신을 신었다. 고당은 평생 머리를 짧게 했는데 간디의 스타일과 흡사했다. 도쿄 유학시절만 하더라도 학생복 이외에는 수수한 무명 옷차림이었는데, 이제는 본격적으로 국산품을 애용하기로 한 것이다. 그의 국산품 애용은 철저했다. 학교 기숙사에 기거하는 동안 치약을 쓰는 법이 없었다. 늘 소금 양치질이었다. 비누 또한 쓰지 않고 팥가루로 대신했다. 우리의 전통적 화장법인 팥가루를 사용한다는 것은 보통 사람들로서는 상상조차 하기 힘든 일이었다. 당시 비누는 다 일본 제품이었기에 이를 극구 피하려고 했던 것이다.

오산학교는 기숙사 제도도 독특했다. 학교 근처에 자기 집이 있는 학생을 제외하고는 몽땅 기숙사 생활이었다. 학생들은 마치 군대와도 같이 엄격한 집단생활을 했다. 한 방에 4명씩 수용하였는데, 학년별로 한 명씩 배치하여 가장 상급생인 4학년생이 실장을 맡았다. 학습에 있어서도 선배가 후배를 지도하는 자치적인 세포조직이었다.

아침 6시면 기상종이 울린다. 이 신호에 따라서 일제히 일어난 학생들은 운동장에 모여서 아침 체조를 하고, 이어서 앞산을 한 바퀴 돌아오는 달리기를 한다. 하루의 학교 과정을 마치고 쉬다가 저녁 식사 후에는 복습공부의 종이 울리며, 밤 10시가 되면 소등과 취침 종이 울린다. 학교에서의 시간 엄수는 물론이요, 기숙사 생활을 비롯한 모든 생활에서 시간을 엄수시켰다. 술과 담배는 일절 금지했다. 건강과 청결을 위해 공동목욕탕을 설치하여 전교생이 일주일에 한 번씩 목욕했다.

고당은 사감의 위치에서 감독하고 지시만 한 것이 아니었다. 스스로 기숙사의 규율을 각별히 실행에 옮김으로써 학생들을 감화시켰다. 아침마다 있는 체조와 달리기도 항상 학생들과 함께했다.

고당은 학교에 잡역부를 따로 두지 않았다. 청소를 비롯한 건물과 시설 보수 등의 작업도 학생들이 작업반을 짜 자치적인 근로봉사로 해결했다. 그것은 경비 절약보다도 근로정신과 단체훈련을 시키는 동시에, 자신이 다니는 학교를 스스로 소중히 하는 기풍을 길러 주기 위한 고당의 실천

교육의 한 방안이었다. 동절기의 연례적인 작업은 교실의 난로와 기숙사 온돌용 연료채취였다. 학교 근방의 제석산에서 오리나무를 베어서 운반해 와 그것을 패서 장작으로 만들어야 했다. 이런 힘든 작업에도 고당은 솔선수범했다.

겨울에 눈이 오면 고당은 학생들보다 먼저 일어나서 기숙사 주변과 운동장의 눈을 쓸었다. 한번은 기숙사 변소에 배설물이 얼어붙는 바람에 쌓여서 흘러 넘쳤다. 이를 본 고당이 말없이 손수 배설물을 치웠다. 그 모습을 본 학생들은 송구스러워 어쩔 줄을 몰랐다고 한다.

정주 오산학교와 주변 마을

평생 기지개를 켜지 않는 목사님

오산학교의 초창기에는 무슨 교육 방침이 따로 서 있을 리가 없었다. 학교를 세운 남강의 취지를 충분히 이해하고 있는 고당의 일거일동이 곧 교육방침이었다. 고당은 교장이지만 학생들과 함께 식사하고, 학생들의 편의를 돕는 교내 잡역부 노릇까지 마다하지 않았다. 한 교정에 100여 명의 학생들이 모여 기숙생활을 하다 보니 학생들은 교장 선생님을 스승이자 어버이로, 때로는 동지로서 느꼈다. 초창기에 오산학교를 다니며 고당의 남다른 총애를 받았던 김항복(金恒福)은 이렇게 회고했다.

"내가 오산학교에 입학했을 때는 고당 선생님이 잠깐 평교사로 있다가 교장으로 승진했을 무렵인데, 그때 그이가 지리와 역사를 가르쳤고 때론 영어도 가르쳤습니다. 영어를 배우던 기억이 나는데『내셔널 리더』를 교본으로 썼지요. 선생님은 영어 발음이 좋았습니다. (...) 중등 교육이지만 그 시절엔 전문적인 교육이라기보다는 다방면에 걸친 종합 교육이었습니다. 교풍도 엄했습니다. 다니다보면 누구든지 국산품을 애용해야 한다는 결심을 하게 되었습니다. 다 고당 선생님의 힘입니다. 학교의 기틀이 좀 자리를 잡자 교장 선생님으로서 수신(修身) 과목을 전담했습니다.

선생님은 학생들에게 의리와 신뢰를 감화를 통해 가르치셨습니다. 그분은 말이 아닌 행동으로 수신을 가르치셨습니다. 실천으로 학생들의 표본이 되니 우리가 존경하지 않을 수 없었습니다. 어떤 때는 매우 엄격하셨는데 특히 시간 엄수를 강조했습니다. 그분의 교육은 참으로 엄격했지만, 그 바탕에는 진실과 사랑이 있었습니다."

초창기 오산학교가 낳은 수재가 비단 한두 명이 아니지만, 영락교회의 한경직(韓景職) 목사도 그 중 한 사람이다. 한경직은 1916년에 오산학교로 가서 시험을 쳐서 2학년에 편입했고, 3년 후에 졸업했다. 처음 오산학교에 가 보니 고당을 가리켜 "신(新) 교장, 신 교장 선생!" 하는 소리가 들렸다고 한다. 새로이 교장이 된 분이라는 뜻이었다. 한경직 목사는 오산학교 시절의 잊지 못할 한 가지 일화를 돌이켰다.

"내가 복습시간에 공부하다가 한번은 아주 피곤했던지 기지개를 켜며 하품을 하다가 얼결에 아이구! 하는 소리를 냈던 모양입니다. 이윽고 누가 방문을 두드리더군요. 교장 선생님이었습니다. 그분은 다짜고짜로 '지금 누가 기지개를 켰나?' 하고 추궁하는 것이 아닙니까. 그래서 '제가 했습니다.'라고 답했지요. 그랬더니 '그래. 웬 학생이 밖에까지 소리가 들릴 정도로 기지개를 켜나 했네. 그건 게으른 표정이야. 어린 학생이 그래서야 되겠는가. 남이 게으름뱅이로 여길 테니 앞으로는 조심하게. 졸려서 하품이 나면 혀를 깨물어서라도 잠을 쫓아 공부를 해야지 남에게 방해가 되도록 실례가 되는 행동을 해서야 되겠는가?' 라고 하셨습니다. 그때의 일이 계기가 되어 지금도 기지개 켜는 것만은 삼가고 있습니다."

사소한 일이지만 고당의 교육적 감화가 제자들의 일생에 영향을 미친 일화는 얼마든지 있다. 한경직 목사는 오산학교를 나와 평양숭실대학을 거쳐서 미국 유학을 오래했지만, 고당에게 받은 교육적 감화가 가장 컸다고

오산학교 원경

했다. 다음은 오산학교 시절 고당의 옆방에서 지냈다는 홍어길(洪魚吉)의 회고다.

"기숙사 생활에 솔선수범하여 교풍을 수립한 고당 선생은 매일같이 아침 기도를 보셨습니다. 윤번으로 교사들이 할 때인데 빠지는 선생이 있으면 언제나 교장선생님이 이를 대신했습니다. 학생들에게 지리나 경제 과목을 가르칠 때도 재미있었지만, 특히 수신 과목과 기도 시간은 참 재미있고 감명 깊었습니다. 교장선생님이 인도하는 기도 시간은 좀 별난 데가 있었습니다. 그리 높은 어조도 아니고 평범한 어조로 설교를 하는데 우리의 머릿속에 쏙쏙 들어오게 하시더군요. 어려운 말보다는 알아듣기 쉬운 말로 인격적인 감화를 주신 그분은 온유하면서도 엄격한 교육자였습니다."

고당은 교목(校牧)의 역할까지 더하여 1인 5역을 했던 셈이다. 다시 말하여 그는 오산학교의 교장이자 교사요, 교목이자 사감이요, 또한 사환이었던 것이다. 어느 역할로나 학생들에게 무한의 감화를 주었다 하니 35세를 전후한 고당의 인격이 어떠했는가를 짐작하고도 남는다.

"사람을 사랑하고 겨레를 사랑하라!"

고당은 학생들을 개별적으로 불러 놓고 책망하는 자리에서 곧잘 "그래, 오산학교에 와서 공부하는 학생이 그래서야 되겠는가?"라고 나무랐다. 남강이 설립하고 고당이 기풍을 확립한 오산학교에 대한 긍지를 심어주려고 했던 것이다. 고당은 단순한 인격 도야에 그치지 않고 정신 교육에 더욱 열성을 기울였다. 채플 시간에도 단순한 성경 공부나 기도에 그치지 않고 민족 부흥을 염원하는 무언가를 학생들에게 불어넣어 주고자 했다. 오산학교의 긍지는 곧 고당의 신념을 뜻하는 것이었다.

고당이 부임해 온 지 몇 년이 지나자 학교는 놀랍도록 변화되었다. 교직원과 졸업생은 한마음으로 단결했고, 학교 전체에 검소한 기풍이 자리 잡았다. 학교와 교회에는 새로운 신앙이 불타올랐고 민족의식은 고양되기 시작했다. 평소 온유하고 인자한 고당이었지만, 인격적 권위 또한 대단해서 학생들에게 끼치는 영향은 거의 절대적이었다.

어느 해인가 교내 운동회에서 있었던 일이다. 당시 청백 양군으로 나뉘어 여러 경기를 마치고 마지막 릴레이 경주 하나만 남겨 놓았다. 쌍방의 점수는 막상막하였다. 릴레이에서 이기는 편에게 우승기가 돌아갈 판이었다.

양편의 열광적인 응원 속에 손에 땀을 쥐는 경기가 시작되었다. 청군이나 백군이나 지도하는 선생이 한 명씩 딸려 있었다. 그런데 청군 선수가 바통을 넘겨주다가 그만 다음 선수의 손에 닿기 전 땅바닥에 떨어뜨렸다. 이에 청군 지도 선생이 재빨리 바통을 집어 선수의 손에 넘겨주었고, 결국 승리는 청군으로 돌아갔다. 이를 보지 못한 심판이 청군의 승리로 판정했다. 사태가 이렇게 되자 백군 편에서 일제히 들고 일어났다.

"부정이다!"

"오판이다!"

이렇게 야유를 하면서 이내 교정이 소란스러워졌다. 고당이 곧장 달려왔다. 쌍방의 얘기를 충분히 들은 고당은 학생들을 집합시킨 다음 잘라 말했다.

"지금까지의 경위를 들어보니 심판의 결정이 옳다고 본다. 혹 반대하는 의견도 나올 수 있겠지만 이런 경우는 심판의 결정에 따라야 한다. 그리 알고 이 이상 왈가왈부 하지 말기 바란다."

진 편의 학생들은 교장선생님의 지시를 따르려 하지 않고 불만스런 목소리로 대꾸했다. 흥분한 상태이니 그럴 만도 했다. 반대 의견을 들고 나오는 학생들이 적지 않았다. 순간 고당이 눈을 부릅뜨고 다소 언성을 높였다.

"그런 태도로 공부하려 할 것 같으면 우리 학교에서 썩 떠나라. 우리 오산의 정신은 한 번 옳은 것을 옳다고 판정하면 그대로 순종하는 교풍을 세우는 데 있다. 학교의 방침에 따르지 않고 어디 그럴 수가 있는가?"

그러자 누구 하나 감히 일언반구도 하지 못했다.

"자 그럼 곧 우승기를 수여하기로 한다. 오늘 경기에는 승자도 패자도 없다. 다 같이 힘써 싸웠으니 나로선 만족한다."

고당의 말에 전교생들은 물론이고 관중들도 박수를 보냈다.

여기 당시 그 일에 대한 한경직 목사의 술회가 있다.

"나는 이 한 가지만으로 고당 선생의 권위가 대단하구나 하는 인상을 받았습니다. 생활과 인격의 권위라 할까, 고당의 위대한 일면이 아닐 수 없습니다. 학생들은 그만큼 고당을 존경하고 따랐습니다. 월급 한 푼 받은 일이 없는 고당은 그야말로 헌신적인 교육자였습니다. 고결한 인격, 강직한 성품, 그리고 온전한 헌신자로서 우리 학생들에게 불멸의 감화를 준 것이지요."

기독교 학교로서 오산학교에서 매일 열리는 기도회에는 흔히 남강과 고당이 함께 참석하여 강연을 했다. 한 목사의 회고이다.

"그 강연 요지는 대체로 이러했습니다. 첫째, 사람을 사랑하고 겨레를 사랑하라. 둘째, 옳은 사람이 되라. 그러자면 예수를 믿어야 한다. 셋째, 학문을 잘해서 남에게 뒤지지 마라. 지금 생각해보아도 감격스런 말씀이었습니다. 오산학교 시절의 교훈이 숭실대학 시절엔 하나님 사랑을 첫째로 하고, 둘째 나라 사랑, 셋째 학문과 과학의 탐구에 치중하는 것으로 순서의 차이가 있기는 했지만, 조만식 선생의 일관된 교육 이념이었습니다."

曺晩植

제4장
만세의 함성이 강산을 뒤흔들다

독립선언식이 된 고종황제 망곡식(望哭式)

고당은 3·1운동 직전인 1919년 2월에 오산학교 교장직을 사임했다. 4년간에 걸쳐서 초창기의 교풍을 확립한 그는 3·1 운동을 치른 뒤에 상하이(上海)로 망명해서 독립운동을 국제적으로 전개하려는 계획을 세웠다. 이 계획은 평양에서의 3·1운동 준비를 총지휘하던 남강 이승훈과의 합의하에 이루어진 비밀이었다.

1919년 3월 1일 마침내 독립선언을 하면서 만세운동이 일어났다. 민족 대표 33인이 서울 종로 태화관에서 독립선언을 한 시각에 평양에서도 만세 시위운동이 돌발했다. 평양 시민들이나 일본 관헌도 전혀 모르는 가운데 평양의 두 군데서 동시에 궐기했던 것이다. 한 곳은 장대현교회 옆에 있던 숭덕학교 교정이었고, 다른 장소는 남산현교회 뜰이었다.

장대현교회는 장로교 계통이고, 숭덕학교는 역시 장로교 미국 선교사들이 경영하는 학교였다. 그리고 남산현교회는 감리교 계통이었다. 평양에서의 3·1운동을 위하여 장로교 측에서는 남강 이승훈의 추천으로 길선주(吉善宙) 목사가, 감리교 측에서는 신홍식(申洪植) 목사가 각각 민족대표 33인으로 서명했다. 따라서 만세 시위운동도 양파의 교회를 중심으로 전개되었다. 이와는 별개로 설암리(薛岩里)의 천도교회(天道敎會)에서도 서울 중앙총부의 연락으로 사전에 움직였으나, 평양에서는 기독교에 비해 신도수가 열세인 까닭으로 대세를 좌우하지는 못했다.

평양 기독교인들의 시위운동은 남강 이승훈이 직접 지휘했다. 그는 3월 1일을 앞두고 약 10일 동안 병을 가장하여 평양 기독병원의 전신인 기홀(紀笏)병원에 입원했다. 그리고는 병원을 비밀 아지트로 삼아 장로교와 감리교의 인사들을 몰래 만나면서 치밀한 계획을 세우고 추진했다. 장로교 측에서 남강을 도와서 획책한 사람은 안세환(安世桓)과 윤원삼(尹愿三)이었다. 안세환은 평남 순안 출신으로서 일찍이 일본어에 능통하여 군(郡) 주사로 일했다. 선교사 배위량은 그의 비범한 재질을 아껴 전도하는 동시에 학비를 대주어 숭실학교에 진학시켰다.

이로 인해 안세환은 영어에도 능통했다. 그는 남강의 추천으로 임규(林圭)와 함께 33인 민족대표가 일본에 제출할 독립청원서를 갖고 일본으로 갈 예정이었다. 그는 105인 사건 때에도 남강의 동지로 같이 고생한 사람이다. 그리고 당시 평양 숭덕학교 교감이었던 윤원삼은 평양 장로교 측 시위운동의 총책임자로 정해졌는데, 그 역시 105인 사건에 연루되어 남강과 함께 고생했었다. 그는 남강의 지령을 받고 학교 교원이었던 황찬영(黃贊永), 박인관(朴仁寬) 등과 협의하여 만반의 준비를 했다.

장대현 집회와 남산현 집회는 표면상 이태왕 망곡식(李太王 望哭式: 고종황제의 승하를 슬퍼하는 군중집회)으로 알려졌고, 이로 인해 교인 이외의 시민들도 많이 모여들었다. 즉 망곡식 개최 시각까지 일체를 비밀에 부쳤던 것이다. 3월 1일 정오에 두 곳 예배당에서 종을 울리고, 그것을 신호로 일제히 활동을 개시했다.

"이태왕 망곡식을 올린다!"는 소문이 삽시간에 퍼지자, 그런 줄만 알고 수천 명의 군중이 숭덕학교 운동장과 남산현교회 마당으로 모여들었다. 군중은 토요일 정오에 갑자기 울린 교회의 종소리가 처음엔 의아했으나, 이태왕 망곡식을 위함이라는 이야기를 듣고 그러려니 하였을 뿐 다른 계획이 있을 줄은 전혀 짐작하지 못했다. 그것이 민족해방을 위한 '자유의 종소리'라는 사실은 비밀리에 움직인 몇 사람 밖에 몰랐던 것이다.

망곡식은 너무 싱겁게 끝났다. 그렇지만 사회자가 "이태왕 망곡식은 끝났으나 곧 이어서 다른 집회가 있겠으니 해산하지 말고 그대로 기다리시오."라고 예고했다. 군중은 웅성거리며 기다렸다. 갑자기 10년 동안이나 보지 못했던 태극기가 드높이 게양되었다. 장대현 집회에서는 윤원삼이 단상에 올라서서 "이제부터 우리 조선의 독립선언식을 거행하겠습니다!"는 뜻밖의 중대 선언을 했다. 그런 다음 선언식이 번개같이 진행됐다. 김선두(金善斗) 목사의 기도, 정일선(丁一善) 목사의 독립선언서 낭독, 강규찬 목사의 연설이 연이어 진행되었다. 그리고 미리 준비했던 수천 장의 독립선언서와 손에 들 태극기를 나누어주었다. 10년 만에 태극기를 손에 든 사람들은 감격하여 너나할것없이 자신도 모르게 독립만세를 외쳤다.

"대한독립만세!"

"시가지로 시위행진을 하자!"

흥분한 군중은 짧은 선언식이 끝나기가 무섭게 봇물 터지듯 집회장 밖으로 몰려나갔다. 좁은 언덕을 내려온 시위군중은 관후리 골목을 지나서 종로 거리로 물밀듯이 몰려갔다. 그들의 절규하는 만세 소리는 평양천지를 뒤흔들었다. 시민들의 참여로 시위행진은 폭우에 강물이 불어나듯 했다. 호응하는 시민들에게는 준비했던 선언서와 태극기가 주어졌다. 거리의 상인들도 장사를 접고 만세의 급류 속으로 뛰어들었다. 청년들은 굵은 눈물을 흘리며 주먹을 쥐었고, 부녀자들도 아기 업은 띠를 바싹 졸라매고 행렬의 뒤를 쫓았다.

이 만세운동을 위하여 미리 만든 태극기의 깃대로 쓰인 담뱃대 세죽(細竹)은 동이 났다. 그리고 서울 천도교 인쇄소인 보성사에서 만들어 평양으로 밀송된 선언문이 부족해서 교회나 사립학교에서 밤새워 등사했었다. 하지만 일본 당국에서는 그런 비밀공작을 전혀 눈치 채지 못했다. 일본 경찰은 갑자기 터진 독립만세 시위행진의 위세에 당황했다. 처음에는 이에 대한 대비책이 없어서 속수무책으로 시위행렬을 쳐다보고만 있었다.

선교사 기자 마포삼열(馬布三悅)

장대현 시위집회에서는 미국인 한 명이 간접적으로 참가했다. 그는 3·1운동의 소식을 곧바로 세계에 알렸다. 그 사람이 바로 미국인 선교사 모페트(Samuel, A. Moffet: 마포삼열馬布三悅) 박사다. 그는 장대현교회를 이끌면서 동시에 미국 통신사 평양주재 기자이기도 했다. 그는 이날 끝까지 집회를 참관했는데, 남대문경찰서 광장에서 일어난 충돌 현장에도 있었다. 그도 처음에는 거대한 민족항쟁이 발생하리라고는 전연 짐작조차 못했다. 그저 단순히 '이태왕 망곡식'으로만 알고 그 사정을 알아보려고 참가했다가 집회의 목적이 '조선독립 선언식'인 것을 알고는 사뭇 긴장한 채로 시위행진을 따라갔던 것이다.

그는 선언식 광경과 시위 광경을 사진으로 생생히 찍어서 기사와 함께 미국으로 보냈다. 그리하여 미국을 비롯한 세계 각국에서 3·1운동을 알게 하였다. 즉 "3·1운동은 독립이라는 조선민족의 절실한 염원을 반영한 것으로서 그 행동은 열의에 차고 진지하였으며, 시위는 질서 있고 평화적으로 진행되었다."고 보도했다.

장대현 집회와 같은 시각에 개최된 남산현 집회에서는 김찬웅(金燦應) 목사가 사회를 보고 주기원(朱基元) 목사가 선언문을 낭독했으며, 박석훈(朴錫薰) 목사가 연설을 했다. 두 집회는 장로교와 감리교라는 종파의 성격만 달랐을 뿐, 감격에 찬 군중들의 열렬한 호응과 평화적인 행동은 매일반이었다. 교인이 아닌 시민들은 가까운 거리에 있는 집회에 참여했다.

장대현 집회에 참가한 시위 군중은 종로를 통과하여 남대문경찰서 광장으로 행진했고, 남산현 집회 쪽은 영창여관 골목을 통과해서 남대문경찰서 앞을 지나 일본인들이 사는 신시가지를 거쳐 평양역 광장으로 행진했다. 행진하는 군중은 일본인 거주지역을 지나면서도 일본인이나 점포에 아무런 해를 끼치지 않았다.

당시 평양시의 인구는 4만명 내외였다. 그런데 장대현 집회에 모인 인원이 3천여명이었고 남대현 집회에 모인 인원이 2천여명이었다. 시위 도중에 참가한 인원을 더하면 5천여명을 훨씬 넘었다는 계산이 나온다. 결국 평양 인구의 8분의 1이 참가했다는 이야기이며, 일본인과 한국인 노약자를 제외한 청장년 대부분이 참가한 셈이었다.

장대현 집회의 군중들은 행진을 하면서 점차 흥분이 고조되었다. 남대문경찰서 앞에 이르자 누구의 지시도 아닌데 경찰서를 에워싸고 독립만세를 외쳤다. 폭력으로 경찰서를 습격하려는 의도는 아니었고, 다만 그동안 억눌려왔던 감정이 바람을 탄 불꽃처럼 피어 올랐던 것이다. 갑자기 시위대에 포위된 경찰은 모자 끈을 턱으로 당기며 바짝 긴장한 채 시위대를 경계했다. 총을 붙잡은 손바닥에는 뜨거운 땀이 흐르기 시작했다. 발포할 지도 모르는 일촉즉발의 상황이었으나, 이글거리는 눈동자로 대치한 시위대에는 일말의 두려움도 없었다. 마침내 경찰은 평화적인 시위의 불꽃에 기름을 들이부었다.

"탕! 탕!"

"......"

예고도 없는 발포였다. 위협을 주려는 공포탄임이 나중에 밝혀졌지만 당시 군중들은 실탄처럼 느꼈을 것이다. 잠깐의 정적 뒤에 격분한 군중은 물러서지 않고 강경하게 대항했다.

"야! 이놈들, 맨손인 우리에게 왜 총을 쏘느냐!"

"우리 여기서 다 총 맞아 죽자!"

여기저기서 아우성이 쏟아져 나왔고 일부는 땅바닥에 주저앉아 농성을 계속했다. 발포에 분노한 시위군중은 급기야 경찰대에 달려들기 시작했고, 마침내 난투극이 벌어졌다. 이에 경찰은 소방대를 동원하여 호스로 물벼락을 퍼부어 군중을 해산시키려 했다. 그런 한편 사람들을 마구 구타하면서 수백 명을 구속했다. 경찰의 거친 진압에 군중은 일단 해산하기 시작했다. 경찰은 흩어지는 사람들을 향해 붉은 잉크를 뿌려 그 흔적을 증거로 끈질기게 쫓아가 붙잡아갔다.

그러나 경찰의 탄압에도 불구하고 그날 밤 시내 각처에서는 자발적인 시위가 꼬리를 물었다. 이후 일주일간 평양 시내는 시위로 들끓었다. 그리고 이 같은 만세시위운동은 평양에서만 그치지 않았다. 평양의 시위 소문이 교외의 각 지방으로 퍼지자 민족항쟁의 불길이 곳곳에서 일어났다. 시위는 거의 한달 동안 계속되었다. 그러다가 별도로 다시 소개할 '모락장(沙川市場) 폭동사건'과 같은 참극이 벌어지기까지 했다.

숨겨진 카드였던 고당

평양시에서의 시위운동은 쉴새없이 이어졌다. 우선 집단행동을 취하기 쉬운 학생들이 먼저 일어났다. 숭실학교, 광성학교, 숭의여중 등의 사립학교는 물론이고 평양고등보통학교, 평양여자고등보통학교 등의 관공립 학생들도 떼를 지어 가두 시위행진을 벌였다. 이러한 학생시위는 4월까지 계속되었다.

그러던 중 숭실학교와 숭의여중의 학생들이 숭실전문학교 뒷거리의 경창리(景昌里)에서 시위를 하는데, 경찰이 습격하여 학생들을 함부로 구타하고 체포하는 사건이 발생했다. 마침 근처에 살고 있던 숭실학교 교장이자 미국인 선교사인 배위량 목사가 사진을 찍어 일본경찰의 포악한 행위를 전 세계에 폭로했다. 또 숭실학교 학생들이 미국인 선교사의 집 지하실에 비밀 인쇄소를 차리고 독립신문을 만든 사실이 발각되었다. 이 사건으로 마우리(Mowry, Eli M. 모의리牟義理) 선교사가 투옥되어 재판을 받았다.

이처럼 평양 3·1운동에는 직간접으로 미국 선교사들이 연루되었다.

장대현 집회와 남산현 집회를 주도한 인물들은 모두 검거 투옥되었다. 많은 학생과 일반 시민 또한 검거되었다. 숭실학교의 황찬영과 박인관은 서울 서대문형무소에 수감되었다. 산정현교회의 강규찬 목사, 서대문교회의 김선두 목사와 정일선 목사, 그리고 남산현 집회의 주동자였던 김찬웅 목사, 주기원 목사, 박석훈 목사, 홍기황(洪基璜) 장로, 박치록(朴致祿) 장로는 평양형무소에 수감되었다.

검거된 사람들은 재판에서 보안법 및 출판법 위반죄로 6개월에서 3년의 징역형을 선고 받았다. 남산현 집회에서 연설한 박석훈 목사는 아깝게도 옥사했다. 남강의 지령을 받고 태극기 인쇄 등의 비밀활동을 하던 사람 중에는 항상 면도칼을 품고 다닌 이도 있었다고 한다. 발각되면 즉시 자결할 각오였던 것이다. 그만큼 그들은 결사적이었다.

3·1운동은 일제의 탄압으로 종식되었으나 그 운동이 남긴 독립정신은 평양의 지하운동으로 이어졌다. 즉 김병연(金炳淵)을 중심으로 조형식(趙亨植), 노봉규(盧鳳奎), 김몽건(金濛鍵) 등이 조직한 대한청년단, 박현숙(朴賢淑) 여사 중심의 대한애국부인회, 일본 경찰부에 폭탄을 던진 대한의용단 등의 지하조직이 계속 결성되고 활동하면서 일제 당국의 간담을 서늘케 했던 것이다.

특히 경찰부 폭탄투척사건에 가담했던 묘령의 여인 안경신(安敬信)의 용기는 입에서 입으로 사람들에게 전해졌다. 안경신은 농촌 아낙으로 변장하여 폭탄을 수건에 싸 숨긴 다음, 상하이로부터 경계가 삼엄한 국경선을 통과해 동지에게 전했다. 그러나 결국 검거되어 10년이라는 중형을 받았다. 이밖에도 숭실학교 동창회 조직의 지하활동도 이채로웠다. 그리고 주요섭(朱耀燮) 등의 문학청년들은 '푸른 꽃단'이라는 비밀결사를 만들어 〈독립운동 뉴스〉를 발간하기도 했다.

지금까지 이야기한 평양에서의 3·1운동과 이후 활동에서 '고당 조만식'의 이름이 나오지 않는 까닭을 독자들이 궁금해 할지 모르겠다. 그러나 고당은 비밀리에 진행된 준비공작을 하느라고 버선 뒤축이 성할 날이 없을 지경으로 분주히 돌아다녔다. 그런데도 가족들조차 그가 왜 그리 바쁜지 도통 알지 못했다. 고당은 3·1운동 이후를 대비해 숨겨둔 카드였던 것이다.

모락장 폭동사건의 진실

여기서 잠깐 3·1운동 때 일어난 모락장 폭동사건의 경위에 대한 기록을 덧붙이기로 한다. 이 사건은 같은 해 경기도 수원에서 일본 헌병이 교회에 불을 질러 민중을 학살한 사건(=제암리 학살사건)과 함께 3·1운동 중 발생한 최대의 유혈사태이기 때문이다.

모락장은 고당의 원적지(原籍地)인 강서군 반석면 사무소와 일본헌병 분견대가 있던 곳이다. 1919년 3월 1일은 토요일이었다. 모락장교회의 영수 김해진(金海鎭)이 평양에 볼일이 있어서 왔다가 장대현의 독립선언 선포식에 참석한 뒤, 선언서 한 장을 얻어 들고는 숨 가쁘게 모락장으로 돌아왔다. 그는 오자마자 근처 체메산 너머 성태면 노죽동(星台面 蘆竹洞)교회의 송현근(宋賢根) 목사를 만나 모락장 일대에서도 선포식과 시위를 일으키자고 권했다.

이튿날은 마침 주일이자 모락 장날이어서 교인과 장사꾼이 합세하며 성대히 할 수 있으리라는 판단 아래 곧바로 준비에 들어갔다. 그러나 이미 평양에서 거사가 일어난 후였던지라 일본 경찰은 각계에 삼엄한 경계를 펼치고 있었다. 이로 인해 이미 송현근, 김해진, 정양구(鄭養九)가 예비 용의자로 일본 헌병에 검거되었다. 당시에는 헌병이 일반 경찰권까지 갖고 있었다. 그런데 체포 소식을 들은 모락장 청년들이 과감히 헌병대를 습격했다. 그리고 유치장 문을 열고 세 사람을 구출해냈다. 송현근 목사는 반석교회가 있는 옆 동네 최능섭(崔能燮) 장로의 집에 숨었다.

송현근, 김해진 등과는 별도로 이 동네에는 숭실중학교 재학생인 최봉주(崔奉周;훗날 목사가 됨), 최봉성(崔奉聖), 조형신(曺亨信) 등이 평양에서의 거사를 보고 돌아와 만세 시위를 준비 중이었다. 그런데 송현근 목사가 마침 피신하여 그들이 있는 곳으로 오자 의기투합하여 합세하기로 했다. 그럭저럭 모락 장날은 놓쳤으나, 3일에 장이 서는 원장(院場)에서 거사키로 하고 연락을 보냈다. 원장은 대동군(大同郡) 지역이지만 반석교회에서 10리밖에 안 되는 거리였다. 또한 원장에서는 평양신학교 학생인 하로원(河路源)과 만주지방에서 전도사 활동을 하던 지석용(池錫湧)이 거사할 작정으로 있었다. 그들은 평양에서부터 오는 용악동, 샘동, 학노리, 반천리, 팔청리, 이목동, 기리 등에 있는 여러 교회와 합류하기로 했고, 여기에 반석, 모락장, 독좌동, 가왕동의 교회가 가세하게 되었다. 이 모든 준비는 하룻밤 만에 이루어졌다.

날이 새고 드디어 3일 원장 장날이 되었다. 장사꾼이 많이 모이는 때를 기해 기독교인들이 속속 모여들었다. 그곳 보통학교 마당을 점령하여 식장으로 삼아 용악동교회의 박인설(朴仁卨) 장로가 독립선언서를 낭독하고,

교회 인사들이 비분강개의 연설을 토해냈다. "대한독립만세!" 함성이 울려 퍼지기 시작하자 대중은 의기충천했다. 심지어 보통학교 교장과 주재소 주임순사까지 합세하여 만세를 불렀다. 이날 모인 군중의 수는 수천 명에 달했다.

선포식을 마친 사람들이 모락장으로 행진하기 시작했다. 물론 폭동을 일으킬 계획은 아니었다. 다만 모락장이 근방에서는 제일 큰 장일 뿐만 아니라, 미리 발각되어 거사를 하지 못했던 곳이기에 기어이 하고야 말겠다는 결연한 의지를 보여준 것이었다. 그런데 이때 반석면장이었던 김종화(金宗化)가 헌병대보다도 먼저 달려오더니 해산하라고 설득하였다. 그는 송 목사 등이 전날 밤 헌병대 유치장에 갇혀 있을 때 찾아와서 "시위를 한다고 해도 총 몇 방이면 다 해산된다!"며 엄포를 놓던 자였다. "저놈! 친일파 놈을 때려 죽여라!"고 누군가 소리치자 격분한 군중들이 우르르 달려들었다. 면장이 겁에 질려 줄행랑을 놓았다.

시위군중이 모락장에 거의 도달하여 신작로 커브 길을 돌아서는 순간이었다. 그곳에 매복하고 있던 헌병 분견대원들이 총을 쏘기 시작했다. 당시 분견대장은 일본인 사토 지쓰타로(佐藤實太郎)란 자로, 수하에 강병일과 김성규, 박요섭 등 세 명의 조선인 보조원이 있었다. 분견소의 전원이 출동하여 발포를 한 것이었다. 행렬의 선두에는 청년들이 섰고, 그 다음에 아녀자들과 장년들이 뒤를 따랐다. 처음에는 공포를 쏘았으나 군중이 쉽게 물러서지 않자 일본인 대장의 지시에 따라 실탄을 쐈다. 이에 선두에 있던 한 청년이 일본인 대장에게 달려들어 총을 뺏고 거꾸로 들고는 개머리판으로 머리를 내리쳤다. 헌병대장은 즉사했다. 남은 헌병대원들은 받아하듯 사격을 하다가 총알이 다 떨어지자 도망치기 바빴다. 조선인 보조원 강은 밀밭에 숨다가, 박은 근처 마을로 피하다가, 김은 산으로 도망가다가, 모두 붙잡혀 죽었다. 말하자면 헌병 분견대가 전멸한 꼴이었다.

군중 측에서도 원장교회의 영수 윤형도(尹亨道)와 집사 손종숙(孫宗淑), 가왕동교회 집사 김광연(金光淵) 등이 즉사했다. 원장교회의 교인 서영석(徐永錫)은 두 다리를, 같은 교회 장로 차병규(車炳奎)는 팔 하나를, 반석교회의 이지백(李芝伯)은 한쪽 다리를 각각 절단하는 중상을 입었고, 그밖에 경상자가 수십 명에 달했다.

시위대는 피투성이가 되어 싸우면서 모락장에 마침내 입성했다. 격분한 시위대가 헌병대에 불을 질렀다. 마침 붙잡힌 헌병대장의 아내마저 처치하고자 하였으나 주모자 중 한 사람인 최능현(崔能賢) 장로의 제지로 살려주었다. 그러자 그녀는 곧바로 강서읍으로 달려가 평양에 연락을 취했다. 평양 헌병대는 지체하지 않고 부대를 파견했다. 그들은 관계 부락을 샅샅이 뒤져서 남자란 남자는 모두 붙들어 갔다.

대동군 땅인 원장과 강서군 땅인 모락장 사이에 있는 마을들은 이제 남자의 그림자는 죄 사라지고 없었다. 반석교회 집사 최명흠(崔明欽)과 장로 김점현(金漸鉉)은 헌병대의 혹독한 고문으로 절명했고, 주모자 최능현, 송현근, 조진택(曺振澤: 반석교회 장로), 백이옥(白履玉: 반석교회 영수) 등은 일본헌병대가 체포하지 못한 채 궐석재판으로 사형을 언도했다. 또한 최능찬(崔能贊), 서영석, 윤상열(尹相悅), 이준배(李俊培), 고영덕(高永德), 황재운(黃載雲) 등 7,8명은 무기징역, 임리걸(林利杰) 외 10여명은 15년 징역이 언도되는 등 30여명의 희생자를 내었다. 또 산수리교회의 담임목사였던 조승익(曺承翊) 목사는 사형언도를 받았다가 나중에 폭동 뒷수습을 했을 뿐이라는 사실이 판명되어 태형만 맞고 나왔다. 궐석판결로 사형언도를 받았던 조진택은 3년 후 원산 지방에서 체포되어 평양형무소에서 사형 당했고, 나머지 세 사람은 해외로 망명하여 해방될 때까지 독립운동에 투신했다. 1963년 3월 1일 대한민국 정부는 이상 희생자들 중 조진택, 최능현, 안상익 등 세 사람에 대하여 건국공로훈장 단장(單章)을 수여했다.

실패로 돌아간 중국망명

사실 고당은 남강과의 묵계하에 3·1운동을 치른 뒤에는 상하이로 망명할 계획을 세웠다. 그것은 상하이에서 임시정부가 수립될 것을 내다본 남강이 고당을 거기에 참여시키려는 사전양해가 있었기 때문이다. 평양의 시위운동 끝에 동지들과 많은 시민들이 일본경찰에 검거되자 고당은 상하이로의 탈출 계획을 서둘렀다. 그러나 삼엄한 경계를 뚫고 중국으로 가는 길은 쉽지 않았다.

이때 고당과 함께 해외로 망명할 길동무는 도인권(都寅權)이었다. 그는 평남 용강군 출신으로서 구한말 육군 정교(正校; 준위 격)였다. 한국군대가 해산된 후 그는 고향과 황해도 안악 등지에서 교육계에 종사하다가 김구(金九) 등과 함께 안명근(安明根) 사건에 연루되어서 징역 10년을 받은 투사였다. 6년 동안 복역하다가 감형으로 출감한 그는 평양 사창동에서 과일가게를 하며 지냈다. 그러다가 3·1운동 때는 장대현 집회에서 활동한 다음, 고당과 함께 해외 망명길에 올랐던 것이다.

두 사람은 변장을 하고 3월 3일 평양을 벗어났다. 그들은 서해안 쪽으로 80리를 걸어 강동군 열패라는 곳에 당도하여 그곳에서 여인숙을 잡았다. 그런데 하필 거기에다 잠자리를 잡은 것이 불운이었다. 마침 그 마을에는 낯선 이들을 노리는 불량배가 한 명 있었다. 일본헌병대 보조원을 하다가 아편중독으로 파면된 자였다. 약발이 떨어지면 미친 사람처럼 아편을 찾아 헤맸고, 약 살 돈이 없으면 절도도 서슴지 않았다. 또한 전직 헌병대 보조원이라는 세도를 업고 갖은 행패를 일삼았다. 그러던 차에 평양 쪽에서 온 낯선 행객이 주막에 든 것을 보고는 약값을 갈취할 속셈으로 다가왔다.

그는 현직 헌병대 소속인 척하면서 낯선 두 사람의 이름, 주소, 여행 목적지 등을 검문하듯 집요하게 추궁했다. 물론 그렇게 단속할 권한을 가진 자가 아니었다. 그의 목적은 단 하나, 아편 값을 구하는 것뿐이었다. 그래도 해외망명을 기도하는 정치범의 입장에선 누구도 안심할 수 없는 터라 더욱 불안할 수밖에 없는 상황이었다. 고당 일행이 그 자의 목적을 간파하고 약간의 돈을 쥐어주었으면 일이 쉽게 풀릴 수도 있었다. 하지만 시정잡배의 생리를 알 길 없는 고당은 위기를 벗어나기 위해 신분과 여행에 아무런 하자가 없다는 사실만을 거듭 주장했다. 간교한 자와 정직한 인간 사이에 의사소통이 될 리 만무했다.

아편 중독자는 한참 얼러댄 뒤 다음날 아침에 다시 오겠다면서, 못다한 말이 있는 양 한참을 머뭇거리다가 돌아갔다. 고당 일행은 흥정을 암시하는 그 태도를 끝내 읽지 못했다. 그가 돌아가자 두인권은 신변의 위협을 느꼈다. 그럴 만도 한 것이 도인권은 투옥경험으로 인해 일본경찰의 요시찰 대상이었다. 안절부절못한 도인권은 고당이 잠든 사이에 홀로 피신해버렸다.

다음날 아침 동료가 사라진 것을 안 고당은 불안했다. 그리고 전날 밤의 그 불량배가 예고했던 대로 다시 나타났다. 그가 동행자 한 명이 어디로 갔느냐고 추궁하자 고당은 정직하게 모른다고 대답했다. 이때라도 고당이 그의 진짜 신분과 목적을 간파하고 적당히 주물렀다면 봉변은 면했을 것이다. 상대가 말눈치가 없다는 판단을 내린 그자는 소기의 목적을 포기하고, 대신 수상쩍다는 이유로 고당을 헌병 분견대로 끌고 갔다.

순간 고당은 해외망명이 실패했음을 짐작했으나 설마 체포당하여 투옥되리라고는 생각하지 않았다. 그러나 일본 당국은 그 동안 주시해왔던 인물이 뜻밖에 걸려들자 쾌재를 불렀다. 고당은 즉시 평양 헌병대로 압송되었고, 3·1운동 가담과 해외망명의 죄목으로 기소되어 보안법 위반으로 1년 징역을 선고 받았다.

한편 고당을 남겨둔 채 홀로 피신하였던 도인권은 평양에 숨어 기회를 엿보다가 그해 7월 17일에 평양을 떠나 상하이로 망명했다. 이런 과정에서 도인권이 고당에게 어떤 악의가 있었던 것은 아니었다. 이후 고당 역시 도인권을 한번도 탓하지 않았으며, 두 사람은 여전히 돈독한 동지 간이었다.

"너희들의 은전(恩典)은 사양하겠다!"

형을 선고 받은 그해 4월부터 고당은 옥살이를 시작했다. 부친 조경학은 비분의 충격으로 졸도하여 피를 한 되나 쏟고 인사불성이 되었다. 며칠 후 정신을 차린 아버지는 지팡이에 몸을 의지하고 매일 감옥을 한 바퀴 돌면서 외아들의 안녕을 빌었다. 그런데 옥바라지 하는 과정에서, 아버지는 태연자약한 아들의 태도와 깊은 신앙심에 감화를 받아 기독교에 귀의했다. 나아가 장대현교회의 집사로서 아들의 든든한 후원자가 되었다.

고당이 열 달째 복역하고 있을 즈음인 1920년 1월, 일제 당국은 '은전 (恩典)'이라면서 가석방 조치를 내렸다. 통지를 받은 고당의 가족들은 들뜬 마음으로 새 옷을 챙겨서 교도소로 마중을 나갔다. 그러나 정작 당사자인 고당은 석방을 거부하며 전옥(典獄; 교도소장)과 언쟁을 벌이고 있었다.

"내가 열 달 동안 수감된 것 자체가 불법이지만, 그렇다고 너희들에게 은전을 받는다는 것은 더욱 수치스러운 일이다. 너희들의 은전을 받느니 차라리 남은 두 달의 옥살이를 마저 채우겠다."

고당이 고집을 부리자 전옥 또한 지지 않고 대응했다.

"수감한 것도 법에 따른 것이고, 가출옥도 법에 따른 것이다. 감옥은 법원의 결정에 따라 죄수를 수용하고 석방할 따름이다. 따라서 법원 지시 이외에 더 둘 수도 없고 덜 둘 수도 없다."

실로 기묘한 승강이었다. 지난한 말싸움이 해질 무렵까지 계속되자, 지친 전옥은 간수들을 시켜 옥문 밖으로 고당을 강제로 끌어냈다. 고당의 결백성과 불굴의 의지를 엿볼 수 있는 장면이었다.

당시 일제가 '은전' 이랍시고 가출옥 처분을 내린 것은 고당의 감옥 생활이 모범적이었기 때문이 아니었다. 총독부는 3·1운동으로 분출된 한국인의 강렬한 민족정신에 놀라 일종의 유화정책을 쓰기 시작했고, 그래서 만세사건 수감자들에게 가출옥 처분을 내렸던 것이다.

초기에 이 땅에 와있던 미국 선교사들은 주된 목적인 포교를 위한 사업뿐만 아니라, 개화를 위해 교육과 문화사업에 많은 공헌을 했다. 그 중에서도 모페트, 맥큔, 언더우드, 아펜젤러 등의 선교사들은 걸출한 인물이었다.

아펜젤러(Appenzeller, Henry G.)는 배재학당을 비롯하여 병원과 자선사업을 통해서 한국에 공헌했다. 언더우드(Underwood, Horace Grant)는 일찍이 이 땅으로 건너와 황실의 두터운 신임을 받았다. 그는 현재의 연세대학교 전신인 연희전문학교를 설립했고, 그의 아들 원한경(元漢慶)이 계승하여 학교를 발전시켰다. 애통하게도 해방된 이듬해 원한경의 부인이 공산주의자로 추정되는 흉한의 저격으로 암살되기도 했다. 이러한 비극이 있었음에도 불구하고 원한경의 아들과 며느리는 연세대학교에서 교수로서 후세 교육에 이바지했다. 언더우드 집안은 3대에 걸쳐서 우리 교육계에 큰 공헌을 한 셈이다.

언더우드와 아펜젤러가 경성을 무대로 활동하였다면, 모페트와 맥큔(McCune, Shannon)은 평양과 선천이 활동 무대였다. 모페트는 키가 크고 풍채가 당당했으며, 행정수완이 뛰어난 인물이었다. 그에 비해 맥큔은 키는 작은 편이었으나, 재기가 넘치고 화제를 몰고 다니는 웅변가였다. 맥큔은 선천의 신성중학교와 평양의 숭실학교 등의 교장을 역임하면서 많은 인재를 양성했다. 그 인재들 가운데서 여러 애국지사들이 배출되자, 일본 당국은 맥큔을 배일(排日) 선교사 명단에 1순위로 올려놓았다.

일본 당국이 소위 내선일체(內鮮一體)를 위한 국체명징(國體明徵)의 정책으로 학교와 교회에 대하여 신사참배를 강요하자, 맥큔은 숭실전문학교 교장을 사임하고 본국으로 돌아갔다. 그러나 그는 미국에 돌아가서도 한국을 위한 배일운동을 계속했다. 그는 사비를 써 가면서 미국 전역을 돌며 강연을 통해 미국의 대일정책을 계몽하려고 애썼다. 그는 휴론대학교 총장으로 일하다가 태평양전쟁이 일어나기 몇 해 전 세상을 떠났다. 그가 살아서 해방된 한국 땅을 다시 밟았더라면 얼마나 감개무량했을까. 해방 후 그의 며느리가 서울에 와서 UNCURK(=유엔한국통일부흥위원회)에서 근무하기도 했다. 한국과의 각별한 인연이라고 할 수 있다.

모페트와 배위량 두 선교사가 3·1운동 당시의 광경을 통신과 사진으로 전 세계에 널리 알린 사실은 앞에서 언급했다. 모페트는 자신의 제자들이 만세시위 혐의로 일본 관헌의 박해를 피해 다닐 때 그들을 백방으로 부살펴

주었으며, 독립운동에 간접적으로 많이 협력했다. 모페트는 3·1운동 3년 뒤 중국 난징(南京)에서 장로교 동양선교사대회가 개최되었을 때에도 참석하여, 자신이 목격한 3·1운동 광경과 더불어 일본의 폭정을 열변을 통해 국제사회에 폭로하기도 했다. 그의 진지하고도 열렬한 보고는 청중들에게 깊은 감명을 주었다. 다음은 그가 행한 연설의 일부이다.

"조선 사람은 평화와 자유를 지극히 사랑하는 민족입니다. 그들은 민족의 자유와 독립을 위해서라면 죽음조차 두려워하지 않는 의롭고 용감한 민족입니다. 또한 40년간의 예수교 선교 역사에서 조선만큼 신속하게 예수교가 뿌리내리고 발전한 예가 없습니다. 제가 직접 체험한 3·1운동만 하더라도, 자유와 독립을 열망하는 조선인들은 불사조와 같이 용감하게 일본에 대항했습니다. 포악한 일본 관헌이 창으로 찌르고 총을 쏘았지만 그럴수록 모든 민족이 일심 단결했고, 그러한 만세의 불길은 방방곡곡으로 퍼져나갔습니다.

이를 진압하는 과정에서 일본 관헌은 독립만세를 절규하는 기독교인들을 교회 안에 감금하고 석유를 뿌린 후 불을 질러 학살하기도 했습니다. 그 희생자들은 순국자요, 순교자였습니다. 이러한 탄압에도 불구하고 교인들은 조금도 위축되지 않고 더욱 신앙을 굳건히 하며 전도에 힘쓰고 있습니다. 조선의 모든 시골에서 제일 큰 건물은 교회들입니다. 바로 그들이 지키고 키운 것입니다. 이런 민족이 축복을 받지 못하면 누가 받겠습니까……"

모페트가 이 연설을 할 때 그 자리에는 장로 최능현이 감격의 눈물을 흘리며 경건하게 듣고 있었다. 그는 3·1운동 당시 강서군 모락장 폭동사건의 주모자였다. 최 장로는 모페트가 세운 교회의 장로였다. 그는 사건 후에 구사일생으로 중국에 망명했는데, 일본 법정은 궐석재판으로 그에게 사형선고를 내렸었다. 모페트 선교사는 최 장로가 이미 죽은 줄로만 알고 있었다. 그러다가 3년 뒤 뜻밖에도 중국 땅에서 두 사람은 극적인 재회를 했던 것이다.

청중 속에서 최능현 장로를 발견한 모페트는 반가운 마음을 이기지 못해 그를 연단 위로 끌어 올려 청중들에게 소개했다. 모페트는 최 장로의 손과 어깨를 어루만지면서 비통한 어조로 말했다. "여러분, 최능현 장로를 소개하겠습니다. 이분은 제가 조선에서 세운 교회의 장로입니다. 이분은 민족의 자유와 독립을 위해 싸우다가 사형선고를 받았습니다. 그리고 3년이 지났습니다. 그 후에 어디서 돌아가신 줄만 알았는데, 오늘 이 자리에서 이렇게 만났습니다. 하나님의 인도로 믿고 감사할 따름입니다……"

감격적인 두 사람의 해후를 지켜본 청중들은 저마다 손수건으로 눈물을 훔쳐냈다.

마우리는 모페트나 맥큔보다는 젊은 후배 선교사였다. 그는 온건하고 점잖은 신사로서 숭실중학교와 숭실대학에서 교사로 일했다. 신사참배문제로 숭실전문학교 교장인 맥큔이 사임하고 귀국하자, 마우리가 뒤를 이어 교장이 되었다.

이색적인 일본인 변호사

3·1운동 당시 평양에서는 등사판으로 찍은 〈독립신문〉이 비밀리에 발행됐다. 일본관헌은 혈안이 되어 이를 수사했다. 〈독립신문〉은 숭실학원의 학생들이 비밀리에 감행한 활동의 결과였다. 그들은 숭실대학생 이보식(李輔植)과 숭실중학생 이겸호(李謙浩), 이인선(李仁善), 이양식(李養植) 등이었다. 이들은 모페트 선교사의 비서를 겸하고 있던 이겸호의 집에 등사기를 갖춰놓고 〈독립신문〉을 발간했다. 그렇지만 그 같은 비밀공작은 일본경찰의 집요한 추적에 의해 적발되고 말았다.

경찰은 작업 중이던 학생들을 체포하고 등사기를 증거품으로 압수했다. 그런데 마침 이겸호의 집이 모페트 선교사의 사택 내에 있는 건물이었다. 그런 관계로 경찰은 모페트에게 비밀 인쇄소 설치의 책임을 지우려고 했다. 경찰은 학생들의 비밀활동을 알면서도 묵인한 것이 아니냐고 추궁했다. 이에 대해 모페트는 그 집이 자기 소유인 것은 맞으나 거주 사용권을 이겸호에게 일임했으므로, 거기서 무슨 일이 벌어졌든지 자신이 관여할 바는 아니라고 강변하여 봉변은 일단 면했다.

하지만 그 사건과 연루되어 쫓기던 학생 몇 명이 마우리 선교사를 찾아가 도움을 요청했다. 마우리는 집의 지하실에 그들을 숨겨 주었다. 그러나 이 또한 발각되어 학생들이 붙들리자 경찰은 마우리에게 소위 범인 은닉죄를 적용해 입건했다. 부인할 길이 없는 마우리는 평양경찰서의 조사를 받고 결국 평양형무소에 수감됐다.

그런데 감옥에 들어가 본즉 그의 독방은 특별대우라고 할 만큼 다른 조선인들의 방과는 달랐다. 침대가 놓여있었다. 마치 그가 오길 기다리기라도 한 듯 보였다. 그 특별한 설비가 하도 이상해서 담당 간수에게 넌지시 물었더니, 이미 2주 전에 외국인을 위한 특별한 방을 준비를 했다는 것이었다. 그때야 비로소 그는 경찰의 체포가 사전에 계획된 것임을 알아차렸다. 경찰은 평양 3·1운동의 배후에 미국 선교사들이 있을 것이라 판단하여 그들을 예의주시해 왔던 것이다.

마우리 선교사는 이국땅에서 수감된 신세가 되었다. 그에게 침대는 특별대우였지만, 다른 대우는 참을 수 없이 불편하고 굴욕적이었다. 재판을 받으러 법정에 드나들 때에는 일반 죄수와 똑같이 짚으로 엮은 용수(=죄수의 얼굴을 못 보게 머리에 씌우던 도구)를 써야 했다. 그나마 미결 중이라 밖에서 넣어주는 사식(私食)을 먹을 수 있다는 것이 조그만 위안이 되었다. 그는 일본 관헌의 포악성에 분개했으나, 이내 마음을 다잡고 선교사의 이런 수난도 모두가 하나님의 섭리라고 달관하면서 인내했다.

그의 공판은 한민족의 특별한 감사와 동정 속에서 진행됐다. 또한 구제적으로도 큰 주목을 끌었던 사건인 만큼, 서울에서 온 미국 총영사를 비롯하여 미국 선교단은 물론이고 외국 기자들이 몰려와 참관했다. 그런데 이 공판이 이채로웠던 것은 일본인 변호사 우자와 후사아키(鵜澤總明)라는 이가 자원하여 변론을 했다는 점이다. 그는 105인 사건 때도 자원하여 조선인을 변호했던 이력이 있었다. 그는 법학박사로서 메이지대학 총장을 지냈으며, 일본 장로교회의 장로이기도 했다. 그는 마우리 선교사를 변호하기 위해 도쿄에서 몸소 건너왔다. 우자와 변호사는 다음과 같이 변론하며 무죄를 주장했다.

"마우리 선교사가 제자들의 신변위험을 걱정하여 집에 숨겨준 것은 죄가 될 수 없다. 왜냐하면 부모가 위험에 처한 자식을 숨겨 주는 것이 은닉죄가 성립될 수 없음과 마찬가지로, 스승이 제자를 사랑한 일은 죄가 될 수 없기 때문이다."

이러한 변호에도 불구하고 1심 공판에서 검사는 1년 징역을 구형했고, 판사는 6개월 형을 언도했다. 그렇지만 이에 불복하여 항소한 끝에 결국 2백원 벌금형으로 결말이 났다. 그나마 다행이었지만, 일본 당국은 그들이 노린 소기의 목적을 달성한 뒤였다. 즉 조선인을 선동하고 계몽하는 미국 선교사들이 일본에게는 항상 골칫거리였지만, 강대국에서 파견된 이들이라 함부로 할 수 없어서 한번쯤 골탕 먹일 기회만 노리고 있던 차였다. 내친 김에 일본 당국은 전과자라는 것을 빌미로 삼아 마우리 선교사의 숭덕학교 교장 인가를 취소했다. 또한 〈독립신문〉을 발행한 이겸호 외 학생들에게 출판법 위반이라는 죄명으로 6개월에서 1년 형을 언도했다.

그토록 이 땅의 교육과 포교에 헌신적이었던 그였지만, 태평양전쟁이 발발하기 직전에는 미국으로 피하지 않을 수 없었다. 해방 이후 자유로운 한국의 모습을 보고파 했지만, 고령과 건강 문제로 뜻을 이루지 못했다. 그는 미국으로 건너간 한국 유학생들을 물심양면으로 후원하면서 여생을 보냈다.

曺晩植

제 5 장
민족교육은 진정한 애국이다

조선교육령 파문

10개월의 옥고를 치르고 나온 고당은 민족 독립을 위한 문화운동을 펼쳤다. 그는 투옥 전에 품었던 해외에서의 투쟁적 항일운동의 뜻을 접었다. 대신 국내에서 민족의식을 고취하는 계몽운동을 통해 비폭력 저항운동을 전개하기 시작했다. 그는 인재 양성과 경제력 증진이 민족 독립을 위한 기반이 된다고 판단했다. 그래서 민립대학 설립을 추진하고, 국산품 생산과 애용을 강조하는 등 다방면에 걸쳐 문화운동을 전개했다. 그러던 중 1925년에 고당은 오산학교의 초청을 받아 교장으로 다시 부임하게 되었다. 그는 어느덧 마흔네 살의 중년이었다. 고당이 다시 왔을 때의 오산학교는 융성하여 교세가 당당했다. 또한 외부적으로도 획기적인 변화를 시도할 무렵이었다.

이즈음 총독부는 조선교육령을 실시했다. 그 내용을 보면, 종전의 소학교에 해당하는 보통학교를 4년제에서 6년제로 확장하고, 중학교인 고등보통학교를 처음엔 4년제로 했다가 5년제로 바꿨다. 그 위에 대학은 아직 없었고, 3년 혹은 4년제의 전문학교를 두었다. 사립학교 또한 이 교육령에 따라서 개편하지 않으면 자격을 인정받지 못해 잡종학교(雜種學校)로 취급받을 상황이 되었다.

그런데 교육령대로 사립학교가 개편되면 득과 실이 둘 다 있었다. 다시 말해 제도에 순응하면 학교의 설비와 내용이 충실해지고, 교원 자격을 가진 교사를 확보할 수 있었다. 또한 졸업생들이 관·공립학교 졸업생과 동등한 자격으로 사회에 진출할 수 있었다. 반면 그렇게 하려면 당장 큰 재정적 곤란을 겪어야 하고, 일본 당국이 지시하는 교과내용과 훈육방침을 따라야했으므로 사립학교의 자율성과 창의성이 제한받을 수 있었다.

이 문제는 사립학교계의 중대한 사안이었다. 이해관계에 있어서 현실적으로 먼저 다가온 것은 졸업생들의 진로문제였다. 똑같은 공부를 하고도 사립 잡종학교를 나오면 진학이나 취직에서 불이익을 당할 수 있기 때문이었다. 현실적 필요성을 인정한 사립학교들은 우선 자격부터 획득하기 위해 교육령에 따라 학교를 개편하기 시작했다. 경성의 보성법률상업학교가 보성전문학교로, 이화학당이 이화여자전문학교로 승격됐다. 또한 인문계 중등학교이던 보성중학, 휘문의숙, 동덕여학교, 개성의 한영서원(韓英書院), 평양의 광성학교(光成學校) 등이 고등보통학교가 되었다.

평양의 숭실학교는 미국 북장로교 선교부에서 경영하는 '미션스쿨'이라는 특별한 입장이라 일본 교육정책의 견제를 받기 싫다면서 한동안 응하지 않았다. 그러나 졸업생들의 현실적 문제를 도외시할 수 없어서 결국 대학부는 숭실전문학교로, 중학부는 문부성(文部省)의 지정학교가 되었다. 이처럼 총독부 문부성의 지정을 받으면 교육령에 의한 규격학교가 아니더라도 학교 및 졸업생의 자격을 인정해 주었다.

"고당은 벽창호야!"

오산학교 또한 이 문제에 봉착했다. 오산학교는 설립자인 남강 이승훈이 "일본어 과목을 국어라고 부르지 말라!"고 공언할 만큼 반일사상이 강했다. 그러나 졸업생들의 미래를 감안할 때 다른 사립학교와 마찬가지로 개편을 고려하지 않을 수 없었다. 그리하여 필요한 조건을 완비하고 소정의 절차를 밟아서 평안북도 당국에 허가원을 냈다. 그런데 당국은 허가를 위한 두 가지 조건을 내걸었다. 첫째는 재학생 전원에게 시험을 치르게 해서 그 성적에 따라 학년을 재편성하고, 둘째는 고당을 개편된 학교의 교장으로 인가할 수 없다는 것이었다. 일본당국은 설립자인 남강을 어쩔 수는 없지만, 고당만큼은 교장으로 인정하기를 꺼렸던 것이다. 고당은 당국의 그러한 요구사항을 학생들에게 발표하지 않았다. 하지만 풍문이 나돌아 학생들이 알게 되었다. 학생들은 격분했다.

"우리는 교장선생님의 유임을 절대적으로 지지한다. 당국은 조건 없이 고등보통학교 허가를 하라. 조만식 선생님을 교장으로 승인할 때까지 우리는 동맹휴학을 단행한다."

700명의 전교생은 당국을 상대로 실력 투쟁을 선언하고 동맹휴학을 한 달간 지속했다. 이를 주도한 것은 재학생 전체의 자치기관인 동창회였다. 당시 동창회 회장은 4학년 김장이(金長伊)였고, 권사부장(勸査部長)은 3학년 박이순(朴彛淳)이었으며, 이하 간부는 4학년 이지하(李芝夏), 2학년 이정근(李貞根), 2학년 이성록(李成祿) 등이었다.

남강은 학생들의 단체행동을 나무라지 않고 대신 침묵을 지켰다. 무언의 격려나 다름없었다. 당국은 경찰을 동원해서 온갖 압력을 가했다. 경찰은 학교 안으로 진입하려까지 했으나, 남강을 비롯한 교사와 학생들의 완강한 저항으로 실패했다. 한 달 동안 경찰은 멀리서 감시할 수밖에 없었다. 결국 당국은 조 교장 해임방침을 철회하겠다고 타협했고, 동맹휴학은 승리로 끝났다. 그러나 학교 측은 형식상의 어떤 조치를 당국에 보여야만 했다. 신중한 토의 끝에 주동자들을 적당히 처분하기로 했다.

고당은 교장으로서 처분을 통보해야만 했다. 참으로 난처한 입장이었다. 그는 처분 대상인 모든 학생들을 자신의 거처인 기숙사 사감실로 불렀다. 고당은 단정하게 앉아서 그들을 기다렸다. 학생들이 들어와 앉자 조용히 입을 열었다.

"많은 학생들이 나 한사람을 생각해 준 것은 고맙다. 하지만 조만식 개인과 학교 자체는 별개다. 학교와 나를 혼동해서는 안 된다. 학생은 학교를 먼저 생각해야 한다."

그 말이 전부였다. 학생들은 황송해하면서도 한편으로 이상한 느낌을 받았다.

다음날 아침, 학교 게시판에는 다섯 명의 학생에 대한 퇴학 처분이 공시되었다. 당사자인 학생들은 비로소 전날 고당의 슬픈 암시를 깨닫고 굵은 눈물을 흘렸다. 그들은 학교와 교장의 고충에 충분히 공감하면서 묵묵히 처분을 감수하기로 했다. 이 문제로 불만을 갖는다면 이제는 일제 당국이 아닌 학교와 교장을 상대로 싸우는 결과를 초래하기 때문이었다.

다섯 명의 퇴학생들은 고향으로 돌아가야만 했다. 그들이 봇짐을 싸들고 교정을 떠날 때, 전교생들은 5리를 함께 걸어서 경의선 고읍역(古邑驛)까지 배웅했다. 귀향하는 다섯 학생들은 슬픔을 잊은 듯 개선장군인양 당당하게 기차에 올라탔다.

그런데 남강과 고당은 그들 다섯 학생을 영구히 떠나보낼 맘이 없었다. 남강은 퇴학 처분을 결정하던 직원회의에서 비밀 조건을 붙였다. 고등보통학교 허가가 난 뒤에 그 학생들을 보결시험의 형식으로 복교시키자는 계획이었다.

귀경길에 올랐던 학생 중 박이순은 고향이 평남 안주군(安州郡)이었다. 그는 집으로 가기 전에 평양 경상(慶上)여관에 머물면서 앞길을 궁리했다. 그러던 차에 고향 선배인 이인창(李寅彰)이 찾아와서는 대뜸 말했다.

"박군, 학교로 돌아가게!"

박의순은 뜬금없는 소리에 어리둥절했다. 이인창이 자초지종을 밝혔다. 박이순은 남강과 고당의 비밀 계획을 알고는 감격했다.

"그렇소? 참 고마운 일입니다. 하지만 나는 나선 김에 일본으로 유학할 계획이오. 네 명이 친구가 구제된 것만 해도 다행입니다. 나는 일본에 가서 어떤 학교를 다니든지 오산학교에서 배운 정신으로 열심히 공부하겠습니다. 동창들과는 훗날 성공해서 다시 만나기로 하지요."

그렇게 다짐한 박이순은 오산학교 동창은 아니지만 친구인 조병익(趙炳益)과 함께 일본유학을 떠났다. 물론 다른 4명의 학생들은 모교의 품안으로 돌아왔다.

풍파를 겪긴 했지만 오산학교는 예정대로 오산고등보통학교로 승격됐다. 이를 축하하기 위해 당시 평안북도 도지사였던 이쿠다(生田)가 직접 학교로 오게 되었다. 산전수전을 다 겪어 정치수완이 뛰어났던 남강은 일본인 고관을 맞을 마음의 준비를 했다. 남강이 고당에게 넌지시 말했다.

"고당, 이번 축하회에는 외부 인사도 많이 오고 하니 한복을 벗고 후록코트(=frock coat; 남자용 예복)를 입고 기념식의 사회를 보는 것이 어떻소?"

"한복 차림으로는 왜 사회를 못 합니까?"

고당은 간단히 거절했다. 그의 성격을 잘 아는지라 남강도 더 이상 권하지 않았다.

"후록코트는 안 입어도 좋소. 하지만 학교의 존폐에 관한 권한을 쥔 도지사가 일부러 온다고 하니 학교를 대표해서 나와 함께 고읍역으로 마중이나 나갑시다."

"저는 식 준비 때문에 잠시도 학교를 비울 수가 없습니다."

고당은 남강의 권고를 다시 거절했다. 물론 고당이 내심 일본인 도지사를 마중하기 싫었음은 두말 할 나위가 없다. 남강은 고당의 고집을 꺾을 수 없음을 잘 알기에 재차 권하지 않았다. 이 일화는 고당의 강직성과 남강의 융통성을 대비적으로 잘 보여 준다. 남강은 원칙은 버리지 않았으나 때론 소절(小節)에 구애받지 않고 임기응변의 수완을 보였던데 반해, 고당은 오직 원칙만 있을 뿐 일체의 방편을 허용하지 않았다. 이 때문에 고당을 가장 믿고 가까이 했던 남강은 "고당은 벽창호야!"라고 농담 삼아 말하기도 했다. 벽창호는 벽창우(碧昌牛)에서 나온 말인데, 평안북도의 벽동(碧潼)·창성(昌城)에서 나는 크고 억센 소를 가리킨다. 즉 고집이 세고 무뚝뚝한 사람을 일컫는다. 남강의 말은 조롱보다는 찬탄에 가까운 표현이었지만, 두 사람의 성격 차이는 어쩔 수 없었던 모양이다.

그 스승에 그 제자들

고당은 우리 민족의 얼과 유산을 벽창호처럼 사랑하고 아꼈다. 동시에 한민족의 약점과 결함을 분명하게 지적하고 반성하면서 그 개선도 강조했다.

"우리는 먼저 조선사람 자신을 분명히 인식해야 한다. 우리는 현재 남에게 압제 당해 구차하게 살고 있는 백성이라는 사실을 솔직히 인정할 수밖에 없다. 조선사람은 천성이 선량하고 평화를 사랑하며, 또한 재주 있고 용감한 민족이다. 그럼에도 불구하고 오늘날 우리의 처지가 이처럼 구차해진 원인은 애국애족의 정신이 부족하고 민족이 단결하지 않은 데 있다. 이러한 결함을 고치는 지름길은 민족 모두가 함께 걱정을 나누는 데 있다. 삼천만 동포 모두가 자신의 책임을 스스로 질 줄 알고, 호언장담하기에 앞서 조그만 일부터 실천궁행(實踐躬行)하는 길밖에 없다. 자기만 잘 되겠다는 이기심을 버리고 지금부터라도 동족을 아끼고 사랑하자. 남의 험을 잡아서

욕하기보다도 남의 좋은 점을 칭찬하고 본받자. 형제로부터 도움을 받으려 하지 말고 자기부터 형제를 도와주는 일을 실천하자."

고당의 강연은 오산학교의 절대적 교육방침이었고 민족부흥에 대한 확신이었다. 그는 연설이나 훈화에 그치지 않고 몸소 실천하여 학생들의 표본이 되었다. 이러한 스승 밑에서 배운 제자들이 실천궁행하는 애국 청년으로 성장한 것은 당연한 이치였다. 오산학교에서 고당의 직접적 지도를 받거나 간접적으로 고당의 정신을 계승하여 후일 민족운동에 헌신한 인사를 대충 꼽아 보아도 다음과 같은 이들이 있다.

김도태(金道泰); 3·1운동 당시 최린(崔麟), 현상윤(玄相允) 등이 33인 민족대표단을 조직할 때, 마침 그는 경성에 있었다. 민족대표들의 비밀지령으로 남강 이승훈에게 연락하는 임무를 수행하기 위해 경성과 정주 사이를 수차례 왕래했다. 국사를 전공한 그는 모교에서 교편을 잡았고, 해방 후에는 서울여자 중·상업고등학교 교장을 지내다가 1957년 초에 세상을 떠났다. 저서로 『남강전(南崗傳)』과 『이조궁중염사(李朝宮中艶史)』를 남겼다.

김지환(金智煥); 일본 간사이(關西)신학교를 마치고 목회에 봉사했다. 3·1운동 당시에는 남강을 따라서 민족대표 48인 중의 한사람이 되었다.

김억(金億); 시인으로 모교에서 교편을 잡았다. 근대문학운동 초창기에 시문학 발전에 많은 공헌을 했으며, 많은 서정시와 번역시집을 남겼다. 6·25전쟁 때 서울에서 이북으로 납치됐다.

김여제(金輿濟); 일본, 미국, 유럽 등지에서 20여 년간 유학한 영문학자다. 해외에서 안창호의 지도로 흥사단 운동에 참가했으며, 6·25전쟁

후에는 미국에서 유엔의 한국어 방송에 종사했다. 영어에 관한 2종의 저서가 있다.

서춘(徐椿); 도쿄 유학 중에 1919년 2월 8일 조선독립청년단의 독립선언 사건을 주동한 10명 중 한 사람이었다. 모교에서 교편을 잡았고, 후에 언론계에 투신하여 〈조선일보〉 주필 등을 역임했다. 특히 대중적 경제평론으로 이름을 떨쳤는데 안타깝게도 해방되기 3년 전에 세상을 떠났다.

백인제(白麟濟); 독일에 유학하여 의학박사 학위를 받은 최초의 한국인 의사다. 한국 외과의의 최고봉이었다. 본인이 직접 재단법인 병원을 설립하여 비영리 사회사업으로 봉사하던 중 6·25때 납북됐다.

백붕제(白鵬濟); 백인제 박사의 형으로 일찍부터 교육 사업에 종사했다.

주기철(朱基徹); 평양 산정현교회의 목사로서 신사참배 반대사건으로 평양감옥에서 5년 동안 고역을 치르다가 해방직전에 옥사한 순교자다. 경상도 창원 출신인데 다음에 소개할 주기용의 사촌동생이기도 하다. 오산학교는 지리적 관계로 평안도 출신 학생들이 많았으나, 그들은 남강과 고당의 덕망을 흠모하여 머나먼 평안도까지 와서 배웠던 것이다. 그의 생애는 '죄 없는 죄인'(1948년)이라는 제목으로 영화화되기도 했다.

주기용(朱基溶); 남강 이승훈의 사위다. 오산학교 졸업 후 도쿄고등사범학교를 졸업하고 모교에서 교편을 잡다가 교장으로 취임했다. 해방 직전에 일본당국의 강요로 일단 사임했으나, 해방과 함께 다시 교장이 되었다. 그러나 이번에는 소련군과 공산당이 그를 반동분자로 투옥했다. 석방된 뒤 월남하여 제헌국회의원에 당선됐다. 6·25전쟁으로 피난했을 때 오산중고등학교가 재건됨에 따라서 교장에 취임하여 5·16군사혁명 때까지 재임했다.

김항복(金恒福); 다음 항인 '순수 민족 교육기관 숭인상업학교를 설립하다'에서 상세히 다루게 된다.

김홍일(金弘壹); 학생 시절 일본이 싫어서 이름의 끝 자를 '日'에서 '壹'로 고쳐 썼다. 고당으로부터 각별한 사랑을 받았는데, 중국으로 망명한 뒤에도 항상 서신으로 고당의 지도를 받아가며 처세했다. 그는 중국 군관학교를 나와서 중국군의 장교가 되었다. 중일전쟁 중에는 군단장으로 활약했다. 그리고 일본이 연합군에 항복하자 군단을 거느리고 만주 펑톈(奉天)에 진주하면서 일본군을 무장해제 시켰다. 중국군 시절에는 왕일서(王逸緒)라는 이름을 사용했다. 중국군 육군 중장이었고 후에는 한국군 육군소장으로 예편한 뒤 광복회장을 역임했다.

박동진(朴東鎭); 탁월한 건축 설계가로서 서울 영락교회 등 큰 건물을 많이 설계했다.

한경직(韓景職); 오산학교와 숭실대학을 마치고 미국으로 건너가 프린스턴대학에서 배운 뒤에 신학박사가 되었다. 한국 기독교계의 거목이었고 세계적으로도 명성이 높았다. 영락교회를 설립했고, 한때는 재건된 숭실대학의 학장을 겸했다.

김기석(金基錫); 철학을 전공하고, 서울대학교 사범대학 교수와 단국대학장 등을 역임했다. 마르크스주의를 비판·극복하고, 동양철학을 현대적으로 발전시키는 것을 자신의 사명으로 삼았다. 『남강전』을 새로 쓰기도 했다.

홍종인(洪鐘仁); 해방 전부터 언론계에 종사하여 〈조선일보〉 부사장, 주필, 회장을 역임했다. 해방 후에 미국과 영국 등의 신문사업 관계를 시찰했고 한국신문연구수장으로 활약했다.

함석헌(咸錫憲); 도쿄고등사범학교를 마치고 모교에서 역사를 가르쳤다. 독특한 기독교 신앙으로 일체의 형식주의 교권제도를 부인하고 무교회주의 운동을 펼쳤다. 톨스토이와 간디를 사숙(私淑)하여 일상생활에도 그들의 방식을 실천했다. 그가 평생을 두고 양복을 입지 않고 한복으로 일관한 것은 고당의 풍모를 물려받았다고 볼 수 있다. 1962년에 구미시찰 여행을 할 때도 한복차림으로 다녀서 국제적으로 화제가 되기도 했다. 『성서적 입장에서 본 조선역사』를 썼고, 사회평론적인 저서도 여러 권 있다. 자유당 말기 이후로는 현실 참여적 언론투쟁 활동을 했다.

조진석(趙震錫); 외과의사이자 당대 명의(名醫)의 한 사람이다.

임창선(林昌善); 내과의사이자 당대 명의(名醫)의 한 사람이다.

고당의 꾀

이외에도 무수히 많은 인물들이 있으나 생략하고, 제자 가운데 한 사람인 박석관(朴碩寬)에 얽힌 일화를 소개함으로써 고당의 제자에 대한 온정을 엿보고자 한다.

박석관은 오산학교의 교사이던 부친이 작고한 뒤에 가세가 기울어 학업을 계속 하기가 어렵게 되었다. 남강은 그를 동정하여 학비를 지원해 주었다. 그는 졸업 후에 일본으로 유학 갈 계획을 세우고 그 뜻을 남강에게 밝혔다. 그러나 당시 남강은 일본유학을 다녀온 학생들에게 실망을 느끼던 차였다.

"유학을 다녀온 청년들이 정작 배울 것은 안 배워 오고, 또한 예수를 잘 믿던 학생이 신앙을 저버리고 오는 경우가 적지 않는 것을 보면 일본유학이 문제가 많아......!"하며 박석관의 일본유학을 반대했다. 아버지처럼 자신을 돌봐 주던 남강이 승낙하지 않자 감히 변명두 못한 채 그는 고민에 빠졌다. 고당은 시름에 빠져 우울한 날을 보내는 그를 눈여겨보았다. 어느 날 그가 수업을 다 마치고 교문을 나서는데, 고당이 슬그머니 다가와서는 낮은 목소리로 속삭였다.

"박군, 일본으로 공부하러 가고 싶거든 가 봐......"

박석관은 교장 선생의 격려에 용기를 얻었고, 결국 일본 유학을 단행했다. 남강이나 고당 모두 제자를 사랑하는 마음에는 다를 바가 없었다. 다만 고당은 젊은 제자들의 감정과 심리를 속속들이 이해하고 가려운 곳을 긁어 주는 세심한 배려를 통해 그들을 위로하고 고무했다.

고당의 인품은 강직한 동시에 동지와 제자에게는 지극히 관대하고 온유했다. 학교를 통솔하는 데 있어서 교사나 학생 개개인의 성격과 심정을 잘 파악하여 각각에 적합한 처우를 했다. 그래서 아무리 어려운 문제일지라도 모두를 진심으로 복종케 하는 해결을 지을 수 있었던 것이다.

제자 서춘에 대한 일화 또한 고당의 그런 면을 잘 보여준다.

그는 오산학교 소재지인 정주 출신으로 일찍이 부모를 여읜 천애의 고아였다. 그러나 빈곤과 고독 속에서도 장래에 대한 희망을 품고 자활의 길을 찾던 기특한 소년이었다. 그는 국수집에서 심부름을 하며 지내다가, 오산학교가 생긴다는 소문을 듣고는 학교 사환이 될 결심으로 남강을 찾아갔다. 남강은 똑똑하고 패기에 찬 소년임을 한눈에 알아보았다.

"너, 왜 우리 학교의 사환을 원하였니?"

"학교 일은 낮에만 하면 되고 밤에는 공부할 시간이 있을 것 같아서입니다."

"우리 학교에는 야학이 없는데 어떻게 공부를 한단 말이냐?"

"여기는 선생님들이 항상 계시니 밤에 선생님에게 물어가면서 공부를 하겠습니다."

남강은 소년의 향학열과 자활정신을 가상히 여겼다. 그래서 학교의 사환이 아니라 당시 병설되어있던 초등부에 넣어서 공부를 할 수 있게 했고, 다만 다른 학생들보다 먼저 나와서 종을 치는 일을 시켰다. 서춘은 고학(苦學)의 길로 들어섰다. 그런데 재주가 있고 열의가 있던 소년인지라 성적이 우수했다. 초등부를 마친 뒤에 고등부(=중학과정)까지 우수한 성적으로 졸업했다. 남강은 그를 신임하여 모교의 수학교사로 채용했는데, 이때가 고당의 오산학교 교장 전기(前期)였다.

서춘은 국수집 심부름을 하던 고아에서 일약 오산학교 교사가 되었다. 그의 첫 성공이었다. 그러나 당시 학교는 재정난에 빠져 교사들의 봉급이 석 달씩이나 밀려 있었다. 다른 교사들은 봉급을 못 타도 가족들의 도움으로 융통이 되었다. 하지만 서춘은 남의 동정을 싫어하는데다가 의지할 곳조차 없어서 당장의 생활이 어려워졌다. 그가 남강의 은혜를 모르는 바는 아니었지만, 당장의 자신과 세상에 대한 불만으로 자포자기 상태에 빠져버렸다. 학교보다는 학교를 그렇게 만든 세상이 더욱 원망스러웠다.

급기야 그는 하숙방 문을 걸어 잠그고 며칠이고 곡기도 끊은 채 학교에 출근하지 않았다. 남강과 고당은 당황스럽고 미안했다. 수학 수업의 공백보다는 그의 건강이 더욱 염려됐다. 동료 교사들이 찾아가 설득해보았으나 소용없었다. 교장인 고당이 가서 권고해도 막무가내였다. 고당은 곰곰이 궁리한 끝에 묘안을 찾아냈다. 고당은 서춘이 아끼는 학생 한 명을 불렀다. 그리고 수학교과서를 가져오라고 해서 그 중 가장 어려운 문제 다섯 개를 고르게 한 뒤 서춘을 찾아가 이리저리하라고 일렀다.

그 학생이 서춘의 하숙집으로 찾아가 잠긴 방문을 두드렸다.

"선생님, 선생님!"

"누가 이렇게 시끄럽게 구느냐?"

서춘의 호령만 있을 뿐, 방문은 열리지 않았다. 학생은 고당이 시킨 대로 연극을 하기 시작했다.

"선생님, 저올시다. 수학문제를 풀다 못해서 다른 선생님께 물어봐도 모르시기에 선생님을 찾아 왔습니다. 아무래도 선생님께서 가르쳐 주셔야겠습니다."

학생이 애원하듯 말했다. 서춘은 공부하려고 애쓰는 제자가 딱했다. 자신이 고학하던 시절에 애태우던 일들이 떠올랐다. 서춘의 마음이 움직였다.

"수학문제는 가르쳐주마. 그러나 다른 소리는 일절 하지 말거라!"

며칠 동안 잠겼던 방문이 비로소 열렸다. 학생은 인사를 한 후 서춘 앞에 수학책을 펼치고 설명을 기다렸다. 문제를 한번 훑어본 서춘이 희미한 미소를 띠며 한 문제씩 풀어 주기 시작했다. 그런데 마지막 문제에 가서 막혀 버렸다. 서춘은 자리를 고쳐 앉더니 연필 끝을 깨물기 시작했다. 한참을 고개를 갸웃거리며 생각에 잠기더니 한순간 무릎을 탁, 쳤다. 그리고는 황홀경에 빠진 사람처럼 중얼거렸다.

"아, 까다로운 세상만사가 수학문제처럼 풀린다면 얼마나 좋으랴!"

그 순간 기인(奇人) 서춘의 농성도 막을 내렸다. 서춘의 얼굴에 화색이 돌자, 이때다 싶었던 제자가 약속을 어기고 딴청을 부렸다.

"선생님, 수학을 제대로 배워야하는 저희들을 위해서라도 학교에 꼭 나와 주십시오."

"음... 생각해 보지."

학생이 학교로 돌아가 교장 선생님에게 보고했다.

"거, 참 잘 됐다. 서 선생이 내일은 나오겠군."

고당은 기뻤다. 과연 다음날 서춘은 분필을 들고 눈을 번쩍이며 학생들을 가르치고 있었다. 이후 그는 유지의 도움으로 일본으로 유학을 떠났다. 서춘은 1919년 도쿄에서 일어난 2·8독립선언 사건의 주모자 중 한사람이었다. 3·1운동의 기폭제가 되었던 2·8독립선언은 도쿄의 유학생들이 주축이 되어 일으킨 사건이었다. 그는 이 사건으로 검거되어 금고 1년의 옥고를 치른 뒤 만주를 유랑하다가 귀국하여 언론계에 투신했다.

순수 민족 교육기관, 숭인상업학교

 오산학교 교장을 사임하고 평양으로 돌아온 고당은 선교사 모페트의 초빙을 받아 숭실전문학교의 강사로 교편을 잡았다. 그러나 당국은 그의 강사 인가를 질질 끌면서 내주지 않았다. 오산학교 교장 해임에 실패했던 당국인지라 이번에는 강사 취임마저 방해하려 들었다. 오산학교는 평안북도 소관이고 숭실학원은 평안남도 소관이었지만, 요시찰 인물인 고당에 대한 박해는 어디서나 마찬가지였다. 일본은 기회만 있으면 고당을 교육계에서 제거하고 싶어 했다. 1926년 9월, 두터운 명망으로 고당이 숭인중학교 교장으로 추대되었을 때도 당국은 취임 승인을 이 핑계 저 핑계로 1년 이상 끌었다. 결국 인가 없이 더 이상 일하기가 거북했던 고당은 할 수 없이 사임하지 않을 도리가 없었다.

하지만 고당은 일본당국의 심한 압박에도 불구하고 교육계에서 물러날 마음은 추호도 없었다. 민족을 부흥시키려면 무엇보다 절실한 것이 민족

교육이라는 것을 누구보다 잘 알고 있었기 때문이다. 고당에 대한 딩국의 박해는 이를 반증하는 소행이라 할 수 있다. 고당은 숙고했다.

"교장도 교사도 인가해주지 않는다면 나는 앞으로 어떻게 교육사업을 할 것인가? 그렇다! 학원을 경영하자. 직접 경영자가 되어 배후에서 실질적인 교육을 실천하자!"

고당은 바로 실행에 들어갔고 그 결과가 숭인상업학교의 창설이었다. 그 의의는 외국인(선교사)의 원조 없이 우리 민족의 힘만으로 설립했다는 데 있다. 또 하나의 특징이라면 인문계 중학교가 아닌, 생활과 경제에 직접 활용할 수 있는 상업학교를 택하였다는 점이다. 당시 평양의 사립학교들은 전부가 미국계통의 선교학교이면서 동시에 인문계학교뿐이었다. 물론 서울에 동성상업학교가 있긴 했지만 이 또한 외국원조에 의한 가톨릭 선교학교였다. 민족재단으로 설립된 숭인상업학교는 조선교육령에 의한 갑종 실업학교로 발전했다.

고당의 숭인상업학교 창설에는 두 사람의 적극적인 협력이 있었다. 오윤선과 김항복이 그들이다. 고당은 이 둘을 앞세우고 뒤에서 실질적인 경영을 했던 것이다. 오윤선 장로는 고당의 오랜 동지였고, 김항복은 고당의 제자였다.

김항복은 평안북도 곽산(郭山) 출신으로, 오산학교를 마치고 일본 와세다대학에서 경제학을 전공했다. 당시 한국 학생이 경제학을 전공한 것은 드문 일이었다. 그는 귀국할 때 언론계에 투신할 계획이었는데, 〈동아일보〉를 염두에 두고 있었다. 그는 귀국하자마자 인사차 고당을 찾아갔다. 고당이 숭실전문학교 강사로 있을 때다. 고당은 대학 졸업을 축하하면서 앞으로의 계획을 물었다.

"신문사에 들어가 볼까 합니다."

"음, 언론을 통해 민족에 공헌하는 것도 좋지만······."

"선생님은 반대하십니까?"

"반대라기보다는... 자네 혹 교육계에서 일해 볼 생각 없나? 민족부흥을 위해서는 교육사업이 근본이거든······."

고당은 민족교육의 중요성을 강조하면서 제자에게 교육계에 투신하기를 권했다.

"내가 지금 숭실전문학교에 강사로 나가고 있는데, 피치 못할 사정으로 그만두어야 할 처지이네. 대신 강의를 맡아줄 적당한 사람을 찾고 있던 참인데, 마침 자네가 왔으니 내 후임으로 교편을 잡아주면 어떨까 하네. 허나 자네의 뜻이 더 중요하니 억지로 권하지는 않겠네."

김항복은 존경해마지 않는 스승의 권고를 선선히 받아들였다.

"그런 기회만 있다면 기꺼이 하겠습니다. 감사합니다."

"음, 그럼 됐네. 고마운 건 오히려 나일세."

고당은 단순한 직업 소개를 한 것이 아니었다. 전도유망한 제자를 장차 교육운동의 동지로 삼고 싶었던 것이다. 고당은 곧바로 숭실전문학교 교장에게 김항복을 추천해서 승낙을 얻었다. 그리하여 1926년 봄, 스물일곱 살의 청년 김항복은 일약 전문학교 교수가 되었다.

고당의 기대대로 김항복은 짧은 시간 내에 학생들의 열렬한 지지와 학교의 두터운 신임을 얻었다. 당시 숭실전문학교에는 문과와 이과뿐이었는데, 그는 학교에 건의해 상과 신설을 추진했다. 우선 재학생 중에서 상과로

전과할 지원자를 뽑아 특별반을 편성하기로 했다. 또한 법제 과목의 전임 교수로 이창근(李昌根)을 초빙했다. 그러나 미국 장로교 선교본부는 상과 증설을 반대했다. 한국은 농업국이니 만큼 상과 대신 농과를 설치해야한다는 이유에서였다. 그리하여 미국에서 농학박사를 딴 이훈구(李勳求)가 초빙됐다. 그는 해방 후 미 군정청의 농림부장을 지냈다. 여하튼 김항복의 계획은 수포로 돌아갔다.

실망하고 있던 김항복에게 새로운 기회가 찾아왔다. 마산 호신중학교에서 그를 교장으로 초빙한 것이다. 그는 소신 있게 교육할 기회로 여기고 초빙에 응했다. 오스트레일리아 장로교 선교부에서 경영하는 학교였는데, 학교기구를 확장하던 참이었다. 마산으로 갔던 그는 이듬해에 평양으로 돌아왔다. (그가 왜 1년 만에 돌아왔는지 확실하게 밝혀진 자료는 없다.)

그때 마침 고당이 관여하던 숭인중학교의 교장이 공석이었다. 숭인중학교는 미국 장로교 선교부에서 경영하던 숭덕학교의 고등과를 분리하여 한국인 재단이 손수 새로 만든 학교였다. 숭덕학교는 초등부만을 가지고 숭덕보통학교로 개편되어서 종전 자리인 장대현교회 옆에 그대로 남았다. 분리된 고등과는 교사(校舍)를 경상리로 옮기고 숭인중학교로 이름을 고쳤다.

학교 이사회는 조만식, 오윤선, 김동원(金東元), 변인서(邊麟瑞) 등으로 구성됐다. 초대 교장으로 고당이 취임했으나, 아니나 다를까 이번에도 당국은 숭인을 1년 이상 해 주지 않았다. 할 수 없이 정두현(鄭斗鉉)에게 교장 자리를 물려주었다. 하지만 처음부터 빈약하게 출발한 재정을 감당하지 못하던 정두현은 스스로 물러나고 말았다. 그런 때에 가뭄에 단비 오듯 김항복이 돌아온 것이었다. 고당은 어려운 상황이지만 숭인중학교 교장을 맡아

'평양의 세 장로'로 잘 알려진 오윤선, 김동원, 조만식(왼쪽부터) 장로

줄 것을 제자에게 간곡히 부탁했다. 이사의 한 사람이고 장대현교회의 담임목사였던 변인서도 김항복을 찾아와 정식으로 교섭했다. 김항복은 상당한 고생을 각오해야함을 알면서도, 스승을 비롯한 여러 사람의 절실한 요청을 외면할 수 없었다.

교장 취임식 때 고당은 이사장 자격으로 김항복을 소개하고 축하하면서, '청년 디모데'와 같은 훌륭한 교육자가 되어줄 것을 당부했다. 디모데는 바울의 제자가 되어 바울과 함께 하나님의 일에 충성한 목회자이다.

그러나 막상 교장으로 취임해서 보니 학교의 형편은 생각보다 훨씬 안 좋았다. 건물은 학교라고 할 수 없을 정도로 빈약했고, 운동장은 좁은 뜰에 불과했다. 더욱이 수천 원의 부채에 교원들의 봉급까지 밀려 있었다. 웬만한 용기와 의지가 없다면 그런 학교를 맡을 수 없을 것이었다. 그러나 김항복은 원대한 이상을 품은 29세의 청년 교장이었다. 그는 큰일 작은일 할 것 없이 고당과 상의하고 조언을 받아가며 어려운 학교 운영을 성실하게 해 나갔다. 그럼에도 극도의 재정난에 봉착한 학교경영은 언제나 비관적이었다.

그럴 때마다 고당은 그를 격려했다.

"열심히 하면 어떻게 되겠지......"

김 교장은 낙관적인 고당의 말에 용기를 얻었을 뿐만 아니라, 가급적이면 고당의 부담을 덜어드리기 위해 스스로 난관을 타개하고자 심혈을 기울였다.

김 교장은 취임 직후부터 우선 재단을 튼튼히 하려고 발벗고 나섰다. 이사들부터가 재기불능이라 여겨 학교에 대한 열의를 보이지 않던 때였다. 이사회를 소집해도 돈 내랄까봐 겁부터 먹고 잘 나오지를 않아 유회(流會) 되기 일쑤였다. 그렇지만 고당과 김 교장은 기존의 이사 외의 여러 유지들을 찾아다니면서 민족교육의 터전을 도와달라고 호소했다. 지성이면 감천이라고 재원이 조금씩 늘어나기 시작했다. 그리하여 학교 근방에 있던 전매국(專賣局) 소유지 약 3천평을 매수하여 김항복 자신의 소유 토지와 함께 은행에 담보로 잡히는 등 비상한 노력을 기울인 결과, 1928년 초에는 30만원의 재단 기금을 마련하기에 이르렀다.

고당과 김 교장이 애를 쓰는 모습에 감동한 박기봉(朴基鳳), 유계준(劉啓俊), 윤원삼(尹愿三)이 협력하기 시작했다. 박씨는 장대현교회의 장로로 메리야스 공장을 경영했는데, 학교를 위해 상당한 사재를 기부했다. 유씨는 고당, 오윤선과 함께 산정현교회의 장로였다. 그리고 윤씨는 105인 사건, 3·1운동 장대현 집회의 간부였고 숭현(崇賢)여학교 교장을 지낸 사람이다.

30만원의 재원이 마련되자 이사회는 학교의 내용과 규모에 대한 토의를 했다. 인문계중학교 인가 신청을 하려면 적어도 100만원의 기금이 필요했다. 그래서 부족한 대로 갑종실업학교로 만들자는 구상을 하게 되었다. 이사회는 만장일치로 이 안을 가결했고 당국은 비교적 쉽게 승인을 해 주었다. 그리하여 1928년 4월 30일자로 숭인상업학교는 정식 인가를 받았으며, 50명씩 두 학급을 신규로 모집했다.

전국에서 유일하게 한국인의 재정만으로 운영된 이 갑종 상업학교는 1933년에 뜻깊은 제1회 졸업생을 배출했으며, 해방 직전까지 13회 졸업생을 사회에 내보냈다. 학교는 학생을 가르치는 것에만 그치지 않았다. 김항복 교장은 졸업생의 취직률 목표를 70%로 세우고 졸업 한 달 전부터 동분서주 했다. 경성 이북을 취직 알선 지역으로 정하고 관서·동북 지방은 물론이고 국경을 넘어 투먼(圖們), 지린(吉林), 하얼빈, 신징(新京), 펑텐(奉天), 다롄(大蓮)까지 다녔다. 그 결과 각지의 은행, 회사, 세관, 철도 등 각

숭인상업학교 교사

기관에 숭인상업학교 졸업생들이 채용되어 호평을 받는 성공을 거두었다. 특히 당시 만주 주재 일본군 참모차장으로 있던 홍사익(洪思翊) 육군 소장은 숭인상업학교 졸업생의 취직을 적극적으로 알선했다. 그는 태평양전쟁에 일본군 중장으로 참전했다가 일본 패전 후 전범으로 처형됐다.

학교경영에 있어서 표면적으로는 김항복 교장이 실무를 담당했지만 실질적인 지도는 사실상 배후에 있는 고당에 의해 이루어졌다. 그때그때 형편에 따라 고당과 김동원, 오윤선이 번갈아가며 이사장을 맡았지만, 모든일은 고당과 김 교장이 미리 계획을 세우고 이사회에 제안하면 항상 그대로 통과됐다. 그만큼 이사회를 통솔하는 고당의 덕망이 높았고, 이사들도 가족처럼 단합했다. 재정난 같은 중대한 문제에 봉착할 때마다 고당은 김 교장에게 막연한 격려만을 했지만, 그 말 한마디가 천금의 무게를 지녔던 것이다. 모두가 고당의 탁월한 지혜와 실천력을 믿었기 때문이다.

김 교장은 재정문제 같은 큰일뿐만 아니라 학교의 소소한 일까지도 항상 보고하고 상의했다. 특히 직원의 인사문제는 단독으로 결정하지 않고, 반드시 고당과 상의한 뒤에 처리했다. 당시 일본에서는 물론이거니와 조선에서도 학생들의 동맹휴학이 유행했는데, 학교로서는 여간 골칫거리가 아니었다. 학생들의 동맹휴학이 반드시 항일적인 것만은 아니었다. 그 중에는 교사 인사문제에 대한 학생들의 실력 행사도 있었다. 숭인상업학교에서도 그런 사고가 여러 번 발생했다. 그런가 하면 학교에 불만을 품고 말썽을 부리는 교사도 있었다. 김 교장은 불평분자인 한 교사를 부득이 그만두게 할 필요를 느끼고, 단호하게 결심한 뒤 늘 그랬듯 고당과 상의했다.

"본인에게는 미안한 일이지만, 학교 기강을 위해서 그를 내보낼 수밖에 없습니다."

"그래도 모나게 하는 것보다는 숙과자락(熟果自落)의 방법을 쓰는 게 좋지 않을까?"

고당은 의미심장한 말을 던졌다. 과실은 익거나 썩으면 저절로 떨어지는 법이다. 그처럼 스스로 물러날 때까지 기다리라는 뜻이었다. 고당은 매사에 그런 식으로 김 교장을 도와 주었다.

김 교장의 열성과 고당의 지도로 숭인상업학교는 발전을 거듭하여 교세가 날로 번창했다. 때가 무르익자 김 교장은 실업교육을 웅비시키려는 뜻을 펼치려고 고등상업학교 증설 계획을 추진했다. 처음 교육계에 발을 디뎠을 때 상과를 증설하려다가 실패했던 그였다. 접었던 그 포부를 다시 펼치려는 감개무량한 순간이었다.

계획은 순조롭게 진행되어서 1935년에는 학교부지로 동평양 교외에 있는 과수원 2만평을 사들였다. 경상리에 있는 땅과 학교를 팔아 그쪽으로 옮기는 동시에 고등상업학교를 설립할 예정이었다. 하지만 호사다마라고, 1937년에 루거우차오(蘆溝橋: 노구교)사건을 발화점으로 중일전쟁이 터졌다. 설상가상으로 동우회(同友會: 흥사단)사건으로 김항복 교장이 일본경찰에 붙잡혀 갔다. 이 사건으로 도산 안창호, 춘원 이광수를 비롯하여 평양회원이던 김동원, 김성업(金性業), 조명식(趙明植), 김병연(金炳淵), 노진설(蘆鎭卨) 등이 투옥됐다. 결국 고등상업학교 증설계획은 수포로 돌아가고 말았다.

曹晩植

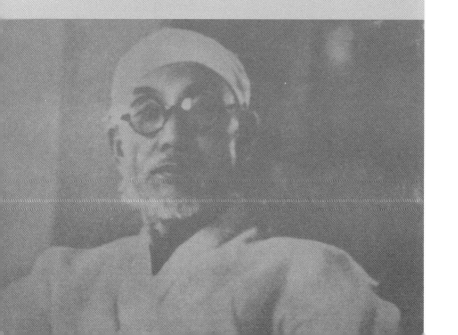

조선의 간디

고당의 저 유명하고 독특한 국산품생활 실천에 관하여 종래 약간 잘못 전해진 것이 있다. 그 하나로서 그가 일본 유학시절에도 한복에 갓을 쓰고 갓신(=가죽신)을 신고 다녔으며, 일본을 왕래하는 여행 중에도 그리 하였다는 이야기다. 그러나 이것은 그의 철저했던 국산품 애용을 과장한 와전에 지나지 않는다.

그가 철저한 한복주의자가 된 것은 언제부터였을까? 오산학교 교사로 처음 부임했을 즈음, 고당은 여름방학을 이용해서 금강산으로 여행을 떠났다. 여름철의 등산이라 뙤약볕을 가릴 겸 학생시절 쓰던 맥고모자(麥藁帽子: 서양식 여름모자)를 쓰고 나섰다. 금강산을 두루 다니다가 원산의 명사십리에 내려와서 보니 맥고모자가 너덜너덜했다. 여정이 아직 남았기에 새 모자가 필요했다. 그런데 고당은 맥고모자 대신 갓과 탕건을 마련해 쓰고 남은 여행을 마쳤다. 새삼스레 갓을 쓴 것은 아마도 어떤 자각이 있지 않았을까 추정해 본다.

1920년, 38세의 고당은 평양에서 조선물산장려회를 발기하여 2년 후에 창립, 스스로 회장이 되었다. 민족적 신념으로 홀로 실천해 오던 것을 대중 운동으로 조직화하여 사회에 널리 보급하고자 했던 것이다. 이 운동은 전국 적인 호응에 힘입어 바람 탄 들판의 불길처럼 삽시간에 번졌다. 일본 당국 은 탄압의 명분이 없어 속수무책 바라볼 수밖에 없었다. 또한 각 지방에서 물산장려회 혹은 토산(土産)장려회라는 명칭의 자매단체가 속출했다. 애초 에 이 운동의 목적은 국산품을 생산하고 애용하자는 것이었는데, 도덕적 성 격을 띤 금주회, 단연(斷煙)동맹 등의 조직으로까지 확산됐다.

고당의 주장에는 어려운 이론이 필요하지 않았다. 그의 운동 취지는 지 극히 간명했다.

"우리 생활이 이렇게 궁핍하게 된 것은 민족의 자각이 없어 제 것을 천 시하고 사랑하지 않기 때문이다. 그래서 자기도 모르는 사이에 외국의 경 제적 침략을 당하고 있다. 일본의 자본주의적 경제 침략은 사소한 일용품 에서부터 우리의 심장부까지 범하고 있다. 이 침략을 막기 위해서는 우리 손으로 국산품을 많이 생산해야 한다. 많이 생산하려면 그 생산품을 애용 해서 생산을 증대시키고 품질을 높이는 게 중요하다. 그리해서 민족경제의 자립을 도모해야 한다."

고당이 본격적으로 물산 장려운동을 펼치는 모습을 지켜보던 사람들 사 이에서 저절로 새로운 고당의 별명 하나가 지어졌다. '조선의 간디'라는 게

1923년 숭실학교 교수진. 앞줄 맨 오른쪽이 고당

그것이었다. 간디가 영국 지배 하의 조국 인도에서 펼쳤던 운동이나, 고당이 이 땅에서 정성을 쏟아 벌이는 운동이 일맥상통했기 때문이었다. 더구나 두 위인(偉人)의 외모마저 영판 닮았으니 그런 별명이 생겨나고도 남을일이었다. 어쨌든 고당이 물산장려운동과 관련하여 쓴 논설의 핵심 부분을여기 한번 소개해 본다(1927년 2월 18일자 〈조선일보〉 게재).

'우리 물산으로 살자'

다른 말하기 전에 우리보다 먼저 깨고 더 잘 살며 산업과 문화가 극히발달된 독일국민이 자기나라 물산을 얼마나 사랑하였는지, 독일국민의 실업십계(實業十戒) 중 몇 조목을 살펴봅시다.

- 외국물산을 사면 네 나라가 가난하여짐을 항상 마음속에 두어라. (제
  2조)
- 외국의 식료품을 네 밥상에 놓지 말아라. (제5조)
- 네 몸에는 독일에서 짠 옷감을 두르고 네 머리에는 독일에서 만든 모
  자를 올려놓아라. 조그만 물건에 대하여서도 이렇게 하여라. (제8조)
- 네가 가진 돈은 독일사람 외에 아무 나라 사람에게든지 이롭게 하지
  말아라. (제9조)
- 남은 무엇이라고 떠들든지 너는 이 계명을 조금도 소홀히 여기지 말
  아라. (제10조)

그러면 우리는 얼마나 딱한 우리의 처지와 형편을 돌아보아 크게 깨달음
이 있어야 하겠습니다. 우리가 만일 생존의식이 있을 것 같으면 자작지급의
깊은 뜻을 철저히 실행하여야 되겠습니다.

우리는 조선물산을 먹고, 입고, 팔고, 사고, 씁시다. 싸든지 비싸든지,
곱든지 밉든지, 어떻든지 우리의 물산으로 살겠다는 각성이 있어야 하겠습
니다.

정치적 목적의 3·1운동과 거의 때를 같이 하여 일어난 국산장려운동은
하나의 경제운동이었다. 그리고 역시 이 시기에 만들어진 조선민립대학 기
성회는 민족적 문화운동이었다. 고당은 이 세 가지 운동 모두에서 지도적
역할을 했다. 그 중에서도 국산애용 운동은 그가 창안하고 실천한 독특한
운동이었다

평양에서 국산애용 운동이 번져가자 맨 먼저 유행한 것이 무명두루마기와 무명천 모자였다. 이런 유행은 남자들은 말할 나위도 없고, 심지어는 사치와 허영에 들뜨기 마련인 화류계(花柳界)에까지 영향을 끼쳤다. 급기야 기생들이 비단옷을 벗고 무명치마와 무명저고리를 입는 일이 벌어졌다. 더 나아가 기생들이 금시계와 금패물을 사회단체와 학교기관에 기부하기까지 했다.

이러한 국산 의복이 유행하게 되자 재래 한국 직조물의 생산과 거래가 부쩍 늘었다. 성천명주(成川紬), 희천명주(熙川紬), 영변명주(寧邊紬), 서산모시(舒山苧), 한산모시(韓山苧), 안주항라(安州亢羅), 덕천항라(德川亢羅), 영변포(寧邊布), 맹산포(孟山布), 양덕포(陽德布), 덕천포(德川布) 등의 집산지이던 평양은 활기를 띠기 시작했다. 이에 따라 각 지방 특산물을 매매하던 광신상회(廣信商會: 오윤선이 운영), 조선물산상회(최용훈이 운영), 차윤성(車允成)상점, 전좌용(全佐庸)상점 등이 번창했다.

말총모자의 사연

 고당은 줄곧 써 오던 탕건과 갓을 무명천 모자로 바꿨다. 고당은 활동에 편리하도록 무명 두루마기를 창의적으로 개량했는데, 길이는 무릎에 닿을 정도로 짧게 하고 옷고름 대신 단추를 달았다. 바지 역시 움직이기 편하게 양복바지처럼 가랑이를 좁게 해서 입었다. 여름철에만 흰 모시두루마기를 입었고, 나머지 철에는 항상 검은 무명두루마기를 입었다. 신발도 국산제품이 나오기 전까지는 구두를 신지 않았다. 대신 낡아서 버린 피대(=정미소나 제재소 등에서 사용하는 고무와 면사로 만든 벨트)를 발의 치수에 맞게 재단하고, 단단한 면직물을 겹으로 싸서 갑피로 삼아 이를 꿰매서 신었다. 고당은 이를 편리화(便利靴)라 이름 짓고 즐겨 신었다.

고당이 애용했던 말총모자에는 사연이 있다. 한번은 황해도 안악 지방으로 강연 차 갔는데, 그곳 유지가 옷자락으로 곱게 고안한 중절모자를 고당에게 선물했다. 처음에는 잘 쓰고 다녔지만 여름날에는 머리에 땀이 차서 벗어들고 다녀야 했다. 이를 딱하게 여긴 옥호서림(玉琥書林) 주인이 갓 만드는 말총으로 중절모자를 떠서 고당에게 선사했다. 그때부터 고당은 줄곧 여름엔 회색 말총모자, 겨울엔 흑색 말총모자를 썼다. 또한 조선인이 경영하는 피혁공장이 생겨서 국산 구두가 생산되자, 그 동안 신었던 갓신을 벗고 단화를 신기 시작했다. 고당은 자신만의 독특한 한복 스타일로 공식 석상에서 일본인과 대결했고, 해방 후에는 소련군과도 대결했다.

고당이 영도한 조선물산장려회의 본부는 평양 YMCA회관 안에 있었다. 당시 이 회관은 정익로(鄭益魯)와 정익경(鄭益慶) 형제가 경영하던 종로 광명서관(光明書館) 2층에 자리 잡고 있었다. 그런데 무명두루마기가 유행하여 수요가 급증하자, 간사한 장사치들이 무책임하게 질 나쁜 제품을 만들어 파는 폐단이 생겼다. 고당은 통탄했다.

"국산품 애용을 노리고 대충 만들어서 소비자를 속여 제 돈벌이에만 급급하는 것은 도리어 국산품을 모독하는 행위다. 물건보다 먼저 민족의 마음을 고쳐야 한다."

그래서 고당은 물산장려회 안에 품질이 우수한 제품을 소비자에게 염가로 제공하는 협동조합을 만들기로 했다. 그러나 자금관계 등 애로사항이 많아 실현되지 못했다.

물산장려회의 활동은 지속적이면서도 광범위했다. 음력 정월 보름날을 국산장려일로 정하고 해마다 기념행사를 했다. 행사 당일, 한지(韓紙) 위에 '내살림 내 것으로!' 라는 표어를 쓰고 수입과 수출의 불균형을 천평(天秤=저울)으로 이미지화한 포스터를 붙였다. 이는 기념강연과 시가행진 때마다

물산장려회의 상징적 역할을 했다. 강연회에는 고당과 한근조(韓根祖) 등이 강사로 나섰고, 시가행진에는 기독교인, 상인, 중소공업자, 학생 등이 참여했다. 매년 계속된 행사는 많은 성과를 거두었다.

그런데 민족부흥의 일환인 물산장려회 운동이 일본 당국의 탄압을 받은 것은 당연했으나, 조직 내에서 동포끼리 반목하는 기현상이 나타나기도 했다. 다름 아니라 일부 공산주의자들이 엉뚱한 이유로 운동을 반대했던 것이다. 당시 일본 유학파 학생들 중에는 새로 유행하기 시작한 사회주의 사상에 심취하는 이들이 있었다. 그들 가운데 장적파(張赤波), 김종범(金鐘範), 주종건(朱鐘健) 등이 장려회 반대론을 들고 나왔다.

"마르크스주의에 따르면, 물산장려운동은 조선의 토착 자본가가 조선의 무산계급을 착취하는 기만 술책에 지나지 않는다. 따라서 엄중히 비판

숭실학교에서 법학 강의중인 고당(맨 오른쪽)

하고 분쇄해야 한다."

이런 주장을 〈조선일보〉와 〈동아일보〉에 투고하여 논란을 일으켰다. 고당은 답변할 가치가 없다는 듯 그들의 주장을 묵살했다. 한편 이미 문명(文名)을 날리던 청년 공민(公民: 나경석羅景錫의 필명)이 사회주의 클럽을 상대로 맹렬한 논쟁을 벌였다.

그러한 사회주의자들의 반대운동에 영향을 받은 것은 아니지만, 유행처럼 번졌던 장려회 운동의 열기가 점점 식어간 것만은 사실이었다. 그래도 고당이 창립하고 지도한 평양 본부만은 끝까지 건재했다. 평양에서의 국산장려는 성공적이었으며, 그 정신은 민족자본 육성에 크게 이바지했다.

고당은 평양 YMCA를 중심으로 장감연합(=장로교 · 감리교 연합) 저축조합을 조직하기도 했는데, 회원이 3천명에 달했다. 회원들이 매달 25전씩 3년 동안 부지런히 애써서 저축한 결과, 1만5천원의 자금을 적립했다. 이같은 사업자금을 마련하는 데 큰 역할을 한 이가 저축조합의 상무 임영석(林英奭)이었다. 고당이 저축조합을 지지하고 확대하도록 YMCA 회원과 학생들에게 권고하는 한편, 임영석은 그 실질적 업무를 도맡아 했다. 오윤선과 도인권의 협력도 컸다.

이 자본을 융자받아 이덕환 장로가 양말공장을 시작했다. 이것이 평양 양말공업의 시발점이었다. 이후 평양의 양말 · 고무 · 메리야스 공업은 민족자본의 기업체로서 그 위력을 떨쳤다. 특히 평양에서 이들 분야에 있어서만큼은 일본인의 막강한 자본과 기술이 발을 붙이지 못할 정도였다. 실로 민족자본 육성의 선구적 표본이었다. 물론 고당이 없었다면 불가능한 일이었다.

그러나 일제가 노골적으로 중국 침략을 준비하면서 민족운동을 철저히

탄압하기 시작했다. 중일전쟁을 일으키기 직전인 1937년 4월, 평양경찰서
는 고당을 호출해서 장려회의 해산을 권고했다. 사실은 권고가 아니라 불
응하면 강제 해산시킨다는 위협이었다. 장려회에서는 최종 간부회의를 열
어 토의한 끝에, 눈물을 머금고 15년간 민족부흥의 의지로 빛나던 간판을
내리기로 결정했다.

여기서 고당의 물산장려회 설립취지서를 다시 한 번 읽어보자.

우리 조선반도는 천부의 흙이요 부원(富源))의 땅이라. 반만년 장구한
세월에 간단없이 물자를 공급하고 사업을 부여하여 종족이 번식하고 문화
가 계발되었도다.

생장력 많은 지미(地味=土理; 흙의 메마르고 기름진 성질)는 농업을 흥케
하고, 무진장의 광물을 포용한 지질(地質)은 공업을 성장케 하며, 사통오달한
위치는 상업을 융성케 하고, 기후와 풍토는 원예와 임업, 목축업에 적절하며
하해(河海)와 항만은 어업과 운수에 더없는 호조건이고 식산(殖産)하므로 축
적하고, 흥업하므로 치부케 하였으니 단연코 삼천리 근역(槿域)은 이천만 민
족의 보고인 태창(太倉)이라 하리로다. 아니 낙원이요 에덴이라 하겠다.

우리는 가히 고루거각(高樓巨閣)에서 금의옥식(錦衣玉食)으로 행복과
안락의 생활을 누릴 수 있음을 의심치 않을 것이다. 그러나 시문(試問)하노
니 과연 그러한가. 아니다. 사실은 이에 반하여 보고(寶庫)와 태창(太倉)에
서 헐벗고 굶주림의 궁경(窮境)을 면치 못하고, 낙원과 에덴에서 고난의 참
상을 피치 못하게 되었도다. 이것이 과연 어떠한 이유이며 곡절인가. 우리
는 놀라움과 탄식과 한탄을 금할 수 없음이리.

우리는 매일 보기도 하고 웃기도 한다. 우리 동족 중에는 남부여대(男負女戴)하며 부로휴유(扶老携幼)하여 조상 대대의 고국강산을 버리고, 산천이 생소하며 풍토가 다른 만리이역으로 떠나는 자 하루에도 천백이니, 수십 년 내에 백만이 될 것이 아니겠는가.

또한 이 땅에 잔류한 자도 그 산업이 날로 쇠하고 달로 퇴하여 빈(貧)에 빈을 더하고 약(弱)에 약을 가하게 되나니, 이 어찌 도외시하며 등한시할 바요. 실로 심히 연구를 요할 문제라 하노라.

생각건대 개인과 단체를 물론하고 경제력의 여유 유무, 즉 부(富)와 빈(貧)은 생활상에 고(苦)와 낙(樂)의 차이가 있을 뿐만 아니라, 지식상 우(優)와 열(劣)을 일으키고 따르게 되며, 세력상의 강(强)과 약(弱)을 생성하여 부자는 우하고 강하나 빈자는 열하고 약하여 필경 우승열패(優勝劣敗)케 되나니, 그렇다면 과연 우리 민족은 우승자인가 열패자인가. 우리는 누누이 이를 설명코자 아니하고 우리의 빈약한 원인이 무엇인가를 말하고자 한다.

이에 대하여 물론 근대에 이르러 정치, 교육, 제도, 습관이 부패하고 해이하여 농공상을 천시하고 오직 사(士)만 존숭하여 당쟁의 유일의 정략으로 하고 의문(儀文)을 최선의 교육으로 하였으니, 이는 모두 빈약의 원인이 될 것은 의심치 아니한지라. 그러나 이것들은 모두 원인(遠因)이오, 근인(近因)은 아니라.

이에 우리는 일대 근인이 있음을 간파하였으니 즉 자작자급치 아니함이라 하노라. 바꾸어 말하면 조선물산을 장려함이오, 또 바꾸어 말하면 보호무역을 의미함이니, 이것이 우리 조선인에게 가장 큰 문제라 하노라.

현금 구미각국은 저토록 상공업이 발달되었음에도 자유무역주의를 행하는 나라는 하나도 없고 모두 보호무역주의를 행하나니, 이것으로 미루어 보건대 선진이오 부강한 나라도 그처럼 국산을 장려하고 무역을 보호하거든 하물며 뒤떨어지고 빈약한 조선이리오.

그런고로 우리는 조선물산을 장려하지 아니치 못하리라 하노니, 이를 실천함은 다음과 같은 실익이 있으리라 확신하노라.

1. 경제계의 진흥이니, 대체로 조선은 해마다 거액의 수입이 초과되어 경제계가 점차로 위미(萎靡)되고 쇠퇴하는지라. 그런고로 국산을 장려하여 수입초과의 해(害)를 방지함으로써 경제의 진흥을 도모함이오.

2. 사회의 발달이니, 경제는 인류생활의 기본이요 원체(元體)라, 경제의 성하고 쇠함은 우리의 생활상 만반 사업에 그 영향이 파급치 않는 것이 없나니, 그런고로 국산을 장려하여 경제계의 융성을 기하는 동시에 사회발달을 도모함이오.

3. 실업자 구제책이니, 농공상은 물론하고 타화(他貨)의 세력으로 인하여 조선인 실업자가 다수 발생함은 실로 천(千)으로 계(計)하여 백(百)을 산(算)할 수 없는지라. 그런고로 국산을 장려하여 실업자를 취직케 함이 사회 구제상 막대한 효과를 거둘 것이오.

4. 국산을 애중하려 함이니, 이는 정신상 큰 문제라. 근대 조선인은 숭외 배외심(崇外拜外心)이 성하여 국산이 우미(優美)할지라도 탁(濁)하다느니 진(陳)하다느니 하여 이를 헌지기지(獻之棄之)하고, 타화는 아무리 조열(粗劣)한 것이라도 청(淸)하니 신(新)하니 하여 애지호지

(愛之好之)한다. 그것이 어찌 물질뿐이리오. 천사만반(天事萬般)이 모두 그리 하노라. 그런고로 국산을 장려하여 우선 국산애중 사상을 발하도록 하고 아울러 자중자애심을 함양케 함이오.

5. 근검풍(勤儉風)과 용감성(勇敢性)으로 변화케 함이니, 근대 조선인은 유약하고 나태하여 사치와 허영을 숭상함이 날로 더 하는지라, 그 원인이 나변(那邊=어느 곳)에 있는가 함에 대하여 여러 가지의 원인이 하나 됨을 인정하지 않을 수 없을 것이라.

그런고로 견(堅)하며 후(厚)하며 질박한 국산을 장려하여 이를 사용케 하므로 근실(勤實)과 검소의 미풍을 낳게 하는 동시에, 용감하며 쾌활한 인성으로 화하게 함을 도모함이라.

이를 여행(勵行)하여 실효를 거두고자 함에 가장 필요한 것은 공덕심과 공익심이라 함이니, 대개 우리가 법령이나 정책으로는 이와 같은 문제를 해결할 권리 또는 처지가 아닌즉, 자위상(自衛上) 불가불 공덕심과 공익심에 의하지 아니치 못할 것이라. 가령 국산이 설혹 타화보다 품질상 또는 가격상으로 개인 경제상 다소 불이익한 점이 있다 할지라도 민족 경제상 이익에 유의하여 이를 애호하며 장려하여 수요하며 구매치 아니치 못할 것이다.

그런고로 우리는 의복 음식을 위시하여 가장집물(家裝什物)이며 일용품에 이르기까지, 부득이한 물품 외에는 철저히 본 취지를 실천궁행하고 한 걸음 더 나아가 상공업에 착수 역행(力行), 직접으로 실업계의 진흥과 융창을 도모하고 간접으로 일반 사회의 발전과 진보를 기하여 근역 삼천리

가 2천만 민족의 참된 낙원, 참된 에덴이 되기를 지성으로 갈망하는 바로
다. -1920년 8월 23일자 〈동아일보〉

고아가 세운 고아원

재단법인 평양고아원은 한국인 손으로 경영된 최초의 사회 사업인 동시에 유일한 존재였다. 당시에는 조선총독부에서 운영하던 제생원(濟生院)이 서울에서 맹아교육을 주로 하였을 뿐 고아원이나 양로원이라는 이름조차 없는 시절이었다. 이런 시절에 민간 경영의 재단법인 시설이란 실로 평양고아원의 자랑이었다. 고당은 이 고아원 사업에도 직접적인 관여를 했다. 그런데 평양고아원이 설립되기까지에는 눈물겨운 미담이 있었다.

3·1운동 가담으로 경찰에 체포된 양철공(洋鐵工) 김병선(金秉善)은 가혹한 고문으로 인해 빈사상태에 빠졌다. 경찰은 마지못해 그를 가석방했다. 그는 유지들의 도움으로 기독교 계열인 기홀병원에 입원하여 가까스로 목숨을 건지고 치료 중에 있었다. 그때 교통사고로 중상을 입은 소년이 병원으로 실려 왔다. 팔다리의 뼈가 부러지고 출혈까지 심해서 목숨이 위태

로웠다. 치료보다도 일단 수혈이 급했다. 당시는 혈액은행도 없던 시절이라 갑자기 피를 구하는 것이 어려웠다. 이런 딱한 사정을 보다 못한 김병선이 수혈을 하겠다고 의사에게 자원했다. 의사들은 놀랐다.

"당신은 지금 남 걱정할 때가 아니오. 당신 몸도 온전치 않은데……"

"제 몸에서 조금 피를 뽑을 형편은 되지 않겠습니까? 죽지 않을 정도라면 꼭 뽑아 주십시오!"

의사들의 만류에도 불구하고 김병선은 재차 수혈을 고집했다.

"아무 피나 소용되는 것이 아니요. 우선 혈액형이 같아야만 가능하오."

"그럼 제 혈액형 검사를 해주세요."

청년의 간청에 의사는 마지못해 혈액형 검사를 했다. 그러면서도 '설마 혈액형이 같진 않겠지!'라고 생각했다. 그런데 마침 혈액형이 일치했다. 그래도 한 사람의 생명을 구하려고 다른 사람의 생명을 위태롭게 할 수는 없는지라, 의사는 주저하며 청년을 다시 설득했다. 하지만 청년의 의지를 꺾을 수는 없었다.

"의사 선생님, 제 생명은 3·1운동 때 이미 민족에 바쳤기에 일단 죽은 몸이었습니다. 지금의 생명은 덤으로 얻은 것입니다. 앞날이 더 많이 남은 소년의 생명을 구할 수 있다면 죽어도 여한이 없습니다."

감화된 의사는 감격의 눈물을 삼킨 채, 애국청년의 뜨거운 피를 뽑아 식어가는 소년의 몸에 수혈했다. 결국 꺼져가던 소년의 생명을 구할 수 있었고, 다행히 청년의 몸엔 큰 지장이 없었다.

이 아름다운 일화를 당시 창간된 지 얼마 되지 않았던 〈동아일보〉가 크게 보도했다. 그러자 기사에 감동한 각지의 동포들이 청년에게 성금을 보냈다. 그런데 이 신실한 청년은 자신에게 보내준 동정금을 한 푼도 쓰지 않고 사회를 위해 쓸 궁리만 했다. 그 결과 고아로 성장한 자신의 신세에 비추어 불행한 고아들을 위한 고아원 설립기금으로 제공할 결심을 했다. 몸이 웬만큼 회복되어 퇴원하자 계획을 실행에 옮겼다. 우선 고아 몇 명이라도 수용할 수 있는 집을 마련한 뒤, 거리를 방황하는 고아들을 데려다가 부양하기 시작했다. 이것이 평양고아원의 첫걸음이었다.

이런 갸륵한 일이 소문나기 시작하자 뜻있는 유지들이 나타나 도와주기 시작했다. 제일 먼저 손길을 준 이는 평양 시내 대찰리(大察里)에서 양약상(洋藥商)을 경영하던 약국집 부인이었다. 이 부인은 일찍부터 양약을 무역하여 평양에서 도·소매를 했는데, 그 상점은 평양에서 '양약국집'으로 통용되었다. 여걸이자 당당한 실업가인 그녀는 일본과 중국에까지 상거래를 하며 많은 부를 축적했다. 이 부인이 김 청년의 독지(篤志)에 감화되어 수차례 기부를 통해 고아원의 발전을 도와 주었다.

그리고 1930년에는 고당이 평양고아원과 직접 관계를 맺게 되었다. 당시 평양의 유지들은 '백선행기념관' 설립운동을 전후하여 평양고아원을 충실히 하기 위해서 재단법인 설립을 계획했다. 이 계획을 앞장서서 추진한 사람은 불교 측의 윤주일(尹柱逸)이었고, 이를 적극적으로 원조한 사람이 고당이었다. 윤주일은 전라도 출신으로서 평양 영명사(永明寺)에서 포교활동을 하던 승려였다. 그는 평양고아원을 재단법인화 시킨 뒤에 재단이사장 겸 고아원장으로 다년간 심혈을 기울이며 고아원을 전성기로 이끌었다. 당시 재단기금은 10만원에 달했고 150명의 원아를 수용했으며, 교원 3명을 두어 소학교 6년 과정을 가르치게 했다. 우수한 졸업생이 배출되기도 했는데 그 중 한사람이 강기보(康基寶)였다. 그는 해방 전에 공산당 사건에 관련되어 투옥되었으나, 사실은 민족진영과 공동전선으로 항일투쟁을 한 사람이었다. 안타깝게도 그는 옥사했다.

백선행기념관과 인정도서관

고당이 평양YMCA 총무와 조선물산장려회 회장으로 일하던 무렵의 평양시 인구는 4만명 가량이었다. 이는 제2의 도시로서 경성 다음으로 많은 인구였다. 그 중 일본인은 총인구의 5%인 2천명쯤이었다. 이 비율은 인구가 25만명으로 급증했을 때도 마찬가지여서 일본인은 1만명을 헤아렸다. 부산이나 경성에 비한다면 일본인이 상당히 적은 편이라 할 수 있었다. 그 까닭은 시민들의 경제력이 든든하고 민족적 기풍이 강했던 평양의 특징 때문이었다. 상업에서 일본인이 더욱 맥을 못 추던 곳이 개성이라면, 배일사상이 어디보다 강렬했던 곳이 평양이었다.

이 같은 평양의 인구 비율은 그대로 30년간 지속되었다. 반면 문화시설 면에서는 반비례로 우리 측이 매우 열악했다. 일본인은 일간신문을 두 개나 발행했고 평양상공회의소를 그들의 공회당으로 썼다. 평양에서 우리가 신문을 발행하지 못하는 것은 당국의 언론탄압 정책으로 인한 결과이기에

1950년 평양 거리

어느 정도 이해할 수 있었다. 하지만 우리만의 공회당 하나 없다는 것은 실로 부끄럽고 답답한 노릇이었다.

　때는 바야흐로 민족적 문화운동이 활발했던 시기인 만큼 자유로이 집회할 공회당이 절실히 필요했다. 평양 시민들을 위한 강연회, 음악회, 오락행사 등을 열려고 해도 마땅한 장소가 없었던 것이다. 그래서 임시변통으로 교회나 사찰을 빌려 쓸 수밖에 없었다. 하지만 종교기관의 사정도 있고 해서 그마저 힘들게 되었다.

　"아무래도 평양에 공회당을 세워야겠다."

　고당은 막연히 느껴오던 필요성을 분명히 통감하고 공회당 설립을 추진하기로 결심했다. 고당의 의지는 마침내 백선행(白善行) 여사의 마음을 움직여 평양에 공회당 건립을 실현시켰다. 공회당을 설립하기까지 고당의 부단한 노력에 대해서는 이런 소문까지 나돌았다.

"고당은 공회당을 짓기 위해서 삼사 년 동안 매일 아침 백 여사를 찾아가 문안 인사를 드리면서까지 간청했다. 백 여사도 고당의 지성에 감동해서 마침내 거금을 희사했다."

그러나 이것은 과장된 풍설이고 사실과는 다르다. 고당이 직·간접으로 백 여사에게 권한 것은 맞지만, 그렇게까지 하지는 않았다. 또한 아무리 끈덕진 문안을 받았다고 해도 쉽게 거금을 내놓을 백 여사도 아니었다. 사실 두 사람 사이를 오가며 실무를 담당한 사람은 따로 있었다. 바로 백 여사의 시중을 들면서 재산을 관리하던 최경렴(崔景濂)이었다. 또한 기부 동기 역시 백선행 여사의 자발적 의사에서 나온 것이었다.

백 여사는 자신의 재산으로 뜻있는 일을 하기 위해 최경렴에게 적당한 사회사업을 연구해 보라고 지시했다. 이때 최경렴의 머리에 떠오른 인물이 고당이었다. 고당이라면 적합한 사업의 선정은 물론이고, 그 운영에도 좋은 지도를 해 주리라고 믿었기 때문이다. 그는 고당을 찾아가 백 여사의 뜻을 전하고 도움을 청했다.

"백 여사의 독지에 감사하오. 그 자금은 뜻있는 사업에 써야 되니 여러 유지들과 상의한 후에 연락하리다."

고당은 이미 공회당 설립을 염두에 두었으나 내색하지 않았다. 다수의 의견을 수렴하여 명분을 확실하게 만들려는 심사였다. 곧 오윤선 장로를 비롯한 장로들과 상의한 뒤에 공회당을 설립하기로 하고 백 여사의 찬성을 얻었다. 백 여사는 기금으로 거액 20만 원을 희사했다. 그리하여 재단법인이 설립되고 공회당 명칭도 '백선행기념관' 으로 정해졌다.

여성으로서 공공사업을 위하여 거금을 쾌척한 용기는 평양은 물론이고 전국에 큰 감동을 주었다. 주인공 백선행 여사는 고독과 가난을 극복하고 성공한 입지전적인 사람이었다. 백 여사는 스무 살에 청상과부가 된 불운의 여인이었다. 시댁이나 친정 모두 가난했을 뿐만 아니라 슬하엔 한 점 혈육조차 없었다. 처음엔 삯바느질을 하고 콩나물을 길러 팔아서 생계를 유지했다. 그렇게 십 년을 근검절약하여 모은 돈으로 서른 살부터는 땅을 조금씩 사기 시작했다. 이후 20년이 지나 오십 세가 되었을 때 그녀는 어느덧 거부가 되어 있었다. 세상 사람들은 그녀를 '부자 백 과부'라고 불렀다. 한번은 토지 브로커가 감언이설로 백 여사를 꼬드겼다.

"평양 교외 승호리(勝湖里)에 싸고 좋은 땅이 있으니 부인께서 사 두시오. 모두들 사고 싶어 침을 흘리지만 워낙 덩어리가 커서 손을 못 댑니다. 복은 주인이 따로 있다더니, 부인밖에 살 사람이 없습니다."

귀가 솔깃한 백 여사가 땅값을 물어보니 과연 시세도 적당했다. 백 여사는 거금을 들여 수만 평을 샀으나 등기를 마치고 나서야 사기 당한 것을 알았다. 그 땅은 돌투성이에다가 풀 한 포기 나지 않는 박토(薄土)였다.

그렇지만 물릴 수도 없고 팔 수도 없어서 몇 해를 그냥 묵혀 두었다. 물론 그 땅에서는 한 톨의 수확도 없었다. 그런데 인간 만사 새옹지마라더니...... 하소연할 데도 없고 해서 거의 단념하고 있던 백 여사에게 하루는 일본인이 보냈다는 거간꾼이 찾아왔다. 그 황무지를 사겠다는 것이었다. 귀가 번쩍 뜨이는 얘기였다.

"일본 사람이 그 땅을 사서 무엇하겠다나요?"

"그것은 말할 수가 없습니다."

거간꾼은 매입자가 시킨 대로 용두를 밝히지 않았다. 매도자가 용도를 알면 값을 높게 부르기 십상이었다. 여하튼 일본인이 그 땅을 원하는 것은 확실했다. 백 여사는 골칫거리가 사라지는 것만으로 족했다.

"그런데 얼마에 사겠다는 거요?"

백 여사는 자기가 샀던 값만 쳐준다면 얼른 팔 요량이었다.

"괜찮은 땅은 평당 40전 드리고 나머지도 여러 가지 사정을 고려해서 평당 8전을 주겠답니다. 이런 가격으로 살 사람은 절대 없으니 이 기회를 잃지 마세요."

거간의 이야기에 백 여사는 귀를 의심했다. 40전에 사겠다는 땅은 10전에 샀고, 8전을 주겠다는 땅은 2전에 샀으므로 4배가 되는 셈이었다. 백 여사는 더 이상의 흥정 없이 즉시 팔았고, 일약 큰돈을 쥐게 되었다. 팔고 난 후에 알고 보니 그 황무지는 시멘트 원료가 매장된 땅이었다. 나중에 그곳에는 이 나라 최초의 시멘트 공장, 오노다(小野田)시멘트가 들어섰다. 여하튼 이렇게 설립된 백선행기념관은 평양의 명물이 되었다. 현대식 석조 건물로 지어진 기념관의 1층에는 소강당과 여러 개의 집회실이 있었고, 2층에는 누상회랑(樓上回廊)을 겸한 대강당이 있어서 1천명을 수용할 수 있었다. 이런 공회당이 생기자 평양에서의 모든 옥내 집회문제는 완전히 해결되었다. 더욱이 일본인들의 공회당보다 더 위용을 자랑해서 한민족의 자긍심을 높여 주었다. 기념관의 이사는 고당, 최경렴, 오윤선, 윤주일이었다. 기념관 안에는 백 여사의 흉상이 안치되었고 그 밑에 기념문을 새겼다. 양주동(梁柱東)은 우리말로 비문을 짓기도 했다. 이 기념관은 해방 직후 고당이 위원장이던 평남 건국준비위원회의 본부로 사용되기도 했다.

백 여사는 기념관 설립 외에도 고당의 조언에 따라 학교 등 사회사업에 많은 기부를 했다. 기부를 받은 기관으로는 광성보통학교, 숭현여학교, 창덕학교 도서관 등이 있다. 평생을 수절하며 고독하게 살던 백 여사는 노후에야 안일성(安一成)을 양자로 맞았다. 그는 평양에 백광사(白光社)를 설립하고 주간(主幹)을 맡아 문예잡지 〈백광〉을 발행함으로써 한국 근대문학운동에 공헌했다. 고당은 발행을 축하하는 기고문을 이렇게 써 주었다.

〈백광(白光)〉 발간을 축하하며

고(故) 백선행 여사께서 우리 조선사회에 끼친 바 공헌이 얼마나 다대하다는 것은 여기에서 중언(重言)을 불허한다.

평양에 광성보통학교, 숭현여학교, 지방에 창덕학교를 튼튼한 지반 위에 세워놓아 재단법인까지 만드셨고, 숭인상업학교에도 수만에 가까운 토지를 기부하여 재정에 곤란을 면케 하였다. 더구나 대동강변에 늠름한 웅자로 흘립(屹立)한 백선행기념관이 무엇보다도 여사의 위대함을 웅변하지 않는가.

평양에서는 무엇보다도 언론기관이 결핍하다. 만일 여사께서 앞으로 좀 더 살아계셨더라면 평양은 이렇게까지 언론계의 적막함을 느끼지 않았을 것이다. 이제 여사의 독지를 계승하여 〈백광〉을 이 사회에 내보낸다. 물론 조선의 출판사업이 그런 것과 같이 〈백광〉도 앞으로 중첩되는 난관이 있을 줄 안다. 즉 검열난, 원고난, 재정난 등 실로 허다한 난관이 있을 줄 안다.

〈백광〉은 조선사회를 위하여 희생하려고 나왔으며 사회의 공정한 그릇이 되라고 나왔다. 〈백광〉은 가장 엄연하고 가장 정확한 비판자가 되려하며, 정의와 인도를 위하여서는 어떤 일이 있더라도 절대로 붓대를 휘이지 않으려 한다. 그리하여 이 사회에 지남침이 되려 하며 빛이 되려 한다. 빛 중에 가장 흰 빛, 즉 '백광'이 되어야 한다.

평양은 역사로 경치로 산업으로 조선에서 가장 저명한 것은 일반이 공인하는 바이거니와, 이 반면에 다른 한 가지 놀랄 만하게 유명한 것은 간행물의 결핍이다.

대저 구미 선진국은 말할 것도 없다고 할지라도 적어도 2천만 인구를 가진 우리 조선에서 제2 대도회라고 하며, 북조선의 가장 웅도(雄都)라고 굉장한 찬사와 위대한 칭호를 받는 평양에서, 이렇게도 우리 손으로 경영하는 신문잡지 하나 똑똑히 간행됨을 일찍이 듣지도 보지도 못하였으니 이 어찌 언어도단할 경탄의 한사(恨事)가 아니리요.

과연 사회를 위하여 우려하는 유지 또는 재산가들은 이 점에 있어서 심혈을 경주하기를 주야로 바라는 바이다.

그러한 이때에 평양에서 〈백광〉을 발행한다고 축사를 청하매 나는 이에 있어 매우 기뻐 작약(雀躍)하기를 마지 아니하는 동시에, 위하여 바라고 원하기는 내용이 충실하여 과연 사회에서 기대하는 책다운 책이 되기를 바라는 한편, 무엇보다도 재정 기초가 견실하여 꾸준한 무보(武步)를 걸어 나가 그 수명이 영창(永昌)하기를 절실히 바라는 바이다.

1937년 12월 1일 〈백광〉

백선행 여사가 공회당을 설립한 뒤 얼마 안 되어서 김인정(金仁貞) 여사가 도서관을 설립한 것은 평양여성의 또 다른 장거(長擧)였다. 그녀는 도서관을 평양시민에게 선사한 뒤로 일약 여류 명사가 되었다. 이 도서관 설립에도 고당은 많은 노력을 기울였다. 그는 처음에 이 도서관을 순전한 민족문화 도서관으로 만들 구상을 했다. 즉 조선고문서를 널리 수집해서 저장하고 민족문화와 민족사상을 연구 발전시키는 데 공헌하려고 했다. 하지만 경비부족과 자료 수집 난으로 그 계획까지는 실현을 보지 못했다.

김인정 여사도 초년에는 백선행 여사처럼 불행한 여인이었다. 김 여사는 가무계 출신으로 한때는 육군 참령(현재의 소령) 정 모 씨와 동거생활을 했으나, 곧 홀로되어 혈육 한 점 없이 고독한 반생을 보내야 했다. 인생무상을 느낀 김 여사는 사찰 불공과 여행으로 고독을 달랬다.

김 여사가 고당의 지도를 받게 된 인연은 조카인 오경숙(吳敬淑)의 소개로 이루어졌다. 오경숙은 평양 태생으로 서울 보성중학교를 나와 메리야스 공업으로 큰 성공을 거두었다. 그는 물산장려회에서 재무책임을 맡아 고당을 도운 동지였다. 또한 흥사단의 오랜 동지로서 동우회(同友會) 사건(1937년) 때는 옥고를 치르기도 했다. 오경숙은 김인정 여사가 백선행 여사처럼 사회봉사에 뜻을 품고 있음을 알게 되자 그 뜻을 고당에게 전했다. 이후 김 여사는 고당의 지도를 받아 도서관 설립을 추진하게 되었다. 평양 최초의 재단법인 도서관이 탄생하게 된 것이다. 김인정 여사는 이를 위해 사재 10만원을 희사했다.

인정도서관은 3층 벽돌집으로 지어졌는데, 건평 150평의 본관과 180평의 별관으로 이뤄졌다. 박성식(朴性植)이 설계한 이 건물은 그 성격과 의의에 있어서 백선행기념관과 쌍벽을 이뤘다. 폭염 기간 2주일 외에는 연중무

휴로 개관했고 열람실은 150명을 수용했다. 열람자는 의사 및 변호사 시험을 준비하는 청년들이 가장 많았고, 그 외에 교원과 학생들이 주를 이뤘다.

10만원 가치에 상당하는 재단의 재산 내용은 대략 이렇다. 강서군 강서면 정화리(靜和里)의 약수틀(藥水地)에 있는 논 10만평, 대동군 고평면 문발리(大同郡 古平面 文發里)의 개간답(開墾畓) 4만평, 평양 시내 신양리(新陽里)에 있는 임대가옥 20채, 그리고 도서관 건물을 합한 것이었다. 여기서 나오는 추수와 집세로 도서관 운영경비에 충당했다. 본래 당국에서도 일정한 보조금을 받을 수 있었지만, 조선인 기관에 대한 차별대우 때문에 한 푼도 받지 못했다.

재단의 이사진은 고당을 위시하여 윤주일, 윤주형(尹柱衡), 김동원(金東元), 오윤선, 오경숙 등이었다. 도서관장은 처음에 정두현(鄭斗鉉)이었다가 그 뒤를 우호익(禹浩翊)이 맡았으며, 총무는 경기도 안산 출신의 장재준(張在俊)이었다. 김인정 여사는 이 도서관 설립뿐만 아니라 안창호의 대성학교(大成學校)를 재건하려던 목적의 동명학관(東明學館)에도 기부했다.

해방 후 주둔한 소련군은 인정도서관을 접수하여 소위 문화사령부로 이용했다. 그리고 김인정 여사는 6·25전쟁 때 피난 차 대동강을 건너 중화(中和)까지 갔다가 거기서 칠순 넘은 몸으로 세상을 떠났다.

YMCA 운동

고당은 1921년(39세)부터 1932년(50세)까지 평양 YMCA 총무로 12년 동안 봉사했다. 이 기간은 고당 생애의 전성기로서, YMCA 운동뿐만 아니라 다양한 방면에서 많은 일을 정력적으로 실행했던 시기다. 그는 1922년에 조선물산장려회를 창립했고, 1923년에 산정현교회의 장로로 취임했으며, 1925년에 오산 고등보통학교 교장을 맡았다가 그 이듬해에는 평양 숭인학교 교장이 되었다. 또한 1930년에는 관서체육회 회장에 취임하는 등 YMCA 총무로 있으면서 각종 사업의 중책을 짊어지고 다각적인 활동을 벌였다.

고당은 YMCA 총무로 일하면서 보수를 일절 받지 않았다. 또한 그의 후배 격인 김동원을 회장으로 추대했다. 고당은 YMCA를 하나의 대중교육기관으로 활용할 생각이었다. 그는 YMCA에서 특히 청년들과 대화하는 것을 즐겼다. 그러한 직접적 교류를 통해 자신의 정신과 많은 교양을 전해 주었다. 고당이 이곳에 매일 나와 있으면 각양각색의 사람들이 그를 찾아왔다. 억울한 호소, 딱한 의논, 입학시험에 낙제한 학생의 부형, 낙제할 염려가 있는 학생의 부모, 평양에 처음 온 사람, 심지어 가출한 딸 걱정에 찾아온 노동자도 있었다. 고당은 사람을 가리지 않고 반드시 누구와도 악수를 나누며 친절하게 대해 주었다.

회관은 정익로(鄭益魯) 장로가 경영하는 광명서관(光明書館) 2층에 있었다. 고당은 그 회관에 모든 신문잡지를 구비해 놓고 방문객들이 자유롭게 열람할 수 있도록 했다. 또한 고당이 주도하는 물산장려회와 체육회운동도 이곳을 거점으로 펼쳐 나갔다.

당시의 개신교회는 민족운동과 긴밀한 관계를 맺고 있었다. 구한말 교회는 일종의 치외법권적 존재였다. 그래서 당국의 직ㆍ간접적인 압력을 피하기 위해 애국 인사들은 교회를 최대한 활용하고자 했다. 특히 한일병탄 후 조선인의 언론 집회에 대한 압박이 극심해지자 국내 애국지사들의 은신처가 필요했다. 이런 상황으로 말미암아 고당이 민족운동의 거점을 자신과 밀접한 YMCA에 두었던 것은 당연한 일이었다. 그렇다고 고당이 YMCA를 단지 민족운동에 공리적으로 이용하려했던 것은 아니다. 고당의 정치적ㆍ경제적ㆍ문화적 민족운동의 정신과 목적이 기독교의 그것과 혼연일체가 되었기 때문에 가능했다. 그는 이미 도쿄 유학시절에 선구적으로 조선인교회를 설립했고, 오산학교에서도 몸소 성경을 가르친 독실한 신앙인이었다.

3ㆍ1운동 이후 일본은 종전의 무단정치를 소위 문화정치로 완화했다. 이에 따라 총독부는 신문과 잡지를 발간할 수 있게 해 주었고, 제약적이긴 하지만 집회와 결사의 자유도 허용했다. 그것은 미완의 3ㆍ1운동이 거둔

귀중한 결과 중 하나였다. 이에 따라 1920년대는 민족적 자각에 기반을 둔 신문화운동이 적극적으로 전개되고 발전했다.

이러한 신문화운동은 전국 각지에서 청년회 설립운동으로 시작되었다. 혈기왕성한 청년들이 그 동안 억압되었던 열정을 민족정신으로 분출하는 것은 너무도 자연스러운 현상이었다. 꼭 뚜렷한 반일 의식이 아니더라도, 젊은이들이 함께 호흡하면서 운동경기를 하거나 자치적으로 야학을 운영하는 데 신바람이 났던 것이다. 이러한 청년회 운동은 급물살을 타고 전국으로 퍼져나갔다. 일반 청년회 외에도 개신교, 가톨릭, 불교, 천도교 등의 종교단체에 소속된 청년회의 활동 또한 두드러졌다. 일반 청년회는 조선청년회연합회를 경성에 두고 전국에 지부를 두었는데, 그 조직망은 방대하고 세력 또한 강대했다. 또한 각 종교 별 청년회도 산하에 지회를 두어 행동 통일을 도모했다. 이러한 청년회운동은 급격한 향학열을 야기하면서 신문화운동의 기폭제가 되었으며, 민족부흥의 기개를 고무시켰다.

'변사(辯士) 주의!' 가 '변사 중지!' 로 바뀌다

사실 3·1운동 이전만 하더라도 대부분의 사람들은 신식학교에 가기를 꺼려했다. 거기에는 식민지교육에 대한 거부감도 있었지만 전통적 학문을 고수하려는 인습이 더 크게 작용했다. 일본 당국에서 보통학교를 관·공립으로 세우고 경찰관까지 동원하여 생도를 모집했으나 정원을 채우지 못했었다. 당시 조선인들은 학교입학을 마치 군대징집처럼 여겼던 것이다. 그러나 신문화운동으로 향학열이 뜨겁게 타오르자 모든 학교의 교실은 몰려드는 학생들로 미어터졌다. 이에 따라 각지에 사립학교와 소규모의 강습소들이 우후죽순처럼 생겨나기도 했다.

총독부 당국도 지금까지 3개면에 한 학교를 두었던 정책을 전환하여 한 개 면에 한 개 학교를 두게 되었다. 그러자 보통학교에서 대량으로 배출된 졸업생들을 수용할 중등학교가 부족해졌다. 진학이 어려워지자 일본을 비롯한 중국, 미국으로 유학을 가는 학생들이 늘어났다.

또한 신문화운동이 활발해지자 간접적으로 개신교와 천도교의 교세가 부쩍 느는 현상도 생겨났다. 구학문에서 신학문으로 전환한 결과는 자연스레 유교의 쇠퇴를 초래했다. 학교 입학은 곧 긴 머리카락을 짧게 자르는 것이었고, 이는 전통적 예법으로부터의 해방을 의미했다. 이러한 문화적 변동은 민족의 신앙 면에서도 일어났다. 적지 않은 이들이 개신교와 천도교로 개종했다. 천도교 신도는 한때 3백만명에 달했고, 개신교 신도 또한 25만명을 넘었다.

전국에 설립된 청년회들은 향토 발전을 위한 강연회, 토론회, 운동회, 수해구제 등 광범위한 활동을 벌였다. 대개 청년회 안에는 지육부(智育部), 덕육부(德育部), 체육부(體育部)가 설치됐다. 지방 청년회 주최의 강연회에는 중앙의 명사들이 초청됐는데, 박일병(朴一秉), 장덕수(張德秀), 이돈화(李敦化), 김기전(金起田), 박달성(朴達成), 박사직(朴思稷), 김홍식(金弘植), 이상재(李商在), 윤치호(尹致昊), 신흥우(申興雨), 현상윤(玄相允) 등이 그들이다. 그리고 3·1운동 민족대표 33인이 출옥한 뒤에는 박희도(朴熙道), 권덕규(權悳圭), 한용운(韓龍雲), 최린(崔麟) 등이 강사로 초청됐고, 지방에서는 이승훈(李昇薰), 양전백(梁甸伯), 길선주(吉善宙) 등이 참가했다. 평양에서는 처음부터 고당 조만식이 거의 홀로 맡다시피 하면서 관서지방을 무대로 활약했다.

고당은 어떤 지방의 초청이든 마다하지 않고 흔쾌히 달려갔다. 그리고 언제나 탕건을 바쳐서 갓을 쓰고, 무명두루마기에 갓신을 신은 독특한 모습으로 나타나 열변을 토했다. 물산장려회 운동을 일으킨 뒤로 갓은 말총 모자로, 갓신은 단화로 바뀌었다. 윗수염은 단정하게 다스리고, 아랫수염은 모지랑붓(=끝이 닳은 붓)처럼 짧게 다듬었다. 그런 모습으로 인해 〈동아일보〉의 오기영 기자는 고당에게 '모지랑 빗자루' 라는 별명을 붙이기도 했다. 키는 작았으나 담대하고 얼굴빛은 희고 청초한 모습이었다. 그의 웅변은 열띤 어조를 낭랑한 목소리에 담고 곧잘 유머를 곁들여 청중들을 매료시켰다. 그는 몇 백 회의 강연을 소화해내며 고군분투했다.

총독부는 줄곧 강연회 현장을 감시했다. 연설문을 미리 검열한 경찰관이 연단 위에 앉아 연사를 직접 감시했다. 강사의 이야기가 불온하다고 여겨지면 '변사(辯士) 주의!' 라고 경고했다. 그래도 계속하면 '변사 주의!' 를 되풀이하다가 마침내는 '변사 중지!' 로 발언권을 박탈하여 강연을 중단시켰다. 여기에 그치지 않고 변론 내용의 격렬함이 인정되면 보안법위반으로 투옥했다. 이런 사건을 설화(舌禍)사건이라고 불렀다. 고당의 연설은 대개 '주의' 를 두서너 번 받은 뒤에 '중지' 를 당하기 일쑤였다. 그 중지는 설화사건에 걸릴 듯 말 듯한 대목에서 발생했다.

신문화운동이 번창하자 종합적인 결론의 하나로 민립대학을 세우자는 운동이 일어났다. 그것이 1923년에 발족한 조선민립대학 기성회 운동이다. 이 기성회는 경성에 본부를 두고 각 지방에 지부를 설치해서 거족적인 운동을 펼쳤다. 본부는 수표동 조선교육협회 안에 있었다. 더욱이 출옥한 민족대표 33인 모두가 기성회에 참가해서 운동은 더욱 활기를 띠었다.

당시 관립 경성제국대학도 아직 없던 때였다. 관립 전문학교로 경성공전(工專), 경성의전(醫專), 경성법전(法專), 수원농전(水原農專)이 있을 뿐이었고, 사립전문학교는 보성전(普成專), 연희전(延禧專), 이화여전(梨花女專), 세브란스의전(世富蘭西醫專), 혜화불전(惠化佛專) 등이 있었다. 기성회의 목표는 전 민족으로부터 각출된 기금 1천만원으로 종합대학을 설립하는 것이었다. 당시 인구가 2천 500여만 명이었으므로 1인당 50전씩만 기부하면 목표액을 만들 수 있다는 포부였다.

이런 민립대학 설립의 취지와 계획이 발표되자 전국 각지에서 헌금 미담(美談)이 속출했다. 〈동아일보〉는 그 취지와 미담을 널리 보도하면서 매일 기부금 명세와 집계액을 발표하여 이 사업을 성원했다. 기성회는 기부금을 모집하기 위해서 전국적인 순회강연회를 개최하는가 하면, 임원들이 집집마다 방문하여 그 취지를 설명했다. 그러나 총독부는 이 운동이 순수한 교육활동이 아니라 동기와 목적이 민족운동에 있다고 단정하여 백방으로 운동을 방해했다.

그들은 기부금 응모를 엄격하게 단속했다. 특히 시골에서는 경찰이 직·간접으로 성가시게 굴었다. 이로 인해 기부금 신청을 주저하거나 이미 신청했던 사람들도 현금을 납입하지 못하는 사태가 속출했다. 그런 상황에서 이미 적립된 기금마저 강연회의 여비와 기타 경비로 다 소진되고 말았다. 더욱이 당국은 민립대학의 설립을 인가하지 않겠다는 방침을 표명했다. 결국 이 운동은 좌절되고 말았다.

曺晚植

조선일보사 사장으로 취임

1932년 당시 조선인 경영의 민간 신문으로는 〈동아일보〉, 〈조선일보〉, 〈중외일보(中外日報)〉가 있었다. 이 민간 신문들은 모두 항일운동의 언론기관으로서 민족정신을 고취하고, 민족문화를 옹호 발전시키는 데 큰 공헌을 했다. 고당은 평소 언론의 중요성을 통감하던 차에 조선일보사 사장으로 취임하게 된다. 그의 나이 쉰이었다.

1932년 6월 어느 날 평양 거리에 다음과 같은 벽보가 나붙어 시민들의 눈길을 끌었다.

"조만식 선생은 은인자중 10년, 마침내 궐기하여 조선일보사 사장에 취임하다."

〈조선일보〉 평양 지사에서 내붙인 속보였다. 이는 각 방면에 걸쳐 꾸준히 민족운동을 하던 고당이 언론을 맡아 전면에 나서게 되었음을 환영함과 더불어, 그 직책의 중요성을 강조하는 의미였다.

사실 초기의 신문사 경영은 일종의 민족수난사로 여겨야 한다. 그만큼 어렵고 힘들었다. 즉 총독부의 엄중한 검열로 삭제와 압수가 잦았던 탓으로 하나의 기업으로서 수지가 맞지 않아 대부분 경영난에 허덕였다. 자연히 경영주의 교체가 잦을 수밖에 없었다.

당시 총독부는 경성에 두세 개의 한국어 신문을 허락하였을 뿐 지방에서 발행하는 것은 절대로 허가하지 않았다. 그럴 무렵 경성에서 발행되던 신문의 하나인 〈중외일보〉가 도산 위기에 처했다. 〈중외일보〉는 〈조선일보〉, 〈동아일보〉에 이어 가장 나중에 허가된 신문으로서 전신은 〈시대일보〉였다. 〈시대일보〉는 육당 최남선의 명의로 판권을 얻어서 발행했으나, 얼마 못가서 경영난에 빠졌다.

이때 세력을 자랑하던 유사종교 보천교(普天教)의 교주 차경석(車京錫)이 신문사를 인수하려고 나섰다. 하지만 사회적 반대여론이 일어나 중지됐다. 민족의 공공기관을 유사 종교단체에 넘겨줄 수 없다는 것이었다. 그리하여 신문계의 귀재로 불리던 하몽(何夢) 이상협(李相協)이 맡게 되었는데, 이때 제호를 〈중외일보〉로 고쳤다. 그러나 그것도 곧 재정난으로 유지하지 못하게 되자, 이번에는 미국과 영국에서 유학하고 돌아온 철학박사 노정일(盧正一)이 맡았다. 그렇지만 그 역시 어려워 쩔쩔 매다가 고당에게 경영해 보라는 교섭이 들어오게 되었던 것이다.

고당은 이전부터 언론기관의 필요성을 느꼈으며, 평양에 우리 손으로 발행하는 신문이 없는 것을 이렇게 통탄해 마지않았다. "외국인이 평양을 찾아와 우리가 내는 신문이 있느냐고 물을 때 없다고 대답하기가 참으로 부끄럽다."

셋 밖에 안 되는 민족 신문 중 하나가 망하는 것을 고당은 도외시할 수 없었다. 그는 교섭을 받고 평양의 실업가인 한원준(韓元俊)과 상의했다. 평소 고당을 존경해왔던 한원준은 20만원을 마련해 주었다. 신문사를 인수하려면 35만원 이상이 필요했지만, 고당은 우선 20만원으로 부딪힐 작정을 하고 상경했다. 그런데 마침 출감한 몽양(夢陽) 여운형(呂運亨)이 한 발 앞서 〈중외일보〉를 인수했다. 여운형은 제호를 〈조선중앙일보〉로 고쳐 발행을 계속했다. 고당은 비록 계획이 좌절되었으나, 민족 신문 하나가 되살아난 것을 다행으로 여기고 평양으로 돌아가려고 했다. 이때 유석(維石) 조병옥(趙炳玉)과 주요한(朱耀翰)이 고당을 찾아왔다. 그 무렵 역시 경영난에 빠져 있던 〈조선일보〉를 인수해 보라는 권고였다.

1920년 3월 5일자로 창간된 〈조선일보〉는 일제의 병탄 후 10년 만에 나온 최초의 민간 신문이었다. 일제가 1910년 대한제국을 강제 합병한 직후 조선어 신문은 총독부 기관지 〈매일신보〉 하나밖에 남지 않았다. 1919년 3·1운동을 계기로 총독부는 무단통치를 완화하고 이른바 문화정치를 표방하면서 유화정책을 쓰기 시작했다. 그 일환으로 조선인이 발행하는 민간 신문도 허가할 것이라고 했다.

『조선일보 사람들, 일제시대 편』(조선일보사 사료연구실 지음, 랜덤하우스 발간)에 의하면 이때 경제단체인 대정(大正)실업친목회 간사 예종석(芮宗錫)이 1919년 10월 9일 자신 명의로 허가서를 내고, 이듬해 1월 6일 발행허가를 받았다. 곧이어 3월 5일에 창간호를 냈다. 〈조선일보〉는 창간 초기 자본 부족으로 근근이 명맥을 이어갔다. 게재 기사 역시 일본 통치를 규탄하는 데 초점이 모아졌으므로 검열과 탄압으로 정간과 속간을 반복했다. 그러니 신문사의 재정 상태는 더욱 나빠질 수밖에 없었다.

우여곡절을 겪은 〈조선일보〉는 1924년 제5대 사장으로 신석우(申錫雨)를 맞았다. 신석우는 상하이의 임시정부에서 활동하며 '대한민국'이라는 국호를 발안한 독립운동가였다. 그는 불과 30세의 나이에 〈조선일보〉를 인수해 전 재산을 쏟아 부으며 민족지를 살리고자 했다. 그러나 그러한 노력에도 불구하고 1930년대에 접어들자 회사의 경영 상태는 더욱 어려워졌다. 사원들은 월급조차 못 받기 일쑤였다. 편집국장 한기악(韓基岳)이 경영난 해결을 위해 날마다 이곳저곳 분주히 돌아다니다 결국 과로로 쓰러지는 웃지 못할 촌극까지 벌어졌다. 사장 신석우는 부도를 막기 위해 미두상(米豆商) 임경래(林景來)에게 사채를 빌려 썼다. 다급할 때마다 500원, 1000원씩 빌린 돈이 7000원까지 불어났다.

1930년 가을, 임경래는 빌린 돈을 전부 갚으라고 요구했다. 돈을 갚지 못하면 〈조선일보〉 판권을 저당잡히라고 했다. 신석우는 그의 요구를 들어주지 않을 수 없었다. 임경래는 증권거래로 큰돈을 번 사채업자로 알려져 있었고, 총독부의 '끄나풀' 노릇을 한다는 소문도 있었다. 사원들은 신석우가 임경래의 돈을 쓴 것을 성토하면서 그의 퇴진을 요구했다. 신석우는 이에 책임을 지고 1931년 5월 물러났고, 부사장 겸 주필 안재홍(安在鴻)이 사장으로 취임했다. 그래도 경영 상태는 여전히 나아지지 않았다. 조병옥과 주요한이 고당을 찾아와 〈조선일보〉 인수를 권유한 것이 바로 이 무렵이었다.

인수 교섭은 의외로 신속히 진행됐다. 인수가격 50만원에 계약금 2만원으로 타결됐다. 이미 휴간 중이던 〈조선일보〉를 인수한 고당은 스스로 사장에 취임하고 판권소유자 임경래를 부사장, 조병옥을 전무, 주요한을 편집국장으로 진용을 개편하는 동시에 신문을 속간했다. 임경래를 임시로 부사장에 앉힌 것은 그에게 지불할 판권대금을 청산할 때까지의 조건부였다.

그렇지만 고당이 맡은 후에도 자금은 풍족하지 못해서 이내 경영난이 닥쳐왔다. 당일 필요한 종이 값이 딸리고, 사원들의 봉급도 밀리기 시작했다.

부득이 고리대금업자의 돈을 빌어서 순간순간 어려운 고비를 넘기고 있었다. 나중에는 평양의 이름난 고리대금업자인 박모 여인의 돈까지 끌어다 썼다. 신문사 경영이 어렵다는 낌새를 박 여인이 눈치 채지 못할 리 없었다. 여러 번 독촉에도 별 반응이 없자 고리대금업자의 본색을 드러냈다.

"사장이 유명한 민족의 지도자 조만식 선생이라니 그분에게 행패를 부리면 명예와 체면을 생각해서라도 신문사 간부들이 급전을 얻어 내 돈을 갚겠지......"

이런 속셈을 가진 박 여인은 고당이 평양에 오는 날만을 기다렸다. 그러던 어느 날, 고당이 신문사 운영을 논의하기 위해 평양의 오윤선 장로를 찾아왔다. 박 여인은 평양 유지들이 모인 그 자리에 뛰어들어 온갖 폭언을 다 쏟아냈다. 묵묵히 듣고만 있던 고당이 이윽고 차분하게, 그러면서도 위엄 있게 상대를 달랬다. 그러자 아무리 돈밖에 눈에 보이는 것이 없는 여성이었지만 소문으로만 듣던 고당의 고결한 인격과 품위에 기가 꺾이지 않을 도리가 없었다. 고리대금업자는 조용히 돌아갔고, 이를 지켜 본 이들은 '역시 고당!'이라며 탄복했다.

'濟濟多士(제제다사)'에
'其仁爲寶(기인위보)'

그렇지만 신문사는 내부적으로도 문제가 적지 않았다. 신문 판권은 임경래가 쥐고 있었고, 이전 사장인 안재홍을 지지하는 사원들이 제작을 거부하는 등 하루도 편한 날이 없었다. 고당은 내분을 앓고 있는 회사를 추스르는 역할을 자임했다. 당시 사회부 기자 홍종인(洪鐘仁)은 "그 분란통에 조만식 선생님께서는 몇 날이고 사장실에서 밤을 새우며 분쟁꾼들의 시비와 농락을 다 받았다."고 술회했다.

고당은 일부 사원들로부터 봉변까지 당했다. 안재홍과 전 영업국장 이승복을 다시 경영진으로 옹립하려는 사회부장 김기진(金基鎭) 이하 몇 명의 기자들이 사장실로 쳐들어가 고당에게 퇴진을 요구했다.

"사장부터 물러나시오!"

고당은 조금도 동요하지 않고 이들을 가만히 바라볼 뿐 아무런 대꾸조차 하지 않았다.

"왜 아무런 말이 없소? 부끄럽지도 않소?"

화가 난 기자 한 명이 언성을 높이자 고당이 조용히 대답했다.

"나는 앙천부지(仰天俯地: 하늘을 우러러 보고 땅을 굽어봄), 부끄러운 것이 없소."

김기진은 고당의 당당한 태도에 저절로 기가 질렸다. 훗날 그는 "속으로 머리를 숙이고 그의 꼿꼿하고 의젓한 자세에 탄복했다."고 당시를 돌이켰다.

회사가 어려운 데도 불구하고 검소하지 못한 직원들이 고당의 눈에 띄었다. 고당은 그 폐단을 없애고자 말없이 본보기를 보여 주었다. 고당은 점심시간이면 허름한 식당에서 한 그릇에 10전하는 국수를 사 먹었다. 간소한 식사가 끝나면 미리 준비해 온 10전짜리 동전을 꺼내어 식탁 위에 "딱!" 하는 소리와 함께 남겨 놓고 갔다. 이 소리는 1년 동안 거의 매일 같은 시간, 같은 곳에서 계속되었다. 점차 그 소리가 사원들의 귓가에 들리기 시작했다.

신문사라면 고도의 지식층이 몰려드는 곳이다. 고당은 10전짜리 국수로 그들을 위협한 것이 아니었다. 고급요정에 가지 않고 민중과 고락을 같이 하면서도 충분히 큰일을 해 나갈 수 있다는 본보기를 보인 것이다. 공적으로든 사적으로든 허세를 부리지 않고 살아간다는 것이 얼마나 중요한 것인가를 모범적으로 보여 주고자 했다. 그러한 인격이 사원들을 감화시켰다.

고당은 인사행정에도 바른 본보기를 보였다. 그는 특별한 보고가 없더라도 사원 중 누가 진실하고 누가 아첨하는지 정도는 손바닥 보듯이 훤히 꿰뚫고 있었던가 보다. 어떤 간부가 사적으로 한 직원을 미워하여 사장에게 밀고하기를 되풀이했다. 고당은 사원들 간의 반목이 달가울 리가 없었다. 고당이 그 간부의 말을 못 들은 체하다가 한참 만에 "그래 그에게 무슨 일이 있소?"하면서 잠자코 있으면 대개는 귀찮다는 뜻이었다.

그러나 고당이 "그 외에 뭐 다른 일은 더 없소?"하면서 갑자기 실눈을 뜨면 좀 달랐다. 겉으로는 부드럽게 그러나 속으로는 매우 고압적으로 상대방의 중상 모략하는 태도를 질타한다는 뜻이었다.

그렇게 고당은 아첨하는 자들의 감정이 상하지 않게 하면서도 일을 잘 무마시켰다. 당시 〈조선일보〉에 있던 한 사람은 이렇게 말했다.

"고당이 실눈을 뜨면 그건 상대방이 틀렸다는 표시였어요. '내가 너한테 속을 줄 아느냐?' 하는 방패였거든……"

과연 고당은 남을 속이지도 않고 남에게 속지도 않는 사람이었다.

어쨌거나 고당의 인격과 성의만으로는 도저히 신문사를 유지할 수 없었다. 적합한 후계자를 물색해야 했다. 그러던 차에 방응모(方應謨)라는 인물이 나타났다.

방응모는 금광으로 성공한 사람이다. 평안북도 정주 출신으로 한때는 대서업(代書業)을 하면서 〈동아일보〉 정주 지국을 운영한 적도 있었다. 고당이 인수자를 물색한다는 사실을 알고 있던 신의주의 유지 고일청(高一淸)이 방응모와 고당을 연결했다. 고일청은 3·1운동 후에 상하이로 망명하여 임시정부에 가담해서 독립운동을 했던 인물이다. 또한 방응모는 오산학교 교장 시절의 고당을 익히 본 적이 있고, 평소에 존경해 왔었다. 그러니 교섭은 순조로울 수밖에 없었다.

방응모는 인수하는 대신 조건 하나를 내걸었다. 고당이 사장으로 계속 있어달라는 것이었다. 고당은 그 뜻을 고맙게 여겨 신문사가 궤도에 오를

1932년 〈조선일보〉 인수를 즈음하여 고당과 계초 방응모가 한 장에 나란히 쓴 글씨. 재능 있는 인재들을 아꼈던 계초가 '제제다사'라고 쓰자 왼쪽에 고당이 '기인위보', 즉 어진 것을 보배로이 여기라고 썼다.

때까지 일하기로 했다. 방응모는 영업국장으로 취임하였고, 주요한은 편집 국장으로 그대로 남았으나 조병옥은 퇴사했다. 고당이 새 사주로 영입한 방응모와 함께 하얀 화선지 앞에 섰다. 먼저 방응모가 붓에 먹을 찍어 써 내려갔다.

'濟濟多士(제제다사)'

재주 있는 인재가 많아야 한다는 뜻이었다. 『시경(詩經)』에 나오는 이 문구는 주나라 문왕이 훌륭한 인재를 많이 등용해서 나라를 잘 다스렸다는 고사에 등장하는 말이다. 방응모는 "일등 가는 사람을 찾아내 일등 가는 대우를 해야 한다."는 자신의 철학을 이 휘호를 통해 밝혔다.

고당은 방응모의 글씨 옆에 일필휘지로 화답했다.

'其仁爲寶(기인위보)'

많은 인재들을 인(仁)으로 끌어안아 보배로 삼아야 한다는 뜻이었다. 각자의 경영철학을 담아 한 종이 위에 쓴 이 휘호는 지금도 조선일보사 회장실에 걸려 있다.

고당은 1932년 11월 23일 조선일보사 사장으로 추대되어 이듬해 7월 18일 방응모에게 자리를 물려주고 고문으로 물러날 때까지 약 8개월간 재임했다.(1932년 6월 15일 취임했다는 설도 있다.)

풍부한 자금 덕택에 회사가 궤도에 오르자 고당은 사장직을 방응모에게 넘겨주고 고문으로 물러났다. 그가 신문사 일로 서울에서 지낸 기간은 1년 2개월이었다. 그동안 청진동에 있는 한창여관에 투숙했다. 신문사 사장의 신분이라 공사 간에 외부 접촉이 많았을 것이다. 그러나 항상 검소한 생활을 유지했고, 시종여일 한복만을 입었다. 혹 신문사 간부들이 "사장님, 사교상 양복을 입는 편이 어떨까요?"라고 하며 고당의 의중을 떠볼라치면 일소(一笑)에 붙일 뿐이었다. 한번은 새로 뽑힌 급사가 첫 인사를 드리러 사장실로 들어갔다. 그런데 사장실에 웬 헙수룩한 어른 한 분이 한복을 입고 앉아 있는데 시골서 갓 올라온 선비 같았다.

"사장님을 만나러 온 손님인가?"하고 여기며 잠시 우물쭈물 망설이는데, 그 시골 선비가 "왜 무슨 일이 있는가?"하고 묻는 게 아닌가. 깜짝 놀라 "네...네... 저.... 사장님을 뵈려고요."라고 더듬거렸다.

"그럼 얼른 말을 하지. 왜 그러고 섰어?"

그제야 급사는 비로소 이 시골 선비가 사장인줄 알고 넙죽 인사를 했다. 신문사 간부들이 수차례 양복을 권하기도 했으나 고당은 올 때의 똑같은 모습으로 지냈고, 갈 때도 마찬가지였다. 떠나가면서 고당이 이렇게 탄식했다.

"내 머리가 갑자기 하얘진 것 같아!"

그 동안 고당이 쓰러져가는 민족 언론을 위해 얼마나 애썼는지를 짐작하고도 남는다. 비록 본인 힘으로 부활시키지는 못했지만, 적격자에게 인계하여 신문사 자체를 위한 사명은 다하고 물러난 셈이었다. 고당은 1933년 가을, 평양으로 돌아갔다. 이후 조선일보사는 사운이 튼실해져서 더 이상 동요하지 않았다. 방응모의 손자로 조선일보를 이어받았던 방일영(方一榮)의 회고담을 들어보자.

태평로 거리에 웅장한 조선일보 새 사옥(지금의 코리아나호텔 자리)이 준공된 것은 1935년이었다. 1937년 봄에 나도 경성으로 올라와 경성제일고보(=훗날 경기중학교)에 입학했다.

그즈음 일 년에 한 번씩 신문사의 주주총회가 열리면 고문으로 계시던 조만식 선생님이 상경하시곤 했다. 그렇게 오시면 여관에 가시지 않고 죽첨동(=지금의 충정로) 조부님 집에 사오일간 머무셨다. 조부님은 밤마다 나에게 조 선생님의 자리를 깔아드리고 옆에서 모시도록 시키셨다. 당시 풍습으로는 장손이 손님의 숙식을 보살펴드리는 것이 최고의 예우였다.

선생께서는 시계 없이도 매일 새벽 4시 이전에 일어나셨다. 그리고 화장실을 다녀오시고는 두루마기까지 단정히 차려입으시고 정좌한 채 한두 시간 명상을 하셨다. 나도 어쩌다 눈이 떠져 일어나면 "젊은이, 고단할 텐데 더 자라."고 말씀하시며 빙그레 웃으시던 모습이 눈에 선하다.

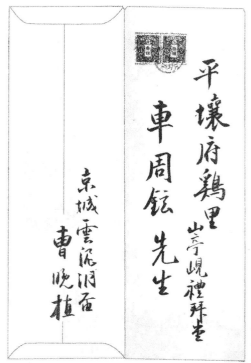

平壤府鷄里
山亭峴禮拜堂
車周鉉 先生

京城雲泥洞在
曺晩植

고당이 서울에서 〈조선일보〉 사장으로
재직하면서 평양 산정현 예배당 차주현
씨에게 보낸 편지 봉투

그때 이미 민족의 큰 스승으로 알고 있던 나로서는 그분이 과연 무슨 생
각을 하며 명상하시는지 궁금했으나 감히 여쭤볼 수 없었다. 선생님이 상
경해 죽첨동 집에 계시면 홍명희(洪命憙), 한용운(韓龍雲) 선생 등이 오셨
다. 당시 일제의 요시찰 대상인 민족지도자들의 밀담 장소였던 셈이다. 『임
꺽정』을 〈조선일보〉에 연재하기도 했던 홍명희 선생과 홍기문(洪起文) 부
자는 어느 집의 묘 자리가 어떠느니 하는 식으로 주로 양반 가문 얘기를 화
제로 삼았다.

한용운 선생은 우스꽝스런 소리를 잘 해 스님인데 참 대단한 사람이라는 생각이 들었다. 재담이나 농담을 잘 하셨고, 그래서 좌중의 화제를 도맡다시피 했던 기억이 생생하다.

조부님과 선생님은 약주는 별로 하시지 않는 편이었다. 장손이었던 나는 언제나 조부의 옆쪽으로 한구석에 쪼그리고 앉아 말씀이 끝날 때까지 약주를 따라드려야 했다. 술을 따르는 일보다는 졸음을 참아야 했던 일이 여간 힘들지 않았다. 한용운 선생의 재담으로 좌중이 웃을 때, 졸다가 깨곤 했다. "저 작은 체구에서 어떻게 저런 재담이 폭포처럼 쏟아져 나올 수 있을까?" 하지만 조만식 선생님은 도무지 말씀이 없으신 채 주로 듣고 계신 편이었다.

아주 대조적인 인상으로 남아 있는 세 분에 대한 기억이다. 이러한 세 분의 인상은 그 뒤에도 그대로 들어맞았다.

고당은 경성에 있는 동안 이따금 평양을 기차로 다녀왔다. 한번은 고당이 신문사 사장에 맞게 1등실 표를 갖고 있음에도 3등 객실에 앉아 있었다. 마침 차표를 점검하며 지나가던 여객 전무가 고당에게 표를 보여 달라고 했다. 여객 전무는 표와 고당을 번갈아 보며 고개를 갸웃거렸다. 고당은 한여름인지라 두루마기는 벗어 걸어놓고 바지저고리 차림으로 앉아 눈을 지그시 감고 있었다.

1등 차표 승객쯤이면 하이칼라 머리에 얼굴도 기름지고, 양복 차림에 번쩍이는 칠피 구두를 신고, 스틱 하나쯤 들고 다니는 신사들이 일반이었다. 그러나 앞에 있는 이는 링컨처럼 턱수염만 보기 좋게 길렀을 뿐, 스님처럼 머리를 **빡빡** 밀고 옷도 굵은 삼베로 지은 한복을 입고 있는데다가 조끼에는 숭인상업학교, 숭실학교 등 모두 제각각인 학생교복 단추 다섯 개가 달려 있었다. 아무래도 의심스러웠다. 그러나 무언가 모르게 발산되는 얼굴의 위엄과 고상한 품위가 있었다. 여객 전무는 함부로 취조할 수 없는 사람이라고 여기고 대신 뒤따라오던 철도 직원에게 물었다. 직원이 고당의 얼굴을 힐끗 보더니 '저분이 그 유명한 조만식 선생'이라고 알려 주었다.

얼굴색이 변한 여객전무가 고당에게 정중히 인사를 하고, 1등 객실로 가실 것을 권하였으나 고당은 끝내 거절했다.

신간회운동의 좌절

1926년 늦은 봄에 사상 최초의 민족 단일당 성격을 띤 신간회(新幹會)가 창립됐다. 민족독립을 위한 항일투쟁을 효과적으로 달성하려는 대전제 아래 민족주의 진영과 사회주의 진영이 공동전선을 형성했던 것이다.

신간회의 명칭은 주역(周易)문자 고목신간(古木新幹: 오래된 나무의 새 줄기)에서 따온 것이다. 신간회는 초대 회장에 독립협회 이후 민족지도자로 평판을 쌓은 이상재(李商在)를 선출했고, 부회장에는 홍명희가 선임되었으나 홍명희가 직책을 사양함에 따라 권동진(權東鎭)이 부회장을 맡았다. 내세운 3대강령은 다소 추상적이고 막연한 슬로건이었다.

1. 정치적 · 경제적 각성을 촉구한다.
2. 공고한 단결을 도모한다.
3. 기회주의를 배격한다.

평양 대동강변에서 모임을 가진 신간회 평양지회 간부들. 오른쪽에서 여섯 번째가 고당, 아홉 번째가 한근조(韓根祖) 씨, 열한 번째가 김병연(金炳淵) 씨.

강령에서 구체적인 정치적 주장을 내걸지 못한 것은 당국의 탄압을 피하려는 방법이기도 했다. 그나마 구체적인 것은 기회주의 배격이었는데, 당시로서 역설할 필요성이 있었기 때문이었다. 여기서 말하는 기회주의란 3·1운동 후에 합법적인 민족운동으로 독립을 달성하자는 일부의 주장을 지적한 것이었다. 신간회는 그러한 온건한 방식을 배격하고 혁명적이고 전투적인 세력을 집결하려고 했다. 이런 취지의 민족단일당으로 출발한 신간회는 민족주의자와 사회주의자를 망라한 거족적인 세력과 조직으로 발전했다.

신간회는 막강한 지도력으로 다른 지능단체들을 대동단결시켜서 자매

관계 혹은 산하관계로 재정비했다. 즉 여성단체들을 근우회(槿友會)로 통합시키고, 청년단체들은 조선 청년총동맹으로 통합시켰다. 그리고 조선형평사(朝鮮衡平社), 조선 노동총동맹, 조선 농민총동맹, 조선 프롤레타리아 예술동맹(KAPF) 등도 신간회의 대동단결 노선을 따르게 했다. 이러한 신간회에 대한 조선민중의 호응은 뜨거워 회원 숫자가 약 4만명에 이르렀으며, 전국에 모두 200여개의 지부와 분회들이 결성됐다.

신간회가 전국적으로 조직을 확대하고 활동을 넓혀가자 조선총독부의 감시는 더욱 철저해졌다. 특히 신간회가 1929년 11월 3일에 발생한 광주학생사건을 적극적으로 지원하고, 그 여파가 전국으로 확산되자 총독부는 본격적으로 신간회를 탄압하기 시작했다. 총독부는 경성의 신간회가 광주학생사건의 진상을 알리기 위한 민중대회를 열기로 결의한 것을 알고 신간회 간부들을 검거하기 시작했다. 그럼에도 신간회는 자신들의 뜻을 담은 선언문을 전국의 지회들에 발송하고, 경성 중심가에도 배포하는 데 성공했다. 총독부는 마침내 한용운·홍명희 등 91명을 체포하고, 그들 가운데 주동자로 6명을 구속기소했다. 구속기소된 사람들은 1932년 1월에야 석방됐다.

그러나 이런 민족적 대동단결로 출발한 신간회도 결국은 내부의 주도권 쟁탈 분쟁과 외부의 탄압으로 뚜렷한 성과를 거두지 못한 채 용두사미 격이 되고 만다. 사회주의 진영은 처음부터 통일체를 만든 뒤에 자기파에서 주도권을 쟁탈할 야욕이 있었다. 결성 후에 그 야욕을 점점 노골화시키고 공작하다가, 그것이 여의치 않자 이번에는 일방적인 해소론(解消論)을 들고 나와 배신행동을 취했다. 이때 해소론에 앞장선 공산주의자가 뒷날 북한에서 부수상에까지 오르는 리주연(李周淵)이었다. 물론 조만식·한용운·김병로·권동진을 비롯한 민족주의자들은 해소불가론을 폈다.

하지만 1931년에 들어가 해소론이 점점 힘을 얻었다. 그해 9월 만주사변을 일으키기에 앞서 조선에서 신간회를 아예 해산시키기로 마음먹은 일제가 신간회의 내분을 뒤에서 부채질했기 때문이다. 그리하여 5월 15일과 16일, 경성에서 열린 전체대회는 민족주의자들의 해소불가론을 배격하고 마침내 해산을 결의했다. 이때 해산에 앞장선 사람이 KAPF의 지도자이자 작가인 임화(林和)였다. 조선총독부는 곧바로 그 결의에 근거해 신간회의 해체를 명령했다. 동시에 여성단체인 근우회를 신간회의 산하조직이라는 이유로 해산시켰다.

신간회 중앙위원이며, 평양지회장을 맡았던 고당은 처음부터 적극 참가하여 육성에 전력을 기울였다.

"조국이 일제압박에서 해방되기까지는 전 민족이 한데 뭉쳐서 싸워야 한다."

고당은 신간회 설립 전이나 해체 후에도 초지일관, 그 같은 신념을 지켰다. 위기의 순간마다 고당의 판단은 정확했고, 특히 군중심리로 과열된 대중의 흥분을 잘 가라앉혔다.

만보산사건의 이면(裏面)

　　1931년 평양에서는 다수의 화교들이 살상당하는 사건이 발생했다. 원인은 만보산사건에 있었다.

　사건 발생지인 만보산(萬寶山; 중국 명칭 완바오)은 중국 지린성 창춘(長春)에서 서북쪽으로 30km 떨어진 곳에 있는 농촌이다. 일제를 피해 이곳에 정착한 우리 동포들은 벼농사로 생계를 잇고 있었다. 한인농민들은 뛰어난 근면성과 농업기술을 바탕으로 척박한 땅을 기름진 옥토로 바꾸어 놓았다. 굴러온 돌이 박힌 돌을 뺀다고 여겼던지, 중국인들은 자기들보다 높은 수확을 올리는 조선인들을 시기했다.

　　그런데 논에 대는 물길이 마침 중국인 소유의 밭 사이를 관통하고 있었다. 날이 심하게 가물자, 평소 감정이 편치 않았던 원주민이 농수 확보를 위해 수로를 막아버렸다. 생계가 달린 물싸움의 시작이었다. 전답에서의 물싸움은 고국의 농촌에서도 흔한 일이었지만, 타국에서의 싸움인 만큼 민족

감정이 개입되어 사태는 급격히 악화되었다. 마침내는 물리적 충돌로 발전하여 우리 농민 중 약간의 사상자가 생겼다.

당시 그 정도의 사건이라면 일본이 현지에서 충분히 중재하고 해결할 수 있었다. 하지만 일본은 문제를 두 민족끼리의 분쟁으로 확대시키려고 했다. 일본은 사건을 자극적으로 과장하여 국내에 퍼뜨렸다. 즉 우리의 민족 감정을 선동해서 배중(排中) 운동을 조장했던 것이다. 왜 그랬을까? 때마침 일본은 호시탐탐 만주를 노리고 있었다. 그런지라 대규모 분쟁이 일어나면, "일본 국민인 조선인을 보호한다."는 구실로 군대를 출동시켜 만주를 본격적으로 침략할 계획이었다.

그러한 일본의 간계를 모르는 국내 동포들은 일시에 격분했고 민족적 보복에 궐기했다.

"너희들이 만주에 있는 우리 농민을 학살했으니, 우리도 국내에 있는 중국 놈을 모조리 죽여 원수를 갚겠다!"

불붙은 군중심리는 삽시간에 전국을 분노의 도가니로 몰아넣었다. 경성, 인천, 부산, 군산을 비롯한 각지에서 격분한 군중이 중국인을 린치하고 그들의 점포와 집을 습격하는 일이 벌어졌다. 특히 민족사상이 유달리 강했던 평양에서 가장 대규모적이고 철저한 보복행위가 일어났다. 일본 경찰은 폭동사건을 진압하기는커녕 수수방관하기만 했다. 그럼에도 이 같은 일본의 방임에 대하여 일반 군중은 물론 민족지도자들조차 일말의 의혹을 품지 않았다.

그렇지만 고당은 뭔가 석연치 않음을 느꼈다. 냉철하게 사건의 과정을 돌아본 결과 일본의 음흉한 농간에 의한 것임을 간파했다. 두 민족이 희생으로 일본에 어부지리를 줄 수는 없었다. 고당은 뜻을 같이한 동아일보사 사장 송진우와 함께 사설과 기사를 통해서 폭행 중지를 호소하며 두 민족의 친선을 역설했다.

만보산사건에 대한 보복으로 평양에서 상업과 채마밭을 경영하던 중국인들이 희생되는 복수극이 벌어지고 있을 무렵이었다. 수수방관하다가 뒤늦게 나타난 일본 기마경찰은 구타당해 피로 흥건히 젖은 중국인들을 질질 끌고 가서 남문 경찰서에 수용했다. 평양 거리에는 중국 상점에서 강탈한 포목들이 전차 전선에 걸려 휘날리고 있었다. 다음날 고당은 평양 주재 일본인 경찰서장을 찾아가 "이런 무책임하고 야만적인 경찰이 어디 있느냐, 당장 사표내고 물러나라."고 강력하게 항의했다. 그런 다음 평양역전에 중국인들을 모아놓고 구제품을 주면서 위로의 말로 진정시키고 사건의 전말을 차분히 설명해주었다. 그래서 사건은 더 이상 확대되지 않았다.

〈동아일보〉는 만보산사건이 터지자마자 서범석(徐範錫) 기자를 창춘에 특파하여 사건의 진상을 취재했다. 그러나 현지의 조선인 청년들은 〈동아일보〉의 화해적 논조에 항의하며 서범석 특파원을 구타하기까지 했다. 당황한 서 기자는 도움을 얻기 위해 펑텐에 있는 백영엽(白永燁) 목사를 찾았다. 백 목사는 평북 선천(宣川) 출신으로 안창호의 후배 동지였으며, 조만식과도 동지였다. 그는 1912년 하얼빈에서 일본 수상 가쓰라 다로(桂太郞) 암살 미수사건에 손정도(孫貞道) 목사 등과 함께 연루되어 고초를 치렀고, 그 후 중국으로 가서 난징 금릉(金陵)대학 신학부를 마친 34세의 청년 목사였다.

만보산사건이 발생했을 당시 백 목사는 펑텐 서탑(西塔)에 있는 조선인 장로교회를 6년째 이끌고 있었다. 그는 중국어에 능통하고 중국 유지들과의 교제도 원활해서 중국인들로부터 신임을 받았다. 그래서 교포들과 중국 당국 사이에 시비가 벌어질 때마다 그의 중재로 문제가 해결되는 경우가 많았다. 그러한 이유 때문에 그는 조선인 측 사설영사라고도 불렸다. 백 목사는 만보산사건의 추이를 예의주시하고 있던 참이었다. 그런데 마침 서 기자가 찾아와 도움을 요청했고, 이에 둘은 함께 이 미묘한 사건의 해결을 신중히 모색했다.

당시 펑톈에 있는 일본인 공회당에도 대중의 실력발동을 선동하는 벽보가 버젓이 나붙어 있었다. '상불실행호(尚不實行乎)', 일본 정부는 왜 아직도 군사행동을 개시하지 않느냐고 질책하는 일본 급진파의 주장이었다. 뿐만 아니라 중국을 빨리 응징하라는 일본인 주최의 연설회가 연일 열렸다. 일본 측의 태도는 조선인보다 오히려 더 강경했다. 이에 중국 측은 당황하면서도 역시 강경하게 맞대응하고 나섰다. 즉 사건 당사자인 조선인과 중국인 모두가 일본의 농간에 넘어가고 있었던 것이다.

"아무래도 일본 당국의 태도가 수상쩍소. 만주의 일본 기관은 마치 사건의 악화를 기다린 듯하오. 일본은 이 사건을 구실로 침략전쟁을 일으킬 것 같소. 사태가 긴박하니 중국 당국과의 이면 교섭을 서둘러야겠소."

백 목사는 비로소 확신을 하고 행동을 개시했다.

"더 늦기 전에 중국 당국과 민간 유지에게 일본의 간계를 폭로하여 그들의 강경적인 입장을 화해적 태도로 전환시켜야겠소."

백 목사는 서범석 기자와 함께 중국의 민간단체인 외교협진회(外交協進會)로 달려갔다. 이 단체는 주로 대일 외교 관계를 담당하고 있었다. 이

단체의 간부는 펑텐 YMCA 총간사인 염보항(閻寶航), 신문사 사장 겸 교육회 회장인 왕화일(王化一), 상무회장(商務會長) 겸 보계연합회(報界聯合會: 신문통신기관 연합체) 회장인 모씨 등 모두 펑텐의 유력자들이었다.

백 목사와 서 기자는 그들에게 두 민족이 화해해서 일본의 간계를 막아야한다는 긴급 제안을 했다. 이에 외교협진회는 곧바로 50여명의 유지를 소집하여 간담회를 열었다. 백 목사와 서 기자는 우리 측을 대표하여 그들에게 사건의 진실과 긴박성을 보고하고 사태 수습을 위한 행동을 촉구했다.

"우리 본국에서 중국인에게 보복행위를 가한 것은 참으로 유감입니다. 하지만 그것은 일본이 만주 침략의 야망을 품고 조선인들을 선동한 것입니다. 여기에 속은 군중들이 민족감정에 휩쓸려 저지른 불상사였습니다. 또한 지금 만주의 실정도 양측이 모두 일본의 선동에 속아 일본의 침략에 빌미를 제공하고 있습니다. 양측은 이제 사소한 오해와 감정을 버리고 공동의 적을 직시하여 현명한 대처를 해야 할 때입니다. 우리 본국에서도 유력한 신문과 지도자들이 이 기회에 우리가 친선을 도모하여 사건을 빨리 해결할 수 있도록 여론을 조성하고 있습니다."

중국인들도 공감했다.

"당신들 이야기가 옳습니다. 더 늦기 전에 제안을 해주어서 고맙습니다. 우리도 흥분한 중국인들을 선도하고 당국에도 적절한 대책을 건의하겠으니 서로 협력합시다."

그들은 백 목사와 서 기자를 위해 다과회를 베풀어주기까지 했다.

만주에서 이런 민간외교가 성공적으로 진행되고 있을 무렵, 평양에서는

1931년 7월 4일부터 며칠에 걸쳐 엄청난 보복사건이 발생했다. 이 보복행위로 중국인 130여명이 타살되고 가옥과 재산이 대량 파괴됐다. 사건 직후 〈동아일보〉는 폭동 중지를 엄중히 권고하면서 민중의 냉정을 호소했다.

이때 평양에 있던 고당 또한 같은 입장을 취했다. 그는 오윤선 장로 등과 함께 동포들의 경솔한 행동을 제지하려고 위험을 무릅쓰고 거리로 나섰다. 그는 전단지를 만들어 뿌리는 동시에, 폭동 현장으로 직접 달려가 격분한 군중을 설득했다. 평소 고당은 아이들조차 인격체로 깍듯이 존중했지만, 이성을 잃고 휩쓸리는 군중들을 존중할 수는 없는 노릇이었다.

당시 고당이 관계한 인정도서관이 한창 건설 중이었다. 고당의 동지인 김병연이 그 공사를 감독하고 있었다. 그런데 갑자기 폭도들이 쳐들어 와서 벽돌을 쌓고 있던 중국인 노무자들을 죽이려고 했다. 김병연은 죽음을 무릅쓰고 그들을 저지해 중국인들을 보호해 주었다.

폭풍이 스쳐간 뒤의 이야기지만, 백 목사는 워낙 약골인데다가 만보산 사건 수습을 위해 애쓴 나머지 건강이 나빠졌다. 그래서 귀국하여 한동안 휴양 차 금강산에 머물렀다. 그해 가을에 흥사단의 수양회가 평양 교외에서 열렸는데, 백 목사가 행사에 참석하려고 평양에 들렀다. 그런데 마침 평텐 외교협진회의 염보항과 왕화일이 화교를 위문하기 위해 평양을 방문했다. 백 목사는 그들과 함께 평양사건으로 희생된 중국인들의 묘지를 참배했다. 또한 철도호텔에서 환영회를 열어 평양의 유지들(조만식, 오윤선, 김동원, 김성업, 한근조, 김병연)과의 회담을 주선하기도 했다.

曹晩植

도산의 장례위원장을 맡다

중일전쟁의 장기화와 태평양전쟁의 발발 과정에서 일본은 수위를 높여 한민족을 노골적으로 탄압하기 시작했다. 이에 따라 고당의 민족운동과 항일투쟁은 더욱 수난을 겪게 된다.

1937년 4월 평양경찰서에서 고당을 호출했다. 조선물산장려회를 해체하라는 요구였다. 고당은 내외 정세가 심상치 않다는 판단 아래 15년간 평양을 상징하던 장려회 간판을 내렸다. 뒤이은 당국의 요구에 따라 고당이 회장으로 있던 관서체육회와 을지문덕장군묘 수보회(修補會)도 해산되었다. 전자는 청소년 스포츠를 장려하기 위하여 1930년에 창립했고, 후자는 민족정신 앙양을 위해 1936년에 창설했다.

을지문덕장군의 묘소를 보수하려는 운동의 경위는 이랬다.

평남 대동군 대보면 내동에는 을지문덕장군의 후손인 돈씨(頓氏)들이 모여 살고 있었다. 전설에 의하면 이 마을에서 을지문덕 장군이 태어났는데, 자랄 때는 '돌메'라고 불렀다고 한다. 장군이 나라에 큰 공을 세우자 고구려는 그를 돈산군(頓山君)으로 봉했다. 돈산은 '돌메'를 한역(漢譯)한 칭호였다. 그 뒤로 을지문덕 장군의 후손들은 돈씨가 되었다.

고당은 장군의 유적인 묘소를 민족영웅에 걸맞게 재건하려 했다. 감연히 난국을 막아 민족을 수호했던 옛 영웅을 현대에 부흥시켜 민족정신을 고취하려는 취지였다. 장군의 후손인 돈씨들은 고당의 뜻을 감사히 여겨 장군의 296대 후손으로 하여금 고당과 긴밀히 접촉하게 했다. 고당은 을지문덕의 묘소뿐만 아니라 장군이 어릴 적에 수도했던 장소, 즉 평남 평원군 한천면 한천장 (平原郡 漢川面 漢川市場) 근처의 대붕산(大鵬山)에 있는 동굴유적도 성역화하려 했다. 그러나 이 모두가 일제의 민족정신 말살정책으로 결실을 보지 못하게 되었던 것이다.

1937년 6월 일제는 대대적으로 동우회(同友會: 당시 흥사단의 국내명칭)를 단속했는데, 이 사건 직후 평양에서도 검거선풍이 불었다. 고당의 다년간 동지였던 김성업, 김동원, 김병연, 김찬종(金燦鐘) 등 여러 애국지사가 투옥됐다. 이어서 대성학우회(大成學友會: 대성학교동창단체)가 해산됐다. 동우회의 총책임자로서 검거된 도산 안창호는 수감 중 병으로 보석되어서 경성제국대학병원에서 치료를 받다가 1938년 3월10일, 세상을 떠났다. 일본 당국은 도산을 추모하는 조문객을 극소수로 제한하는 등 장례식을 엄중히 경계했다. 이때 고당은 장례위원장 자격으로 상경하여 도산을 망우리 묘지에 안장하기까지의 모든 일을 주관했다. 그는 남강 이후 또 한 분의 거인을 몸소 장례 지냈다. 남강 이승훈과 도산 안창호, 두 거성은 끝내 해방을 보지 못했던 것이다.

일제는 황거요배(皇居遙拜: 일본 왕궁 쪽을 향하여 절을 하도록 한 것)와 신사참배(神社參拜)를 강요하는 등 내선일체(內鮮一體) 정책으로 한민족을 철저히 일본화시키려 했다. 이 시기에 고당은 공식적인 집회에 일절 나가지 않았으므로 직접적 피해는 면했다. 이처럼 엄혹한 상황에 자신의 신념과 신앙을 지키는 사람들이 적지 않았다. 대표적으로 평양 산정현교회의 주기철 목사는 신사참배를 거부하다가 1938년 2월에 투옥되었다. 결국 그는 해방 직전 감옥에서 순교했다. 고당은 제자이자 동지였던 주 목사의 순교에 비통함을 금치 못했다. 주 목사가 투옥되던 무렵에 오산학교와 숭실중학교 및 숭실전문학교, 그리고 숭의여자중학교·평양신학교·신의주 제1교회·신의주 제2교회 역시 신사참배를 거부하면서 자진 폐교했거나

1935년 도산 안창호(가운데)가 출옥한 후 몽양 여운형(왼쪽)과 고당이 함께 찍은 사진

강제 폐교 당했다.

당시 태평양전쟁으로 미국 선교사단이 본국으로 철수하면서 자신들이 경영하던 미션스쿨을 우리 쪽에 인계하려고 했다. 하지만 일본 당국은 이에 응하지 않았고, 결국 모두 폐교되고 말았다. 일제는 이른바 '황국신민화' 정책의 일환으로 이름까지 일본식으로 고치는 창씨개명을 강요했다. 고당은 오윤선 장로 등의 동지들과 함께 끝내 개명을 거부했다.

1937년 정월 초하루 산정현교회 제직원 일동. (앞줄 왼쪽부터)조만식 장로, 김동원 장로, 박정익 장로, 주기철 목사, 유계준 장로, 김봉순 장로, 오윤선 장로, 김찬두 장로. 이 사진에 있는 여러 사람 중 조만식 등 9명은 일제의 강압을 이겨내고 끝까지 창씨개명을 하지 않았다. "한국인으로 살다 한국인으로 죽자"는 조만식의 결심에 따라 뜻을 함께한 사람들이다.

콩가루 볶은 차가 커피?

태평양전쟁에 모든 재력과 물자를 쏟아 부은 탓에 일본 경제는 붕괴 직전이었다. 일제는 한반도의 국민생활을 전시체제로 개편하고, 우리 민족에게도 희생을 강요했다. 예를 들어 군복과 유사한 국방색 옷을 국민복으로 입히고, 빡빡 깎은 머리에 군모 비슷한 국방모를 씌우고 각반도 차게 했다. 그런 상황에서도 고당은 줄곧 한복에 말총모자를 고집했다. 당국은 양복 착용 시에 국민복을 강요했지만, 한복 금지까지는 할 수 없었던 것이다.

한편 일제 당국은 전시 국민운동에 고당을 이용하려고 유혹하기도 했다. 조선인 사회에 큰 영향력을 가진 고당을 회유하여 득을 보려는 심산이었다. 한번은 평안남도 도지사가 고당과 오윤선 장로를 초청했다. 만나보니 국민총력연맹 평안지부의 고문을 맡아달라는 요청이었다. 고당은 상대의 말문을 막으면서 딱 부러지게 거절했다.

"우리 두 사람에게 그런 지위를 주려는 뜻은 고맙소. 하지만 우리가 민중에게 어떤 영향력을 갖고 있다면, 그 이유는 우리가 일본의 통치에 비판적 태도를 고수했기 때문일 것이오. 그런데 갑자기 우리가 태도를 바꾸어 당신들 정책에 협력한다면, 민중은 우리의 연출된 행동을 믿지 않을 것이오. 또한 우리의 조그만 개인적 명예도 그 근거를 잃게 될 뿐이오. 따라서 우리가 당신들에게 협력하더라도 도리어 연맹에 해가 될지언정 이득이 되진 않을 것이오. 이것은 쌍방이 모두 불리한 방식일 뿐이니 즉시 철회하여 주시오. 오 장로도 나와 같은 생각인줄 아오."

결국 당국의 회유공작은 수포로 돌아갔다. 당시 고당의 둘째 아들 연창은 보성전문학교에 재학 중이었다. 하루는 평양경찰서 고등계주임 마쓰모토(松本)가 일본인 형사 한 명과 통역할 김호우(金虎羽) 경부(警部)를 데리고 고당을 찾아왔다. 고당은 일본말을 알면서도 일절 사용하지 않았으므로 통역이 필요했다. 고당은 그들이 오자 처음부터 눈을 감고 응대했다. 눈병이 나서 눈을 뜰 수 없다고 핑계를 댔다. 마쓰모토는 조선인 학생이 황군(皇軍: 일본군)에 입대하는 영광과 취지에 대해서 자랑스럽게 떠들었다. 그리고는 친권자로서 아들인 연창의 학도병 지원을 승인하라면서 거의 위협조로 끈덕지게 요구했다. 반일운동가인 고당의 아들을 학병으로 보냄으로써 그 선전효과를 톡톡히 보려는 수작임을 고당이 모를 리가 없었다.

"당신들은 소위 내선일체를 해서 우리 민족에 대한 차별대우를 철폐한다고 주장합니다. 하지만 우선 그 방법이 억지스럽고, 또한 그 목적이 우리를 위하는 데 있지 않소. 예를 들어 조상 대대로 써온 성명을 못 쓰게 하고,

제 글로 신문을 못 내게 하며, 어린 학생이 제 말을 쓴다고 학교에서 때리고 벌금을 매기는 데, 이런 것이 차별대우가 아니고 무엇이오. 더욱이 전쟁이 다급해지자 우리 청년들을 끌어다가 희생시키려 하는데, 우리로서는 억울한 개죽음이 아닐 수 없소. 나는 내 자식이 명분 없는 개죽음을 당하게 할 수는 없소. 도장은 절대로 찍지 않을 것이니 더 이상 이야기하지 마시오."

마쓰모토는 정곡을 찌르는 고당의 예리한 지적과 강경한 태도에 얼굴을 붉혔으나, 말문이 막혀 당황할 뿐이었다. 이때 마침 차(茶)가 나왔다. 고당이 경찰관 일동에게 집주인으로서의 체면을 차린 것이다. 찻빛이 거무스레했다. 마쓰모토는 커피로 여겨 이를 빌미로 화풀이나 해야겠다고 마음먹었다.

"차 대접은 고마우나 우리는 값비싼 커피를 마실 수 없소이다. 지금이 어떤 시국인데 이런 사치스러운 외국차를 마신단 말씀이오. 선생은 조선물산장려운동을 한다면서 왜 이런 커피를 마십니까? 커피는 외제품이지만 일본 물건이 아니라 괜찮다는 겁니까?"

마쓰모토가 노골적으로 힐난했다. 그러자 고당이 여전히 눈을 감은 채 천연스레 대꾸했다.

"하하하… 이것은 우리만의 수제 커피요. 우리 집에선 요즘 유행하는 커피가 나오기 10여년 전부터 볶은 콩가루를 물에 타서 차로 마셔 왔소. 그런 걱정일랑 마시고 맛이나 보시오."

"……"

되로 주고 말로 받은 형국이었다. 무색해진 마쓰모토는 콩가루차를 마시는 체하다가 꽁무니를 빼고 말았다. 이 콩가루 차에 버금가게 유명한 것은 오윤선 장로 댁의 생무 쪼가리였다. 오 장로는 겨울이면 생무 한 쪽으로 손님 대접을 하기 일쑤였다. 고당과 오 장로는 살림이 유족한 편이었음에도 그처럼 검소하고 국산품 애용에 철저했던 것이다.

1937년 김경석 씨와 이유순 양의 결혼 때 이화여전
김활란 씨를 통해 보낸 고당의 축하 서한

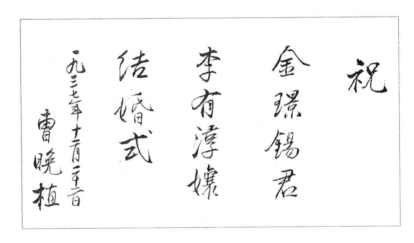

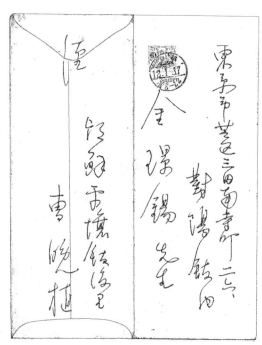

1937년 도쿄에 있던 김경석 씨에게
보낸 고당의 친필 서한

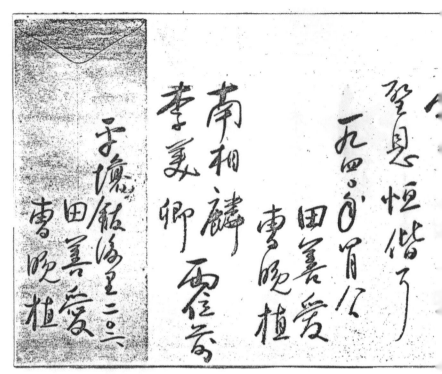

남상린−이의경 씨 부부에게 보낸 고당의 편지와
봉투. 보내는 사람란에 부인 이름을 먼저 쓴 고
당의 배려가 돋보인다.

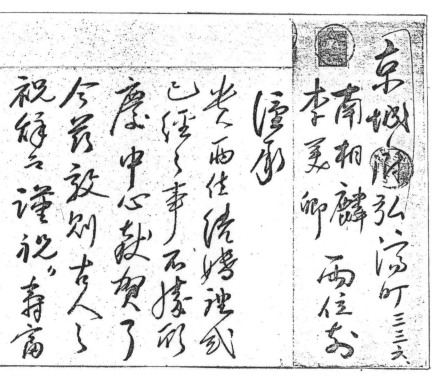

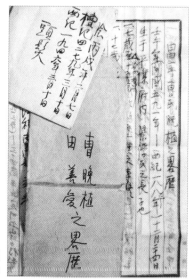

고당의 두발과 부부의
이력시기 담긴 지필 봉투

일제 기관지가 쓴 날조 기사

태평양전쟁이 장기화될수록 일본군의 패색은 점점 짙어만 갔다. 가장 큰 고통은 전시물자의 궁핍이었다. 당국은 물자 총동원령을 내렸는데, 특히 금속품 회수운동은 갈수록 철저하게 시행됐다. 처음엔 철제 교량을 해체하기 시작하더니 건물의 철문과 승강기를 회수하기에 이르렀고, 동상까지 철거한다고 선전할 지경이었다. 공공시설의 철이 바닥나자 총력연맹(總力聯盟: 1940년 10월 16일에 출범시킨 어용단체로, 정식 명칭은 국민총력 조선연맹)은 이제 어느 가정에서나 눈에 띄는 놋그릇에 군침을 흘렸다. 그들은 산하의 '애국반'이라는 조직을 동원하여 각 가정의 부엌과 다락을 샅샅이 뒤져 밥그릇과 요강까지 강제로 공출했다. 조상의 손때가 묻은 물건인지라 땅속에 몰래 파묻는 사람도 있었으나 대부분 빼앗기게 마련이었다.

고당이 살고 있던 평양 관후리에서도 애국반 행동대가 하루가 멀다 하고 유기(鍮器) 공출 운동을 벌였다. 고당의 집에도 찾아와 졸라대자 뒤탈을 염려한 부인이 깨진 놋그릇 몇 개를 내주었다. 그러자 당국은 기회를 놓치지 않고 사실을 날조하여 선전했다.

"조만식도 자발적으로 유기를 헌납하고 성전(聖戰)에 적극 협력했다. 이 사람도 마침내 전비(前非)를 깨닫고 전향했다."

이런 취지의 기사가 '조만식씨 드디어 전향하다'라는 큰 표제로 일본어 신문인 〈매일신문〉에 실렸다. 지조의 화신인 고당을 회유하는 것이 불가능함을 안 일제가 급기야 허위와 날조로 압력을 가하기 시작한 셈이었다.

이런 비열하고도 기만적인 수법은 해방 후 북한 공산당에 의해 한 번 더 악용됐다. 신탁통치 문제로 공산당과 고당이 반목할 때, 공산당은 고당을 매장하느라 날조된 이 기사를 악용했다. 공산당은 '민족반역자 조만식 타도'라고 쓴 플래카드를 들고 시위행진을 하거나, 같은 내용의 현수막을 거리 곳곳에 내걸었던 것이다. 당시의 날조된 기사가 오늘날에 와서까지 일부 사람들에 의해 '조만식=친일파'로 매도하는 꼬투리로 이용되었으니 여간 딱한 노릇이 아니다. 그렇지만 진상은 분명히 밝혀졌다. 특히 친일 연구가 김삼웅(金三雄)은 고당의 '학병권유 논설'이 위서(僞書)임을 밝혔다. 이에 관한 2002년 3월 1일치 〈국민일보〉 기사를 인용해보자.

(…) 친일과 민족반역자 문제에 관한 연구를 계속해온 김삼웅 주필(〈대한매일〉)은 최근 〈출판저널〉을 통해 "기독교운동을 통해 민중을 교화시키고 일제의 갖은 핍박과 압력에도 굴하지 않고 민족진영을 지켜온 고당의 친일성 논설이 서뜻 이해가 되지 않아 이에 대한 탐구를 계속한 결과 당시 논

설이 게재된 신문사의 지사장이 날조한 것으로 드러났다."고 말했다. (...)

고당은 1943년 11월 16일자 〈매일신보〉에 자신의 사진과 함께 '학도에게 고한다'는 제목의 학병지원을 주장하는 내용의 논설이 실리면서 변절자의 대열에 끼고 말았다. 이글의 내용은 "...나는 하루바삐 반도 청년학도가 일거에 모두 가장 활발하게, 가장 용감스럽게 지원하기를 적격자 및 일반 학도에게 간절히 부탁하는 바이다...생명을 국가비상지추에 반도를 위하여 또는 대동아공영권 건설을 위하여 바치게 된 제군은 얼마나 자랑스러운가..."라는 식으로 이어진다.

하지만 김삼웅씨는 "이 글은 당시 총독부 기관지인 〈매일신보〉 평양지사장 고영한(高永瀚)에 의해 위서된 것."이라며 그 무렵 〈매일신보〉 평양특파원으로 근무한 김진섭씨가 〈대한언론인회보〉 2000년 9월 1일자 '그때 그 시절-녹취 한국언론사'에 밝힌 내용을 근거로 삼았다.

김진섭씨는 회보에서 "지사장인 고영한이 자신에게 고당 선생을 취재해 오라고 지시했으나 고당으로부터 시국과 관련한 어떤 논평이나 언급도 받아낼 수가 없었다."며 "할 수 없이 지사장에게 고당이 집에 안계시더라고 허위 보고를 했으나 본사의 독촉이 심했던지 다음날 직접 나섰고 사흘쯤 뒤 논설이 실리게 됐다."고 회고했다.

고영한은 해방 후 자살로 생을 마감했다. 김진섭씨에 따르면 "고당 논설 조작사건으로 해서 그가 많이 자책했고, 지사 직원 가운데 공산주의자가 한 명 있었는데 그가 경방(警防)단장도 겸하며 그를 친일파로 단죄하려 해 결국 자살로 과오를 씻으려 했던 것 같다."는 기록을 남겼다.

김상웅씨는 "고당의 논설을 분석해 보니 당시 친일인사들이 쓰던 상투적인 내용들이었다."며 "전시상황에서 민족지도자들의 협조가 급했던 일제가 날조를 서슴지 않는 행위를 한 것 같다."고 덧붙였다. (...)

다음은 좀 더 자세한 김진섭(金鎭燮)의 녹취 증언이다.

〈매일신보〉에 실린 조만식 선생의 이 글은 조 선생이 쓴 것이 아니고, 그 당시 조선총독부 기관지인 〈매일신보〉 평양지사장이던 고영한이 가짜로 쓴 것입니다. 조 선생이 나에게 "재미롭지 못한 친구들이 있어서…"라고 하는 말을 자주 했습니다. 즉 그 말은 보기 싫은 놈들이 와 있다는 소리입니다.

내가 그때 당시의 상황을 증언할게요. 그 당시 나는 〈매일신보〉의 기자로 있었는데, 그때 상사인 홍종인(洪鐘仁) 선생이 나보고 "너 평양 갔었냐?"고 물어서 "아니요. 못 가봤습니다."라고 했더니 홍종인이 "그러면 석달 내지 여섯 달만 평양에 가 있어라. 그러면 내가 다시 불러올릴 테니까 갔다 와라."고 해서 평양 지사로 내려가 특파원으로 근무를 하게 되었습니다.

그래서 9월경에 내가 〈매일신보〉 평양지사로 내려갔어요. 평양에 내려가니까 김창문(金昌文)이 나보다 1년 먼저 내려와 있었습니다. 김창문이 있고 특파원으로는 김순호라는 사람이 있었는데, 김창문이 수석이었어요. 그리고 그 두 사람 다음에 내가 마지막으로 내려간 겁니다. 그렇게 평양지사에 근무하면서 그곳 사정을 잘 알게 되었습니다.

그런데 고당 선생은 교회 모임은 몰라도 다른 모임에서는 얼굴을 본 적이 없습니다. 물론 이곳저곳에서 선생의 이름을 쓰지만, 그 양반이 참석했다거나 가서서 말씀을 하신 예가 없습니다.

난 1년 가까이 그곳에 있었지만 모임에서는 한두 번밖에 뵙지 못했습니다. 그 당시에는 교회 모임에도 형사들이 와 있었습니다. 또 조 선생은 혹시 말씀을 하시게 되더라도 짧게 한마디만 하고 내려오시거든요. 그분은 그렇게 짧게 끝내셨습니다. 그렇다고 해서 그분은 절대로 딴말을 하시거나, 말을 불려서 하시는 분이 아니에요. 그러니까 그 당시 조 선생은 이곳저곳에 말씀을 하고 다니시지 않았습니다.

그런데 어느 날 고영한 지사장이 나를 불러서 "경성 본사에서 연락이 왔는데, 진섭군 자네가 조만식을 만나라." 하는 겁니다. "알았습니다." 하고는 그 당시에 조 선생의 딸네에 연락을 하니까 거기에 계시는 겁니다. 그래서 찾아가 뵈었더니 "어, 자네 평양에 왔다며?" 그러시기에 "예, 혹시 제가 오늘 찾아 뵌 이유를 아시겠습니까?"

조 선생이 그 말을 듣고는 가만히 계시더니 "알만하이." 그러시는 겁니다.

그래서 내가 "선생님, 그냥 시골로 내려가 계십시오. 저는 오늘 못 만나 뵌 걸로 하겠습니다."라고 말씀드리고, 신문사로 가서는 조 선생이 안 계셔서 못 만났다고 보고했습니다.

오후 5시쯤에 김창문이 오자 고영한이 김창문더러 "김군이 가서 못 만났다는데 그러면 당신이 조만식을 만나고 와!"라고 지시했습니다. 김창문은 가만히 듣고 있다가 나에게 다가와서는 "어디 가서 술이나 한 잔 하자." 고 귓속말을 했습니다. 밖으로 함께 나오자 김창문이 먼저 말했습니다.

"고영한이가 조 선생 만나고 오라는데 어떡하지?"

"야 임마, 미쳤다고 거기 가냐!"

"그럼 어쩌지… 출장비까지 받았는데…"

"그 돈 가지고 술이나 먹자."

"그래, 술이나 먹자. 그리고 고영한이한테는 갔었다고 거짓말을 하자. 그런데 만일 고영한이가 조 선생 만나서 김창문이 만났었냐고 물어보면 어떡하지. 그럼 조 선생이 나를 못 봤다고 하면 곤란하니까 강서까지 갔다 와야 되는 것 아니냐?"

"그럼 너나 가라. 난 안가!"

그러나 김창문은 혼자 가기가 곤란하다면서 기어코 나를 데리고 갔습니다. 그래서 할 수 없이 우리 둘은 강서로 갔지만 고당 선생이 자리를 비운 터라 못 만나고, 거기서 하루 자고 다음날 평양으로 올라왔습니다.

김창문이 고영한에게 가서 "강서에 갔었는데 조 선생이 평양에 가셨다고 해서 못 만나고 왔습니다."하니까 고영한이 "기자가 뭐 그래, 그래 가지고 당신이 무슨 글을 쓰겠어?"하며 김창문을 책망했습니다. 이틀 후 고영한은 사진기자를 대동하고 직접 취재를 갔습니다. 그러나 조 선생이 완강하게 거절하자, 고영한은 자기가 직접 기사를 써서 서울로 보냈습니다.

그 기사가 실리자 당시 평양 기독교계에서는 도는 말이 있었습니다. 조 선생이 이렇게 시시콜콜하게 글을 쓰시는 분이 아닌데, 분명 고영한이 제멋대로 썼을 것이라는 소문이 널리 퍼졌습니다. 그 말이 본인 귀에도 심심찮게 들리자, "본사에서 자꾸 재촉을 해서 쓰긴 썼지만 곤란하게 되었다."고 자탄하는 것을 우리도 들었습니다.

해방 직후에 나는 김창문과 함께 평양을 다녀온 적이 있습니다. 그때 고영한을 만났는데 경찰서에 잡혀갔다가 열흘 만에 막 나왔다고 했습니다. 그래서 내가 왜 잡혀갔냐고 물으니, "아, 거 쥐새끼 같은 놈, 우리 지사에

서무 보는 놈 있잖아. 그 자식이 고발한 것 같아. 친일파라고 말이야."라고 했습니다. 고영한이 평양 경방단의 단장을 지냈었거든요. 그는 덧붙여 조만식 선생의 글을 자신이 쓴 것이 가슴 아프다고 했습니다. 나는 동정의 말을 하면서, 다음날 만나기로 하고 헤어졌습니다. 그리고 다음날 아침에 고영한의 집으로 갔더니, 그 집 할머니가 "이 사람이... 이 사람이... 30분 전에 면도칼로 자살했어. 자살..."이라고 하지 뭡니까? 그는 자책감을 못 이겨 자살한 것입니다.

이 사실은 김창문이 있었으면 둘이 증인이 되는데, 그는 암으로 죽었습니다. 내가 지금까지 한 말은 언론인의 양심을 가지고 이야기한 것이고, 어느 때 어느 장소에서도 확실하게 증언할 수 있습니다. (1997년 6월 3일 고당기념관 사무실에서)

선대(先代)의 고향에서 해방을 맞다

당국은 날조된 전향 기사 이후로 소위 시국강연을 해달라고 고당을 괴롭혔으나 회유에 응할 고당이 아니었다. 그러나 일본 당국이 멋대로 강연 장소와 날짜를 잡아 선전하는 바람에 고당의 입장이 점점 왜곡됐다. 그러던 어느 날 평양 기독병원 원장인 김명선(金鳴善)이 고당을 찾아왔다. 그는 단도직입적으로 고당의 시국강연이 사실인지를 물었다. 고당이 천만부당한 거짓이라고 답하자, 김 원장은 강연을 피할 묘안이 있으니 기다리시라고 하고는 물러갔다. 다음날 아침 김 원장은 평소 신뢰하던 내과 과장인 임정섭을 은밀히 불러 모종의 지시를 내렸다. 강연회 일정이 코앞으로 다가온 시점에 고당은 만성신장염이란 진단을 받고 병원에 입원했다. 물론 허위 진단이었다.

당황한 조선총독부는 곧바로 형사를 병원으로 보냈다. 그런데 그 형사는 고당 재직 시 오산중학교를 다녔던 사람이었다. 김 원장은 형사에게 만성신장염은 절대 안정을 취해야 하는 병이라고 설명했다. 형사는 묵묵히 메모를 하더니 조용히 돌아갔다. 그리고 매일 낮에 한 번씩 들러서는 담당 간호사에게 몇 마디 묻는 것 이외에는 특별한 조치를 취하지 않았다. 고당은 낮에는 환자인양 꼼짝 않고 누워 있다가 밤에만 활동을 했다.

고당은 병원에 있으면서 분노를 삼키고 당분간 은거할 결심을 했다. 시끄러운 평양을 벗어나 선대의 고향인 강서군 조씨 마을로 숨을 계획이었다. 마침 은거할 수 있는 공식적인 핑계거리도 있었다. 당국은 전쟁 말기에 이르자 연합국의 한반도 공습 가능성을 우려해 도시주민들에게 지방 이주를 장려하고 있던 참이었다. 그런 시기에 고당이 지방 소개(疏開) 겸 요양 차 시골로 가겠다고 하니 당국도 말릴 수가 없었다. 다만 평양경찰서에서 하던 감시를 강서경찰서로 이관하는 절차만 필요했을 뿐이었다.

고당은 선대의 고향으로 온 뒤 부인 전선애(田善愛) 여사에게 유언을 하듯 비장하게 말했다.

"내가 여기서 죽을지 모르오. 만약 내가 죽으면 조그만 비석을 세우고, 그 비석에 내 눈을 하나 새겨 두시오."

"그게 무슨 말씀이세요?"

부인이 불안해하며 물었다.

"죽은 뒤에라도 그자들이 망하는 꼴을 볼 작정이오."

이 이야기는 일본이 전쟁에 지고야 말 것이라는 확고한 신념의 표명이었다. 이때 고당은 춘추시대 오자서(伍子胥)의 고사를 떠올렸는지도 모른다.

오자서는 관우, 항우 등과 함께 중국인들이 가장 좋아하는 영웅이다. 그는 초나라 사람으로 나중에 오나라에 정착하여 적국인 월나라 왕 귀천(句

踐)과 싸워서 승리하여 그를 사로잡기까지 했다. 그러나 월나라의 스파이로 잠입해 오나라 왕 부차(夫差)를 녹인 미녀 서시(西施)의 이간으로 오자서는 역적으로 몰려 죽게 되었다. 그는 처형 직전 가족에게 최후의 말을 남겼다.

"내 무덤에 떡갈나무를 심어라. 그 나무가 재목으로 쓸 만큼 자랐을 때, 내 시체에서 눈을 파내다가 성의 동문에 걸어라. 그때쯤이면 이 불의의 오나라가 반드시 월나라에게 멸망할 것이니, 그 꼴을 내가 보고 싶다."

이 유언이 배반당한 자기 나라에 대한 원한을 사후에라도 풀고자 함이었다면, 고당의 비장한 유언은 일본을 향해 있었다.

고당이 시골로 은거한 시기를 전후해서 그의 신변과 가족 관계에 적지 않은 변화가 있었다.

고당의 부친 조경학은 1930년 4월 14일 76세로 세상을 떠났고, 모친 김경건은 다음해 4월 19일에 78세로 타계했다. 고당은 49세와 50세에 겹상을 치러야했다. 부모상을 당해서도 고당은 조화(弔花)를 일절 사절하고, 남에게 폐를 끼치지 않는 동시에 허례폐지를 솔선수범했다.

고당은 재취 부인인 이의식과의 사이에 4남매를 두었다. 고당 29세 때 (1910년)에 장녀 선부, 32세 때(1913년)에 장남 연명, 35세 때(1916년)에 차녀 선희, 42세 때(1923년)에 차남 연창을 낳았다. 그런데 고당이 54세 때인 1935년 12월 18일에 이씨 부인이 50세로 세상을 떠났다. 두 번째 상처였다. 홀로 된 지 1년여가 지났을 때, 고당은 전선애를 부인으로 맞게 된다.

고당과 전선애 여사의 인연은 두 청년 목사들에 의해 맺어졌다. 그들은 전도활동뿐만 아니라 농촌운동을 하면서 고당을 가까이서 돕던 목사들이었다. 배민수(裵敏洙)와 박학전(朴鶴田)이 그들이다.

1991년 11월 5일 국립묘지 현충관에서 거행된 고당의 추모 · 안장식. 김재순 전 국회의장이 추모시를 읽고 있다.

배민수는 숭실전문학교와 평양신학교를 졸업한 뒤 미국으로 건너가 매코믹신학교를 마치고 귀국하여 목사가 되었으며, 고당의 열렬한 지지자였다. 그는 해방 후 기독교 농민학원 삼애농업기술학원 등을 창설하여 농민운동을 계속했다. 박학전은 평양숭실학교, 평양 숭인상업학교, 평양장로신학교를 거쳐 일본 도쿄에서 신학을 공부하며 YMCA 간사로 활동했다. 귀국 후 '농우회(農友會) 사건'에 연루되어 옥고를 치렀고, 해방 후에 월남하여 이화 · 대광학교 이사를 지냈다.

전선애는 당시 34세로 개성 호수돈(好壽敦)고등여학교의 음악교사였다.

추모식이 끝난 후 동작동
국립묘지 국가유공자 제2묘역에서
고당의 유해 대신 두발이
안장되고 있다. 삽을 들고 있는 이는
부인 전선애 여사이며, 그 바로
뒤가 한경직 목사.

1936년 가을 두 목사가 전 선생을 찾아가 뜻밖의 제안을 했다. 고당 선생이
상처하고 지금 홀몸이신데, 두 분이 좋은 배필이 될 것 같아 그 뜻을 조심스
럽게 전하기 위해 찾아왔노라는 것이었다. 두 목사는 전 선생의 응낙을 듣기
전에는 돌아갈 수 없다면서 개성 시내 여관에서 하룻밤을 묵었다.

당시 전 선생은 결혼보다는 교직에 더 큰 보람을 갖고 있었다. 더욱이
미국 선교사이기도 했던 교장의 주선으로 미국 유학을 준비 중이었다. 전
선생은 그날 고민에 빠졌다. 유학을 갈 것인가, 결혼을 할 것인가. 결혼한다
면 이름 석 자만으로두 온 세상의 존경을 받으시는 그분을 내가 어떻게 감

히 모실 수 있을 것인가? 전 선생은 밤을 꼬박 새우고 마침내 결혼하기로 마음을 먹었다. 훗날 전선애 여사의 회고다.

"그때 나는 한 남성을 맞아서 결혼한다는 것보다는, 한 위대한 어른을 모신다는 생각에서 결혼을 결심한 것입니다."

전 선생은 먼저 교장 선생을 찾아가 자신의 결심을 알렸다. 서양인 교장은 세 가지를 물었다.

"신랑이 키가 큽니까? 돈이 많습니까? 물론 총각이겠지요?"

"세 가지 다 해당하지 않습니다."

"그렇다면 만족할 만한 조건이 하나도 없는데 왜 결혼하려고 합니까? 이해하기 힘듭니다."

"결혼할 분이 조만식 선생님입니다."

"......그러면 그렇지. 전 선생의 뜻을 이제야 알겠습니다."

그 미국인 교장도 고당이 고매한 인격자이며 존경받는 민족지도자임을 잘 알고 있었던 것이다.

두 사람은 1937년 1월 8일, 경성의 종로거리에 있는 천향원(天香圓)에서 결혼식을 올렸다. 고당은 나이든 몸으로 또 결혼하는 것이 쑥스러워 평양의 친지들에게 알리지도 않았다. 주기철 목사가 주례를 서고, 양주삼(梁柱三) 목사가 사회를 보았으며, 윤치호(尹致昊) 선생이 축사를 했다. 식장에는 안창호, 송진우, 안재홍, 김성수, 방응모 등의 민족지도자들이 참석했다. 갑작스러운 결혼이었기에 전 선생은 결혼 사흘 만에 개성으로 돌아가 학교일을 마저 본 후 평양으로 가서 고당을 내조하기 시작했다. 3개월 만의 재회였다. 전 여사는 고당 56세 때(1938년)에 3녀 선영(善英)을 낳고 58세

때(1940년)에 3남 연흥(然興)을 낳았으며, 60세 때(1942년)에 4남 연수(然守)를 낳았다. 그리하여 고당은 일곱 남매의 아버지가 되었다. 이제 전선애 여사의 회고담을 통해 고당의 일상생활을 엿보기로 한다.

결혼하고 평양 집에 가 보니 생활이 넉넉지가 않았다. 그도 그럴 것이 선대에는 제법 재산이 있었으나, 조 선생님이 사회활동을 하면서는 서서히 줄었다고 한다. 그분은 다양한 사회활동을 하셨지만 어디서건 월급을 받지 않고 일을 하셨다. 그러니 집이 넉넉할 리가 없었다.

조 선생님은 늘 새벽 네다섯 시쯤 일어나서 산책을 하셨다. 대개는 장남 연명이 아버지를 따라 함께 산책을 나가곤 했다. 새벽 산책은 매일 같은 코스를 밟았는데, 집에서 대동강을 따라 부벽루로 갔다가 그 아래 영명사를 거쳐 을밀대를 한 바퀴 돌아 다시 부벽루 위로 해서 다시 내려오곤 했다. 그리고는 장별리 밥집에 들러 육수 장국 한 그릇을 드시곤 했다. 대동강을 굽어보면서 걷는 이 산책 코스가 정말 기막히게 좋다고 하셨다.

선생님의 식사습관은 아주 절제되고 규칙적이었다. 술 담배를 전혀 하지 않으셨는데, 식사량은 보통 사람들보다 조금 적게 드시는 편이었다. "약간 모자란다 싶을 정도에 수저를 놓는 것이 건강에 좋다."고 자주 말씀하셨다. 그래서인지 밥의 양이 좀 많다 싶으면 약간 덜어놓고 드시곤 했다.

아이들에게도 늘 "꼭꼭 씹어 먹어야 된다."면서 "음식을 50번씩 씹어 먹어야 소화가 잘 된다."고 강조했다. 또 밥을 물에 말아 먹으면 몇 번 씹기도 전에 삼키게 되므로 골고루 씹기 위해선 물이나 국에 말지 않는 게 좋다고 하셨다.

나는 조 선생님께 좋은 음식을 차려드리지 못하는 것이 늘 마음에 걸렸다. 허나 그분은 빈약한 상을 받으시고도 늘 같은 양을 맛있게 자셨다. 다드신 음식 그릇엔 항상 밥알 한 톨 남아 있지 않았다.

해방 10여 년 전부터는 조 선생님의 사회활동이 일절 금지됐다. 조 선생님께 일일이 말씀을 드릴 수 없었지만, 집안 살림 또한 점점 어려워졌다. 때론 식량을 구하기 위해 시골로 다니기도 했다. 그러나 이 같은 어려움은 평양 사람들이라면 대부분 겪을 수밖에 없었던 그 시절의 아픔이었다.

한번은 어느 분이 돼지고기 몇 근을 사 들고 왔다. 그 고기를 삶아 조 선생님께 드렸다. 그런데 아직 서너 살밖에 되지 않는 셋째 아들 연홍이가 허연 비계살을 덥석덥석 먹는 것이었다. 그만큼 음식이 귀하고 특히 고기는 구경하기 힘든 시절이었다.

1944년 4월, 그분은 가족을 이끌고 평양을 떠났다. 선대의 고향인 강서로 돌아간 것이었다. 태평양전쟁으로 국내 정세가 날로 급박해질 때였지만, 조 선생님은 고향에서 모처럼 한가롭게 쉴 수 있었다. 민족의 아픔을 잊을 수는 없지만, 실로 오랜만에 갖는 휴식이기도 했다. 가슴 아픈 소식을 매일 듣는 것도 아니었고, 평양에 비하면 일제 당국의 감시와 탄압도 덜 했다. 선생님은 무엇보다 학병권유 연설을 하라는 일제의 끈질긴 압박을 피할 수가 있어서 다행이라고 말씀하셨다.

그때가 마침 봄이라서 우리는 텃밭에 여러 가지를 심었다. 옥수수, 호박, 오이, 고구마, 감자, 토마토, 파, 낙화생(=땅콩)... 또 해바라기, 꽈리, 복숭아, 나팔꽃.... 닭도 몇 마리 길렀다. 집은 아담했다. 안채에는 방 두 개와 부엌이 있었고, 바깥채에는 광과 문간방이 하나씩 있었다. 뒤뜰엔 큰 살구

1987년 4월 16일 천안 독립기념관 뜰에서 제막된 고당 어록비. 사진 왼쪽 첫 번째 백선엽 예비역 대장, 가운데 부인 전선애 여사, 맨 오른쪽 방상훈 〈조선일보〉 사장. 이 비는 고당이 사장을 지냈던 조선일보 사가 세웠다.

나무가 있었으며, 집 주변엔 제법 넓은 텃밭이 있었다. 나는 항상 긴장의 연속으로 지친 조 선생님이 그곳에서 잠시나마 편히 쉬시길 바랐다. 마을 분들이라야 이리저리 따져서 모두 '아재'나 '조카'였기에 고당 선생을 진정으로 반겨 주었다. 이미 장성한 장남 연명은 평양에 있었고, 차남 연창은 서울에서 학교를 다닐 때라 가족이라야 어린 삼남매뿐이었다. 3녀 선영이 소학교에 입학할 즈음이었고, 3남 연흥이 다섯 살, 4남 연수가 세 살이었다. 고당 선생은 3남 연흥이 난생 처음 보는 소가 신기하여 뒤쫓아 다니는 것을 행여나 다칠세라 따라다니면서, 그렇게 한가한 세월을 보냈다.

마을의 친척들은 고당 선생을 자랑스러워하며 무엇이든 돕고자 했다.

1985년 2월 1일 고당 탄신일을 맞아 열린 경모모임. 한경직 당시 고당기념사업회
이사장이 인사말을 하는 동안 이날 연사인 함석헌 옹이 옆에서 듣고 있다.

조 선생께서 논농사를 짓는 것은 아니었기에 이웃들이 쌀이니 보리니 콩,
팥, 녹두 같은 양식을 조금씩 나누어 주어서 끼니 걱정은 하지 않았다. 20
리 남짓 거리의 류철리에 장날이 되어 나가면 일부러 가지고 온 찬거리까지
내게 주곤 했다. 한번은 이웃 분이 개 한 마리를 잡아 큰 양푼에 개 뒷다리
를 국물과 함께 정성껏 가져온 적이 있었다. 헌데 그분도 보신탕은 드시지
않고 나도 먹을 줄을 몰라 이걸 어떻게 하나, 하고 고민하던 일도 있었다.

평양으로부터는 어떤 기별도 없었다. 고적한 시골생활이 계속됐다. 조
선생님께는 아주 죄송한 말씀이지만, 나로서는 그때가 그나마 가까이서 그
분을 모시고 가장 행복한 추억을 만들던 시절이었다.

몇 달 후 차녀 선희네 가족이 강서로 오게 되어 문간채에서 함께 살았
다. 사위 강의홍(康義弘)은 평양에 남고 여섯 살 난 맏이 제억(濟億) 등 삼

남매를 데리고 왔다. 이미 전쟁은 막바지였고 식량난은 더욱 심해진데다가 미군의 폭격설까지 나돌자, 이를 피하고자 했던 것이다.

고만고만한 아이들 셋이 더 늘어나 여섯이 되다 보니 고당 선생의 시골 생활도 바빠졌다. 밭에는 호박과 오이가 달리고 토마토도 탐스럽게 익어 갔다. 조 선생님은 아침마다 큰 소쿠리를 들고 이것저것 따러 나섰다. 그럴 때면 제억이와 연흥이가 졸졸 뒤따랐다. 다섯 살 연흥이가 삼촌이었지만 조카 제억이보다 한 살이 어렸다. 당시 딸네와 한 울타리 안에 살긴 했지만 음식은 따로 장만했다. 조 선생님은 그게 편하다고 했다. 어느 날 아침 오이를 따기로 했다. 50여개를 딴 선생은 오이를 나누기 시작했다.

"제억이네 하나, 연흥이네 하나, 제억이네 둘, 연흥이네 둘..."

그렇게 똑같이 나누었는데, 돌연 제억이가 엉뚱한 소리를 했다.

"왜, 연흥이넨 한 개가 더 많아?"

"허, 그것 참..."

조 선생님이 아이들을 뒤로 하고 방에 들어오시더니 웃고 있는 저에게 "선희가 들었으면 낭패 볼 뻔했네..."라며 멋쩍게 웃으셨다. 이런 가벼운 사건 말고는 정말 평온한 하루하루가 8월까지 계속되었다.

그러다가 돌연 해방이 찾아 왔다. 소식을 제일 먼저 전한 이는 장남 연명이었다. 바로 전날 아버지를 뵈러 왔다가 15일 아침 자전거로 평양으로 향했다. 그런데 중간 지점인 태평면(太平面) 사무소를 지나다가 정오에 방송된 일본의 항복 소식을 듣고 부리나케 되돌아 왔다.

"아버님, 일본이 항복했답니다!"

조 선생님은 아무 말씀 없이 집 뒤 언덕으로 올라가셨다. 그 벅찬 감동을 애써 진정시키며 앞날을 걱정하시는 듯했다. 그리고 8월 17일, 평양으로 떠나셨다. 그날이 사실상 가족과의 이별이었다.

1945년 8월 15일! 마침내 일본은 태평양전쟁에서 연합군에게 무조건 항복을 선언했다. 동시에 우리는 36년 만에 일본 제국주의의 압제에서 해방되었다. 해방이 되자 평안남도지사 후루카와 가네히데(古川兼秀)는 수습책을 협의하고자 전 숭인상업학교장 김항복에게 연락을 취하여 은거 중인 고당을 초청하고자 했다. 김항복은 김동원 등 몇 사람과 협의한 뒤 고당의 사위 강의홍을 데리고 도청 소속 차를 타고 긴급하게 고당을 찾아갔다. 해질녘 고당을 만난 김항복은 일본인 도지사의 뜻과 동시에 평양 유지들의 의향도 전하면서 평화적인 행정권 인수를 권했다.

"음... 생각 좀 해봐야겠소."

고당은 해방에 감격하고 있었으나 일본인의 초청에 선뜻 응하기 싫은 눈치였다. 김항복은 평양으로 돌아와서 경과를 보고한 뒤 유지들과 협의한 끝에, 고당과 절친한 오윤선 장로를 통해 다시 권고하기로 했다. 오 장로는 친히 편지를 썼고, 이번에는 도청의 차가 아닌 민간인 차를 전세 내어 특사를 보냈다.

이번 특사는 고당의 집 근처에 살던 송호경(宋昊景)이었고, 운전수는 대동군 남곳면에 사는 김승명(金承明)이었다. 오 장로는 운전수까지도 지명하는 신중함을 보였다. 당시 운전수의 말에 의하면 16일 오후 10시쯤 고당의 집에 도착했다가, 이튿날 새벽 2시에나 출발했다고 한다. 오 장로의 편지는 "해방을 맞아 우리 민족은 선생이 세상에 다시 나오기를 간절히 바라

1984년 준공된 서울 중구 저동의
고당기념관.

고 있소. 이 여망을 저버리지 마십시오."라는 내용이었다. 이에 고당은 바로 응하지 않고 4시간 가량 심사숙고 했던 모양이다.

　마침내 권고를 받아들인 고당은 가족을 남겨둔 채 단신으로 평양으로 돌아왔다. 그는 우선 사돈 강덕희(康德熙)의 보화의원(普化醫院)으로 찾아가 인사를 하고는 바로 오윤선 장로의 집으로 향했다. 고당은 "죽은 후에 비석에 눈을 새겨 두라!"는 비장한 결의로 은거한 지 1년 만에 예기치 않게 찾아온 해방을 맞아 평양으로 개선했다. 하지만 기쁨도 잠시, 또 다른 시련이 그를 기다리고 있었다.

曺晩植

제 9 장

해방된 나라를 두 동강 낸 '붉은 군대'

너무나 짧았던 감격의 열흘

8월 15일 정오 라디오에서는 무조건 항복을 선언하는 일본 천황의 떨리는 목소리가 흘러나왔다. 평양 시민들은 처음엔 반신반의했으나 이내 감격의 환호성을 질렀다. 평양시 전체는 삽시간에 감격의 도가니가 되었다. 시장, 점포, 관공서 할 것 없이 모든 일이 일시에 중단됐다. 3·1운동 이후 두 번째 철시(撤市)였다. 3·1운동 당시의 철시는 죽음을 각오한 것이었으나, 이번에는 해방을 기념하는 감격의 철시였다. 모든 관공서는 업무를 중단했고 전차나 트럭도 운행이 중지됐다. 오로지 시민들의 함성만이 거리를 메웠다.

일본인들은 공포에 휩싸여 집밖으로 나오지 못했다. 그러나 평화를 사랑하는 민족답게 시민들은 일본인에게 관용을 베풀었다. 개인적으로나 집단적으로 보복적 폭행을 가하는 일은 일절 발생하지 않았다. 후에 진주한 소련군이 일본여성을 능욕하는 등의 사건이 벌어졌을 때에도 일본인들을 동정하고 도와 주었다. 외국 통신은 이러한 사실을 전 세계에 보도하면서 '한국인은 대국민으로서의 금도(襟度)를 가지고 관용을 베푸는 민족'이라고 높이 평가했다.

다만 8월 15일 저녁 일제의 상징인 평양신사가 청년들의 방화로 인해 전소되었다. 이런 사건은 진남포, 안주 등 곳곳에서 발생했다. 그러나 일본인의 생명과 재산에 해를 가하는 행위는 전혀 없었다. 다시 말해 침략의 상징은 소탕했지만, 패망한 일본인의 죄는 더 추궁하려고 하지 않는 인간애의 발로였다.

해방 후 열흘 동안은 평양 천지에 자유가 넘쳐흐르는 황금시대였다. 하지만 단 열흘을 '시대'라고 부르기에는 너무도 짧고 허무한 기간이었다. 태평세월을 뜻하는 말 중에 서기형조(庶幾刑措)라는 표현이 있다. 세월이 좋아 형벌을 쓸 필요가 없는 일종의 자유방임 상태를 의미한다. 해방 후 10일 동안의 평양은 일종의 무정부 상태였다. 일본 경찰의 치안 기능은 정지됐고, 자발적으로 조직된 민간 치안대 또한 변변치 못했다. 통행금지 같은 어떠한 제한 조치도 없었다. 그러나 이런 자유방임 상태에서도 아무런 범죄가 발생하지 않았다. 해방이 가져온 민족적 기쁨이 사적인 욕망을 억제했기 때문이다. 내 자유를 즐기는 동시에 남의 자유를 침범하지 않는다는 성숙된 시민의식이 저절로 형성되었던 것이다. 해방과 자유는 모든 사람의 마음을 관대하고 어질게 감화시켰던 모양이다.

그런데 평온한 거리에 정체불명의 전단들이 뿌려지고 벽보가 나붙기 시작했다. 서울과 평양 거리는 술렁이기 시작했다.

"김일성 장군이 평양에 입성한다."

"해방된 조선에 곧 동진공화국(東震共和國)이 수립된다."

"미국의 이승만과 중국의 김구, 그리고 소련의 김일성이 국내의 여운형과 손잡고 동진공화국을 세운다."

이런 종류의 오보가 흥분된 민심을 더욱 자극했다. 물론 그것은 낭설이었다. 하지만 '해방 황금시대'는 오래가지 않았다. 패전국인 일본은 찍소리도 못했으나, 승전국인 미군과 소련군이 38선을 경계로 남북을 분점한다는 사실이 알려졌다. 이어 소련군 대부대가 전격적으로 평양에 입성했다.

평남 건준(建準) 위원장에 오르다

 평양으로 돌아온 고당은 오윤선 장로의 집에 묵으면서 동지들과 함께 평남건국준비위원회(세칭 '建準') 결성에 착수했다. 당시 가장 시급한 문제는 치안의 공백이었고, 이를 해결하기 위한 민족 자치기관이 필요했기 때문이다. 이때 서울에서도 여운형과 안재홍 등이 건준의 칭호를 쓰고 있었다. 고당이 같은 칭호를 택한 것은 우연이었다. 자주적인 독립국가를 수립하려는 취지에서 나온 칭호였을 뿐 서울과 평양의 직접적 관련은 없었다. 고당은 정세를 파악하기 위해 서울의 김성수, 송진우 등에게 연락을 취했다. 서울에서는 16일부터 동포들에 대한 격려와 함께 일본인에 대해서 자중할 것을 당부하는 방송을 했다. 평양에서는 평양방송국을 통해 오윤선 장로가 같은 취지의 방송을 했다.

이 시기에 고당은 머리와 수염이 새하얀 백발노인이었다. 그러나 청초하고 강건한 모습과 그 기백은 청년 시절과 조금도 다를 바가 없었다. 복장

또한 여전히 말총모자와 무릎치기 모시두루마기였다. 다만 뒷머리에 종기가 나서 흰 붕대를 감고 있었다. 9월이 돼서야 붕대를 풀 수 있었는데 동지들이 "선생님, 이제야 붕대를 푸셨군요."하면서 기뻐하자 고당은 "네, 망건을 벗었습니다."라고 농담을 건네기도 했다.

고당을 수반으로 한 평남건국준비위원회는 오 장로 집에서 간부 명단을 발표하고 2, 3일 후에 백선행기념관으로 사무소를 옮겼다. 고당 또한 숙소를 기념관 근처의 태평양호텔로 옮겼다. 당시 건준의 간부 명단은 다음과 같다.

위원장 조만식, 부위원장 오윤선, 총무부장 리주연(李周淵), 재무부장 박승환(朴承煥), 선전부장 한재덕(韓載德), 산업부장 이종현(李宗鉉), 지방부장 이윤영(李允榮), 교육부장 홍기주(洪基疇), 외교부장 정기수(鄭基琇), 치안부장 최능진(崔能鎭), 무임소위원 김병연 · 노진설(盧鎭卨) · 김광진(金洸鎭) · 지창규(池昌奎) · 한근조 · 김동원.

거의가 민족진영 혹은 민주진영에 속한 사람들이었다. 다만 리주연, 한재덕 두 명 만이 공산주의 계열에 속했다.(김학준 저『북한의 역사』서울대 출판부 발간 참조). 이러한 위원 구성에는 소위 정치적 색채가 참작된 것이 사실이었다. 그러나 그것은 평양사회의 정치적 경향을 반영한 것이었다. 말하자면 평양사회에서는 일찍이 공산주의 운동이 기를 펴지 못했음을 의미한다. 일제 때부터 민족자본에 기반을 둔 기업활동이 왕성했고, 또한 기독교를 배경으로 한 민족주의 혹은 민주주의 세력이 절대적으로 우세했기 때문이다.

이러한 평양사회의 사상적 전통과 현실은 소련군과 공산주의자들이 넘어야 할 커다란 장벽이었다. 그들은 갖은 모략과 공작으로 점차 세력을 확장하기 시작했다. 그들의 야욕은 평안남도 인민정치위원회를 수립하면서 노골적으로 드러났다.

건준 위원을 구성할 당시 될 수 있는 대로 많은 인원을 포섭하려고 했다. 그런데 사업을 기동적으로 하기 위해서는 소수 인원이 효과적이라는 공산주의 측의 의견이 결국 채택됐다. 당연히 건준에 참여하리라고 믿었던 많은 인사들이 명단에서 제외되자 여기에 강한 불만을 품었다. 이들은 "건준은 조씨 일당의 편협한 인사이다!"고 비난하다가 결국 공산주의자들과 정치적 노선을 제휴하고자 했다. 결과적으로 소수 인원의 건준을 구성한 것은 이후 공산 진영과의 대결에 있어서 민족진영을 결속하는데 적지 않은 지장을 초래하게 된다.

건준은 그들의 불만을 잠재우고 이탈을 막기 위해 참여(參與)제도를 신설, 8월 22일 경에 각계각층을 망라한 60여명을 참여로 선임했다. 그러나 이 참여제도는 실행될 수 없었다. 소련군이 강압적으로 신정권인 평안남도 인민정치위원회를 수립하여 건준을 해체시켰던 탓이다.

당시 해방의 기쁨과 더불어 부정확한 정치적 오보와 풍설이 민심을 자극하고 사회를 동요시켰다. 건준은 설립되자마자 우선적으로 선전활동을 개시했다. 평양 시민들에게 정확한 정보와 뉴스를 제공하는 것이 무엇보다 시급했기 때문이다. 건준 선전부는 신속한 정세 파악을 위해 서울과 긴밀한 연락을 취하면서 벽보와 가두방송을 통해 민심을 안정시키려고 힘썼다.

이러한 서울과 평양의 각 건준의 권고활동과 해방된 기쁨이 어우러져 치안상태는 매우 안정적이었다. 평양은 평온하기만 했다. 건준 치안부는 개점휴업 상태나 마찬가지였다. 건준 치안부 산하이 치안대에 자원하려는 청년들이 많아 얼마든지 조직을 확대할 수도 있었다.

그렇지만 일본인들로서는 패전은 인정하나 일반행정이나 치안권에 대한 별도의 상부 지시가 없었으므로 건준에 실질적 권한을 넘겨줄 수도 없는 상황이었다. 다만 일본 측은 평안남도 도청의 한국인 고급관리였던 한희석(韓熙錫) 지방과장과 한복(韓宓) 산업과장 두 명을 대표로 건준에 보내 인사했다.

건준 산업부는 전시 중의 물자 및 산업시설을 조사하여 통계를 내려고 했다. 교육부는 각 학교와 연락해서 언제든지 인수할 수 있도록 만반의 준비를 했다. 지방부는 각 시군에 설립할 지부조직을 서두르고 있었다. 일부 지방은 독자적으로 치안 유지회를 조직하여 자치적으로 활동하기도 했다. 8월 22,3일 경에는 평남선 진지동역(眞池洞驛) 근방에 있는 조선제강주식회사(=일본 '대동제강' 계통)에서 한국인 종업원 간에 갈등이 불거져 소요가 일어날 뻔했다. 소식을 들은 건준은 시급히 간부를 보내 사태를 무마하기도 했다.

건준은 설립 후 짧은 기간 동안 많은 준비를 하려고 했지만 본격적인 활동은 하지 못한 채 해체되어야 했다. 일본 측이 행정권을 소련군에게 넘겼기 때문이다. 소련군은 진주하자마자 신정권인 평안남도 인민정치위원회를 조직했고, 이에 따라 건준은 해체될 수밖에 없었다. 그럼에도 불구하고 해방되자마자 고당을 중심으로 펼쳐진 건준의 활동은 도민 전체, 아니 북한 1천만 동포를 하나로 단결시켰음에 분명하다. 만약 일본이 빨리 행정권을 넘겨주거나 혹은 소련군정이 별도의 조직체를 만들지 않았다면, 고당을 중심으로 자주적인 건국이 순조롭게 진행될 수도 있었을 것이다.

아무도 짐작하지 못한 남북 분단

여기서 반드시 지적되어야 할 것은 북한의 어느 누구도 북한만을 단위로 하는 정치조직을 만들지 않았다는 사실이다. 북한의 중심인 평양에서 고당이 출범시킨 조직도 평남건국준비위원회였지 북조선건국준비위원회가 아니었다. 또 고당은 서울로 밀사를 보내 "서울과 평양이 행동을 같이하자!"고 제의함으로써 남한과 북한이 별개의 길을 걷는 것을 처음부터 방지하고자 했다.

왜 그러했던가? 민중들은 어느 누구 할 것 없이 남북분할 사실 자체를 몰랐거나, 설령 알았더라도 그것은 잠정적인 일이라고 여겼다. 결국에 가서는 수도 서울에 세워질 독립된 하나의 중앙정부에 의해 통일적으로 통치되리라고 믿었던 것이다. 민중들이 자신들의 조국이 북위 38도선을 경계로 남북으로 분할된다는 사실을 안 것은 북쪽에서는 소련군이 평양주둔을 완료한 8월 26일이었고, 남쪽에서는 조선군관구사령부가 그 같은 사실을 발표한 8월 28일이었다.

다음은 건준을 설립하면서 발표했던 고당의 담화문이다.

"과거의 소사(小事)는 청산하고 동포여 건국에 돌진하자!"

건국준비위원회의 사명

우리 강산에 이같이 기쁜 일이 있게 된데 대하여는 다 같이 경하하는 바이다. 여기에서 특히 건국준비위원회의 본질과 사명에 대하여 간단히 설명하여 동포에게 고하는 말로 하련다.

먼저 몇 가지 말할 것은 36년간의 일본 통치관계가 마침내 금일 와서 분리하게 되었고, 또 소련과 미·영군이 상륙하는 동시에 해외정부가 들어오게 된 바, 유사 이래 미증유의 이런 큰 일이 전개되는 이때에 가장 크게 문제될 점은 서로 마찰 충돌할 위험성이 가장 많게 되었다는 것이다. 그러므로 건국준비위원회라니까 무슨 조각(組閣)이나 하고 방금 정부가 되는 것같이 해석하는 경향이 있을지 모르나 그런 것이 아니고, 주로 치안유지를 목표로 하는 기관인 것이다.

여기에 관하여 몇 가지 말할 것은 일본인에게 가해(加害)하는 등의 일은 절대로 금하여야 되겠다는 것이다. 여기에서 가해라는 것은 반드시 육체적인 박해만을 의미하는 것이 아니고 정신상 상대의 인격이나 자존심을 상하는 것도 의미하는 것이다. 생각건대 30여년간 우리가 피통치자로 지나온 동안에는 민족적 원한과 통분도 물론 없지 않았을 것이나, 지금은 우리가 가장 큰 일을 할 때이지 그런 과거의 구구한 일을 추궁할 때가 아니다. 우리가 정치적 속박을 벗어나 자유롭게 건국할 이때 무엇보다도 피차 곱게 분리하는 이상의 좋은 길은 없다.

생각해 보자. 가령 조선에 있는 일본인은 군인을 합하여 1백만 내외에 불과한데, 그들에게 가해를 하고 보면 일본에 가있는 7백만 동포의 입장이 어떻게 되겠나요? 그뿐만 아니라 일본인에게 가해를 한다면 그네들이 수수(袖手)하고 가만히 이것을 감수하겠는가? 다시 그들과의 사이에 유혈을 보이지 않으면 안 될 것이다.

또 만주에 가 있는 조선동포를 생각해 보자. 우리가 자기 땅에 있는 다른 민족을 가해한다면 만주에 가 있는 2,3백만 동포가 만주인에게 피해를 받는 경우를 생각하지 않으면 안 될 터인데, 그 얼마나 기가 막히는 일이랴. 물론 다른 이유도 있지만 주로 이상과 같은 이유로 일본인에게 절대로 해를 가하여서는 안 되겠다는 것을 부르짖는 것이다. 그리고 생명뿐만 아니고 신궁(神宮), 불각(佛閣), 사원(寺院), 건물, 은행, 회사, 점포, 선박, 철도, 교량, 일반시설에 대하여도 절대로 소각 파괴하는 일이 없도록 피차 엄금키로 하자. 그것이 이제 우리의 것이 될 게 아닌가.

다음은 조선인끼리 동포가 피차 서로 해치지 말아야 되겠다는 것이다. 가령 관·공직 기타 직에 있을 때 단체적 또는 개인적으로 쌓인 원한을 이유사시에 보복하겠다는 심리가 생기기 쉬우나, 전 동포가 힘을 합하여 손을 맞잡고 큰일을 달성하여야 될 이때에 동포가 서로 해하는 등의 일이 있어서는 안 되겠다. 자유와 광명이 스스로 우리에게 오는 때 무슨 까닭으로 그런 소소한 일에 매이어 큰일을 잊어 좋으랴. 아무쪼록 우리 민족의 빛나는 장래를 생각하여 건국이란 위대한 사업에 우리의 전력을 다하여 활동할 때는 바로 이때다. 아무쪼록 가장 중요한 때니, 서로 자숙하여 우선 분리(分離)를 곱게 함으로써, 독립국인으로서의 긍도(矜度)를 보이고 오로지 광명과 희망에 찬 나라를 건설하자.

1945. 8. 17.

평남건국준비위원회 위원장 조만식

(1945년 8월 18일자 〈평양매일신문〉 호외)

38선에 철의 장막 친 소련군

1989년의 소련 몰락 이후 현실적인 사회주의 국가는 지구 상에서 종말을 고했다. 또한 새롭게 공개된 소련 비밀문서와 당시 소련군 장성들의 회고와 증언들을 통해 새롭고도 객관적인 자료들이 많이 확보됐다. 그러한 자료를 토대로 최근 10여년간 진행된 연구들을 참조해 해방 이후 고당의 삶의 궤적을 추적해 보았다.

소련군은 8월 12,3일에 청진항을 공격하면서 북한 땅에 처음으로 발을 디뎠다. 소련군은 8월 15일에 평양과 원산에서 총사령관 '치스챠코프 대장의 포고문'을 발표했다. 이 포고문은 많은 지역들에서 전단의 형태로 살포됐다. 그 전문을 북한의 공식간행물로부터 인용하여 정리하면 다음과 같다.

조선인민들에게!

조선인민들이여! 소련군대와 동맹구 군대들은 조선에서 일본 약탈자들을 축출했다. 조선은 자유국이 되었다. 그러나 이것은 오직 신조선 역사의 첫 페이지가 될 뿐이다. 화려한 과수원은 사람의 노력과 고려(顧慮)의 결과이다. 이와 같이 조선의 행복도 조선인민이 영웅적으로 투쟁하며 꾸준히 노력하여야만 달성된다.

일본통치하에서 살던 고통의 시일을 기억하라! 담 위에 놓인 돌멩이까지도 괴로운 노력과 피땀에 대하여 말하지 않는가? 누구를 위하여 당신들이 일하였는가? 왜놈들이 고대광실에서 호의호식하며 조선사람들을 멸시하며 조선의 풍속과 문화를 모욕한 것을 당신들이 잘 안다. 이러한 노예적 과거는 다시 돌아오지 않을 것이다. 진저리나는 악몽과 같은 그 과거는 영원히 없어져 버렸다.

조선사람들이여 기억하라! 행복은 당신들의 수중에 있다. 당신들은 자유와 독립을 찾았다. 이제는 모든 것이 죄다 당신들에게 달렸다.

소련군대는 조선인민이 자유롭게 창작적 노력에 착수할 만한 모든 조건을 만들어 주었다. 조선인민 자체가 반드시 자기의 행복을 창조하는 자로 되어야 할 것이다. 공장 제조소 및 공작소 주인들과 상업가 또는 기업가들이여! 왜놈들이 파괴한 공장과 제조소를 회복시켜라! 새 생산기업체를 개시하라! 소련군대 사령부는 모든 조선기업소들의 재산보호를 담보하며 그 기업소들의 정상적 작업을 보장함에 백방으로 원조할 것이다.

조선노동자들이여! 노력에서의 영웅심과 창작적 노력을 발휘하라! 조선 사람의 훌륭한 민족성 중 하나인 노력에 대한 애착심을 발휘하라! 진정한 사업으로써 조선의 경제적·문화적 발전에 대하여 고려하는 자라야만 모국 조선의 애국자가 되며 충실한 조선사람이 된다.

해방된 조선인민 만세!

이 포고문은 일제의 식민통치가 조선인들에게 준 고통을 상기시키고 조선인들의 해방을 소련이 도왔다는 사실을 강조하고 있다. 또한 소련점령군에 대해 가질 수 있는 조선인들의 경계심을 해소시키려고 하는 데, 특히 상공인들을 안심시키는 데 역점을 두었다. 소련군이 사기업들을 국유화하고 상공인들을 철저히 탄압할 것이라는 두려움을 미리 씻어 주고자 한 것이었다. 그런데 이 포고문에는 마르크스-레닌이즘의 색깔이 전혀 나타나지 않으며, 또한 소련이 북한에 대해 취할 정책의 방향에 대해서 구체적으로 밝히고 있지 않다. 그리고 무엇보다도 38도선에 대한 언급이 전혀 없다. 즉 소련군의 속셈을 알 수가 없었다.

소련군 선발대가 공식적으로 평양에 들어 온 것은 24일이었다. 그날 오후 2시에 카멘슈코프 소령이 이끄는 소련군 일행이 3대의 대형수송기로 평양에 도착했으며, 오후 5시에 일단의 소련군이 평원선 열차로 원산으로부터 평양에 도착했다.

평양시민들은 평양역 광장에서 환영대회를 열었다. 건준 본부에서는 '해방군대'를 맞이하는 것이므로 전 시민이 환영하도록 권고했다. 고당을 비롯한 건준의 모든 간부들과 거리를 꽉 메운 시민들은 소련군을 진심으로 환영했다. 스코틀랜드 민요 '올드 랭 사인'에 맞춘 애국가의 연주가 끝난 뒤, 소련국가가 연주되었다. 평양시민들은 당시 소련국가를 몰랐다. 일본의 반소정책 탓에 어느 음악책에도 소련국가의 악보는 실려 있지 않았다. 급히 여기저기 찾아보니 '노서아국가(露西亞國歌)'라는 게 있었고, 그것을 장대현교회 김화식(金化湜) 목사의 아들 김동진(金東振)이 편곡했다. 나중에 알고 보니 그것은 제정러시아의 국가였다.

그런데 역 앞에 소련군 장교들만 나타났을 뿐 일반 사병들은 역에서 나오지 않았다. 기다리던 시민들은 약간의 실망을 안고 흩어져 돌아가야 했다. 병사들은 하루를 역 구내에서 지내고 다음날 역 밖으로 쏟아져 나왔다. 누더기 군복에 허기진 얼굴을 한 그들의 모습은 흡사 굶주린 늑대 무리들과 같았다. 전날엔 '위대한 소련군'의 체면을 구길까봐 차마 군중들에게 나타날 수 없었던 것이다. 전쟁에 지친 소련군에게 새로운 점령지는 전시의 갈증을 채울 수 있는 오아시스로 다가왔을 것이다. 그런데 3천명 가량의 소련군은 대부분 키가 작은 몽골출신 소년병들이었다. 소년병들은 남루한 군복을 입고 총에 가죽끈을 달아서 어깨에 축 늘어지게 메고 있었다. 기세등등한 일본군만 봐오던 시민들에게 그들은 빈약한 인상을 주었다. 잠시 휴식을 취한 그들은 이내 경의선으로 갈아타고 38선 접경 지역인 금교(金郊)로 향했다. 평양 시민들은 오자마자 남하하는 소련군의 의도를 짐작조차 못하고 의아해하기만 했다. 이때까지만 해도 일반 민중은 국제외교의 흑막이 38선을 설정한 사실을 알 리 없었다. 더구나 소련군이 그 운명적인 분할선 위에 철의 장막을 치리라고는 상상조차 못했다.

26일에는 소련군의 본대가 평양으로 들어왔다. 이날 총사령관 치스챠코프(Chistiakov, Ivan Mikahilovich)를 태운 비행기가 평양 근교의 활주로에 내려앉자 많은 북한주민들이 깃발을 흔들며 환성을 질렀다. 평양 땅을 밟은 치스챠코프는 곧바로 제25군 작전부장대리 라닌(Lanin, V.M.) 중령에게 집회를 열게 했다. 라닌이 소개말을 했다.

"친애하는 동지들! 평양에 일본군을 격파하고 당신들에게 자유를 가져다준 제25군 사령관이 도착하였습니다. 그의 성은 치스챠코프입니다. 그는 동부전선에서뿐만 아니라 서부전선에서도 싸웠습니다. 그에게 인사말을 부탁합니다."

치스챠코프는 이렇게 연설했다.

친애하는 동지들! 볼셰비키 당과 소련정부가 일본침략자들로부터 조선을 해방시키라고 우리를 이곳에 보냈습니다. 우리는 정복자로서가 아니라 해방자로서 이곳 당신들에게 왔습니다. 우리는 유럽에 대해서나 아시아에 대해서나 가리지 않고, 남의 영토를 점령하거나 다른 나라 사람들을 정복하려는 그러한 전쟁 목적이 없습니다. 이것은 스탈린 대원수의 명령이므로 우리는 그대로 합니다. 우리는 우리의 질서를 당신들에게 강요하지 않을 것입니다. 지금 당신들 인민은 이 나라의 주인입니다. 당신들의 손으로 권력을 장악하십시오. 그리고 당신들의 미래를 건설하십시오. 우리는 당분간 당신들을 보호할 것이며 당신들의 새 생활 건설을 도울 것입니다.

이 연설문은 확실히 그의 포고문과 흐름을 같이 했다. 치스챠코프의 연설이 끝나자 각계를 대표하는 한국인들이 차례로 연설했다. 그들은 모두 일본의 식민지배로 겪어야 했던 힘든 생활에 대해 이야기했으며, 소련군에 감사를 표시하고 한국과 소련 사이에 영원하고도 굳은 우호가 있기를 축원했다. 이 짧은 집회가 끝나자 치스챠코프는 숙소인 철도호텔로 향했다. 그가 지나가는 모든 거리마다 사람들로 가득 찼고, 그들은 그의 차를 향해 꽃

다발을 뿌리며 '만세!'를 수없이 외쳤다.

그러나 소련 점령군은 치스챠코프의 평양 도착을 전후해 38도선을 공식적으로 봉쇄했다. 구체적으로 8월 24일에 서울과 원산을 잇는 경원선을, 25일에는 서울과 신의주를 잇는 경의선을, 26일에는 남의 경기도 개풍군의 토성(土城)과 북의 황해도 해주(海州)를 잇는 토해선(土海線)을 각각 끊었고, 25일에는 사람과 물자의 왕래도 끊었다. 남북 간 전화와 통신은 9월 6일에 끊었다. 그러나 처음엔 평양 시민들도 그들의 말대로 일본군을 무장해제 하기 위한 일시적 협정에 의한 조치로 알았을 뿐 영구적인 분단으로 생각하지는 않았다. 그런데 주민들이 이를 무시하고 남하하면, 소련군은 이들에게 무자비하게 발포하고 소지품을 약탈하기 시작했다. 이런 사실이 평양에 알려지자 시민들은 분노와 공포에 휩싸였다. 해방된 지 열흘 남짓밖에 안 된 터이라 그 충격은 매우 컸다.

8·15 해방 후 고당을 수반으로 한 건준이 설립된 이래 열흘 동안의 '황금시대'는 일장춘몽처럼 사라졌다. 고당은 38선 분할점령 소식을 듣고 허탈감과 불길함을 느꼈다.

"일본군 무장해제를 위해 과연 20만이나 된다는 소련군이 필요했을까?"

더구나 소련군은 일본군이 없는 각 지방의 면면촌촌까지 진주해서 갖은 행패를 부렸다. 백주에 주민의 시계를 강탈하는 등 평양을 비롯한 북한 전역에서 소련군은 약탈을 자행했다. 이를 피해 38선을 넘어 월남하려 하면 무조건 총질을 해댔다. 북한 주민들은 억울함과 공포감에 떨지 않을 수 없었다. 즉 북한의 1천만 동포는 울안에 갇혀 속수무책으로 약탈당하는 신세가 되었다.

　소련군은 38선 봉쇄 이후 제2단계로 북한에서 정치적으로 약세에 있던 공산당을 급속히 육성하는 데 주력했다. 이 두 가지 정책은 북한을 분할 통치하는 2개의 큰 축이었다. 그들은 북한을 단시일 내에 적화시키고 한국 전체를 석권해서, 자신들의 위성국 혹은 괴뢰국으로 만들려는 것이었다. 소련의 야망은 이 땅의 해방을 도우려하기보다는 이 기회에 한반도를 통째로 삼키려는 것이었다.

曹晩植

제 10 장
호가호위(狐假虎威)하는 불쌍한 인간 군상

소련군은 해방군인가? 점령군인가?

소련군이 북한점령을 끝낸 날로부터의 첫 며칠 동안에는 소련점령군 수뇌부와 우리 측 지도자들 사이에 적어도 표면적으로는 갈등보다 협력이 지배적이었다. 이 점과 관련해 당시 소련점령군의 제2인자였던 정치담당 군사위원 레베제프(Lebedef, Nikolai Georgievich) 소장은 이렇게 회고했다.

해방 10일이 지난 1945년 8월 25일, 소련 25군 총사령관 치스챠코프 대장이 함흥을 거쳐 평양에 도착했어요. 나는 사흘 뒤인 28일에 평양으로 들어왔는데 치스챠코프가 내게 조만식 이야기를 들려줬어요.

치스챠코프가 도착한 이튿날인 26일에 조만식이 소련어를 잘하는 박정애를 대동하고 치스챠코프를 찾아왔더랍니다. (...) 조만식이 찾아와 "소련군은 해방군인가? 아니면 점령군인가?"라고 묻더라는 거지요. 치스챠코프

1945년 평남 인민정치위원회 위원장 시절의 고당. 머리에 붕대를 감고 있는 이 모습이 그의 마지막 사진이다.

대장이 "소련군이 온 목적은 조선해방이다."라고 대답하면서 "나는 순수한 군인이니 정치적인 문제는 이틀 뒤 전문가인 레베제프 소장이 오면 그에게 물으라."고 했다는 거예요. 내가 평양에 도착한 하루 뒤인 29일에 조만식은 박정애와 승리(勝利)양조장 주인 최아립을 대동하고 찾아왔습니다. 그는 해방 직후 평양의 정치·경제·사회상황 등을 상세히 설명하더군요. 그리고는 소련군이 영토 확장을 위한 점령군이 아니라면 조선인민이 자유롭게 살 수 있도록 협력해 달라고 요청했습니다. 나도 이 점을 굳게 약속했지요.

〈중앙일보〉 특별취재반 지음,

『비록(秘錄) 조선민주주의인민공화국』

예정대로 8월 29일 북한주둔 소련군사령부와 평남건국준비위원회 사이의 회담이 사령부가 위치한 평양의 철도호텔에서 열렸다. 그런데 거기에는 이미 현준혁(玄俊赫)을 비롯한 조선공산당 평남지구위원회 간부들 15명이 와 있었다. 건준이 15인의 위원들로 구성된 것을 염두에 두고 조선공산당측도 같은 수의 위원들을 참석시켰던 것이다. 회의장에는 소련군 총사령관 치스챠코프 대장을 비롯한 레베제프 소장, 그리고 민정 관리 총국장인 로마넨코(Romanenko, Andrei Alekseevich) 소장 등 막료들이 배석했으며, 박정애가 통역을 맡았다.

박정애에 대해 치스챠코프는 다음과 같이 회상했다. "회담에는 유명한 사회정치활동가인 조선의 박 데나이가 참석했다. 일본의 통치시기에 그녀는 조선에서 지하활동을 했으며 투옥된 적이 한두 번이 아니었다. 박 데나이는 러시아어도 잘했으며, 회담 때는 통역을 돕기도 했다." 박 데나이는 박정애의 러시아식 표기다.

치스챠코프는 "이제부터는 도(道)의 모든 행정에 있어서 공산당의 지도를 받아야 한다."고 고압적으로 말했다. 고당은 "우리는 그럴 수 없다."고 답했으며, 건준의 모든 위원들은 사퇴할 것임을 밝혔다. 공산당간부들은 당황해하면서 고당을 만류했다. 그들은 건준과 고당이 민중의 신망을 받고 있음을 정확히 인식했기 때문이었다. 소련군은 건준을 정권 기관으로 보지 않고 하나의 정치결사로 간주했다. 따라서 건준과 공산당이 대등한 지위에서 상호 제휴하여 연립정권의 형식을 취하도록 종용했던 것이다. 치스챠코프는 곧바로 분위기를 알아채고 "공산당과 협력하라."는 말로 자신의 첫 발언을 수정했다. 이에 건준도 한 걸음 물러나 '합작'을 약속했다.

그러면 공산주의자들은 어떤 명분으로 건준과의 합작에 응했던 것일까? 이에 대한 답은 현준혁의 이론을 살피는 것이 좋겠다. 현준혁에 따르면 현재의 조선은 너무나 빈곤하고 후진적일 뿐만 아니라 노동자들이나 농민들은 거의 아무런 능력을 갖고 있지 않으며, 따라서 프롤레타리아혁명을 추진한다는 것은 무리가 많다. 따라서 이 단계에서는 식견과 경륜을 가진 인사들이 정치적 주도권을 갖고 계급과 당파를 초월한 정치세력을 형성하여, 민족문제의 해결과 독립국가의 건설을 이끌어야 한다는 것이다. 현은 자신의 이론을 '자산계급성 민주주의혁명론'이라고 부르면서, 부르주아계급의 지도자들이 앞장서서 민족의 역량을 결집시켜 일제 식민지지배의 상처와 후진성을 극복하자고 제의했다. 이러한 맥락에서 그는 고당을 초당파적 민족통일전선의 상징적 지도자로 추대했던 것이다.

그리하여 평남건국준비위원회는 평남인민정치위원회로 개편되었다. 인적 구성에 있어서도 민족진영과 공산진영이 각각 반반씩의 비율로 조직됐다. 처음에는 총 30명으로 인선하여 발표했다가 전원이 남자인 관계로 양측에서 여성 대표를 한 명씩 추가하자는 수정안이 나왔다. 그래서 건준 측에서는 박현숙(朴賢淑), 조공(=조선공산당)측에서는 박정애(朴正愛)를 천거했다. 그래도 고당이 북한 주민의 절대적 신임을 받고 있는지라 소련 당국이나 공산당 측두 위원장 자리는 감히 넘볼 수가 없었다. 당시 위원 명단은 이랬다.

위원장 조만식(-건준), 부위원장 현준혁(-조공), 부위원장 오윤선(-건준).

건준 측 위원으로 김병연, 이윤영, 홍기주, 김광진, 정기수, 김익진, 노진설, 장리욱(張利郁), 최아립, 조명식(趙明植), 박현숙, 한근조, 김병서(金秉瑞), 이종현.

조공 측 위원으로 김유창(金裕昌), 김용범(金鎔範), 송창렴(宋昌濂), 장시우(張時雨), 리주연, 장종식(張鍾植), 문태영(文泰永), 이관엽(李貫燁), 이성진(李聲鎭), 허의순(許義淳), 한재덕, 박정애 외 3명

이 인민정치위원회라는 연립정권이 수립된 것을 계기로 민족진영(=민주진영 측을 당시는 이렇게 불렀다)과 공산진영 간의 세력균형에는 곧 근본적인 변화가 생겼다. 건준은 이제 당초의 정권 기관적인 지위에서 민족진영을 대표하는 일개 정치 결사적 지위로 전락했다. 또한 소련이 적극적으로 후원하는 공산당 측과 반수씩의 위원으로 연립하는 형식을 취하지 않을 수 없었으므로 민족진영은 실질적으로 소수당이 되었다.

소련군이 진주하기 전까지만 해도 무력했던 공산당이 일약 여당 구실을 하게 된 셈이다. 뿐만 아니라 민족진영 측에서 선출된 위원 김광진은 실제로는 공산주의자였다. 그는 9월 하순에 김일성을 만나 충성을 서약한다. 이후 그는 신정권이 수립되자 이내 공산당의 경리부장이라는 요직에 들어앉았다. 결과적으로 공산진영의 위원은 17명으로 늘었고, 건준 측 위원은 15명으로 줄고 만 셈이었다.

사사건건 충돌한 민족진영과 공산진영

정세가 이렇게 급변한 데에는 소련 군정의 방침이 가장 크게 작용했지만, 여기에 공산주의자들의 기민한 활동 또한 적지 않은 영향을 끼쳤다. 공산주의자인 현준혁은 해방 직후 간판을 평양에 내걸고 동지들을 규합하고 있었다. 그러던 차에 소련군이 진주하자 기회를 놓치지 않고 그들에게 접근했다. 현준혁은 소련 출신 동포인 박정애를 통역으로 내세워 외교적인 암약을 벌였다. 건준은 이러한 물밑 작업을 눈치 채지 못했다.

민족진영에서는 대의를 위해 공산주의 계통의 리주연과 김광진 등을 호의로 수용했으나, 공산진영은 주도권을 잡는 데만 혈안이 되어 어떻게든지 민족진영을 궁지에 빠뜨리려고만 했다. 예를 들면 민족진영은 위원회를 앞두고 정파적인 목적의 사전모의를 하지 않았을 뿐만 아니라, 각자의 임무에 분주해서 회의에 결석하는 경우가 잦았다. 반면 공산진영은 사전모의를 통해 일치된 전략으로 모든 회의에 임했다. 그리고 공산당에 불리한 기미가 보이면 고의로 회의를 지연시키거나 방해하는 등의 전술로 회의를 무산시키기 일쑤였다. 또한 경찰, 사법, 교육 등 중요한 부문의 인사에는 자파 인물을 배치하도록 백방으로 획책했다. 즉 그들은 인민정치위원회와 위원장의 존재를 무시하고 공산당회의에서 결정한 방침대로 인사발령을 마음대로 하는 불법행위까지 자행했다.

그런데 공산진영 측 위원 중 장시우가 선임된 경위가 미묘했다. 장시우는 민족진영과의 연립을 반대하며 현준혁과 대립했지만, 그 뒤 소련군이 연립정권을 강력히 권고하자 마지못해 이에 참가했다. 그러나 불만이 가시지 않았는지 회의에도 나오지 않았다. 그러다가 현준혁이 암살되자 양 진영 간의 갈등을 해소하겠다는 구실로 비로소 회의에 나타났다.

8월 29일 밤에 성립된 평안남도 인민정치위원회는 다음날 회의를 통해 각 기관 부서 책임자를 선출했다. 위원 중에는 아무런 부서를 맡지 못한 사람이 있는가 하면, 위원이 아닌 사람이 임명되기도 했다. 명단은 다음과 같다.

총무부장에는 공산당의 리주연, 치안부장에는 건준의 김익진, 사법부장에는 공산당의 장시우, 광공부장에는 공산당의 김광진, 농림부장에는 건준의 정기수, 재정부장에는 건준의 김병연, 교육부장에는 공산당의 장종식, 운수부장에는 건준의 이종현, 인사부장에는 건준의 이윤영이 각각 선출되었다. 또한 평양시 집행부 인사는 시장에 건준의 한근조, 부시장에는 공산당의 허의순이 뽑혔다. 평양경찰서장은 공산당의 송창렴이 맡았으며, 그 아래의 서평양서장은 건준의 윤무선(尹武璿)이, 동평양서장은 건준의 유기선(劉基善)이 각각 맡았다. 평양 이웃 대동군의 인민정치위원장에는 건준의 홍기주가 선출됐다.

8월 30일 오전 11시, 조만식 위원장을 비롯한 신정권의 간부들은 만수대 위에 있는 도청으로 향했다. 고당은 일본인 도지사 후루카와를 만나 행정권을 양도받고, 도 직원을 회의실에 집합시켜 훈시를 했다. 고당은 "일본인 관리들은 오늘로 자연 해직이 되고, 한국인 직원은 신정권에 충성을 다하는 한 계속 유임시킨다."는 방침을 밝혔다. 그리고 평양시내의 법원, 경찰서, 시청, 철도, 체신 등 주요기관을 접수했다. 또한 그날부터 10여일간에 걸쳐서 일본인 기업체의 접수가 진행됐다. 그런데 이 적산(敵産) 접수과정에서 말썽이 생겼다.

공산당은 인민정치위원회의 기관을 통하기 전에 먼저 수를 써서 약탈적인 선점을 자행했다. 그로 인해 접수에 자꾸만 혼란이 빚어졌다. 공산당 안에서도 이중삼중으로 접수해서 자기들끼리 추잡한 분쟁을 벌이기까지 했다. 그들은 적산의 재고품을 함부로 반출해서 소비함은 물론이요, 원료와 기계시설까지 파괴·횡령·유출시켰다.

평양은 자타가 공인하는 북한의 중심지였다. 소련주둔군사령부와 평남 인민정치위원회가 평양에 설립된 것은 당연한 일이었다. 북한 전역의 정치와 경제는 모두 평양을 중심으로 집산하게 되어 있었기에 행정기관을 비롯한 철도·전신·금융 등의 주요 기관이 모두 평양에 있었다. 따라서 인민위원회는 전 북한을 관할하는 운수통신부, 석탄관리국, 전매국 등을 직속기관이나 부서로 두어서 사실상 북한의 중앙정권과 같은 기능을 겸하게 되었다.

평남인민정치위원회는 그만큼 중요한 정권기관이었다. 민족진영은 당시 현실에 적합한 시정방침을 수립하고 시행해야 한다는 기본 입장을 고수하려고 했다. 반면 공산진영은 이념을 우선시하는 적화정책을 반영시키려고 갖은 수를 다 썼다. 때문에 위원회는 발족하자마자 당파적인 대립에 직면했다.

공산당의 초안으로 제안된 인민정치위원회 시정대강 20여개 조항 제1조에는 "조선인민공화국 수립을 지지한다."고 명시됐다. 그리고 농업정책에 있어서는 "토지를 무상 몰수하여 무상 분배하되 그것이 실현되기까지는 삼칠제 소작제도를 실시한다."고 규정했다. 또 산업 · 경제 · 문화 · 보건 분야에 있어서도 '신(新)민주주의'라는 표현을 가장하여 적화야욕을 드러낸 것들이 대부분이었다.

기본정책 문제를 둘러싼 민족진영과 공산진영 간의 견해 차이가 벌어질수록 그 갈등 또한 점점 심각해졌다. 회의가 거듭되고 유회가 잦았으나 공산진영은 양보는커녕 더욱 극성을 부렸다. 오윤선 장로는 공산당 측의 토지정책을 반대하다가 끝내 타협이 되지 않자 부위원장직을 사임했다. 고당도 공산당 측의 급진적 정책과 불손한 태도에 격분하여 역시 사의를 표명했다. 공산당 측은 위원장 자리를 차지할 수 있는 좋은 기회라고 여겼지만, 소련군 사령부는 고당이 물러나는 것을 용인할 수 없었다. 왜냐하면 당시 사정으로는 북한의 시국을 수습할 인물이 고당밖에 없음을 소련군도 잘 알고 있었기 때문이다. 그래서 소련군은 공산당 측에 일시적인 양보를 종용하지 않을 수 없었다. 그 결과 공산당 측이 주장했던 인민공화국 수립과 토지정책은 철회되었고, 당초의 초안보다 완화된 시정대강을 발표하는 정도로 일단락됐다. 그리하여 일단은 민족진영의 승리로 귀결됐다.

그러나 이 문제는 연립정권 내의 양 진영이 매사 보조를 같이 할 수 없다는 첫 징조였다. 이에 앞서 위원회의 명칭을 제정할 때부터 양 진영의 의견은 이미 대립되었다. 민족진영에서는 '평안남도 정치위원회'를 주장했고, 공산진영에서는 '평안남도 인민위원회'를 고집했다. 결국 타협된 명칭이 '평안남도 인민정치위원회'였다. 처음부터 갈등의 씨앗을 품고 있었던 것이다. 이 평남 인민정치위원회는 매주 월요일 합동조회를 가졌는데, 당시 고당이 한 조회 연설의 일부를 들어 보자.

우리들은 지금과 같은 난국이 있더라도 결코 용기를 잃지 말고 자기 일에 충실하여야 한다. 너무 걱정들만 앞세워서는 어떻게 하느냐? 한 예를 들어보자. 우산 장사와 신발 장사를 하는 두 아들을 둔 어머니는 항상 날씨 걱정만 했다. 비가 오면 신발 장사하는 아들을 걱정하고, 해가 뜨면 우산 장사하는 아들을 걱정했던 것이다. 그런데 한 지혜로운 분이 "아주머니, 매일 걱정하며 살면 좋지 않습니다. 그러니 이렇게 생각을 바꾸어 보십시오. 비가 오면 우산 장사 아들이 좋고 반대로 날씨가 맑으면 신발 장사하는 아들이 좋으니, 비가 와도 좋고 해가 쨍쨍거려도 좋다고 말입니다."라고 했다. 그 아주머니는 그럴듯한 것 같아 그리 생각을 바꾸어보니 실제로 모든 상황이 좋게 보이더라는 것이다. 이와 마찬가지로 우리들도 어떠한 상황이 닥쳐오더라도 대처능력이 부족하다고 한탄만 하고 있을 수 없다. 혼란과 갈등이 많을수록 의연히 능동적으로 대처하자.

결국 이듬해 신탁통치 문제로 두 진영은 극단적 충돌을 한다. 민족진영의 반탁 주장은 소련 군사령부가 적극적으로 밀어준 공산진영의 찬탁 앞에 꺾이는 동시에, 고당도 위원장 지위에서 물러나지 않을 수 없었다. 그래서 1946년 1월 중순부터는 '인민정치위원회'라는 종전의 절충식 명칭까지도 공산당의 당초 뜻대로 '인민위원회'로 고쳐졌다.

표리부동한 소련군의 실체

1945년 8월 하순 평양에 진주한 소련군사령부는 평안남도 인민정치위원회 설치와 때를 같이하여 군정포고 제1호를 발표했다.

첫째, 모든 조선 사람들의 상점과 기업소(공장)들은 그대로 사업할 수 있다.

둘째, 정부가격(=공정가격)은 8월15일의 것과 같이 한다.

셋째, 모든 성당(=교회를 뜻함)들은 그대로 예배 볼 수 있다.

치스챠코프 총사령관은 공공집회나 혹은 고당과의 대담을 통하여 소련군의 진주 목적이 '부르주아·데모크라시' 혁명을 하는 데 있음을 누차 강조했다. 다시 말해 소련군정은 한반도에 수비에트 체제를 수립하기 위해서

가 아니라 한반도를 일본으로부터 해방시키기 위해 존재하며, 현 단계는 '자산계급성 민주주의혁명'을 수행하는 데 있다는 것이었다. 그러나 그의 언명은 기만에 지나지 않았다. 실제로 모든 정책은 언명과는 전혀 다르게 진행됐다. 즉, 표리부동한 소련의 실체가 드러나기 시작했던 것이다.

모스크바 3상회의와 두 차례의 미 · 소공동위원회에서 보인 소련의 태도는 그들의 진의가 무엇인가를 명백히 드러냈다. 소련은 모스크바 3상회의 결정이 결코 신탁통치를 의미하지 않으며, 단지 후원제일 뿐이라면서 언론에서 '신탁통치'라고 칭하거나 평하는 것을 일절 금지시켰다. 나아가 반탁운동의 중심인물이었던 고당을 감금하고, 동시에 반탁을 주장하는 많은 청년과 학생들을 시베리아 유형지로 보내 민족적 울분을 자아냈다.

북한에서 실행된 소련군정의 성격은 겉과 속이 다른 '이중성'을 첫 번째로 꼽지 않을 수 없다. 가면을 쓰고 정체를 숨긴 채 배후에서 조종했다고나 할까. 인민위원회를 조직할 때 소련군정은 북한의 행정권을 한국인에게 일임했다고 세계에 알렸다. 그러나 실제로는 정치 담당인 로마넨코가 인민위원회 위에 군림하면서 북한의 전 지역을 통치했다. 다시 말해 인민위원회는 물론이고, 각 도 · 시 · 군 행정기관을 포함하여 말단 조직에까지 소련인을 책임자로 내려 보내 중요 정책에서부터 극히 사소한 행정업무에 이르기까지 일일이 감시하면서 간섭했던 것이다.

특히 군정청의 출판물에 대한 검열은 엄격하고 가혹했다. 한국인 행정기관의 자체 검열은 거의 유명무실했다. 더구나 군정청의 검열 기준이나 탄압의 정도가 수시로 변동되어, 검열을 통과하고도 인쇄 도중 급명이 내려와 인쇄물을 수정하거나 압수당하는 경우가 비일비재했다. 사실 소련군정에 비판적인 언론 기관이 있는 것도 아니었다. 오히려 소련군정의 괴뢰인 인민위원회 기관지 〈민주조선(民主朝鮮)〉까지도 종종 가혹한 검열을 받았다. 그 이유라는 것이 고작 찬양의 정도가 모자랐기 때문이었다니, 소련군정의 검열제도가 과거 일본의 행위보다 훨씬 더 엄중하고 가혹했음을 짐작하고도 남는다.

소련군정은 언론, 집회, 결사의 자유를 보장한다고 표명했으나 실제의 정책은 정반대였다. 그들은 해방 전에 일본인이 경영하던 〈평양매일신문〉을 접수해서 〈평양민보〉(平壤民報: 평남 인민정치위원회 기관지)로 개명하여 발행했다. 이 신문 또한 충칭(重慶) 대한민국임시정부의 김구(金九) 일행이 서울에 귀국했다는 짧은 보도 기사가 문제가 되어서 곧 발행정지처분을 받았다. 편집책임자 이완희(李完熙)는 파면되었고, 3개월 넘게 절충하고 애걸해서야 속간됐다.

'붉은 지폐' 남발한 소련군사령부

이몽(李蒙)을 비롯한 온건한 사회주의자들과 무정부주의자들이 평양의 한 음식점에서 조선민족사회당의 결성을 토론한 사실을 알게 된 소련군 경무사령부는 음식점에 출입했던 30여명을 모두 검거했다. 그들은 발기인대회나 창당식을 열어보기는커녕 정강정책조차 토론해보지도 못한 채 어디론가 사라져야 했다. 또 이용목(李容穆) 등이 추진한 태극협회(太極協會) 결성도 불법단체를 결성하려 했다는 혐의로 조사를 받았다. 이처럼 결사와 집회의 자유가 실제로는 없었다.

또한 소련군정의 경제정책은 한국인들로부터 큰 의혹을 사는 가운데 상당한 압력이 되었다. 당시에는 일제의 수탈과 전시 경제의 영향으로 식량이 턱없이 부족한 상황이었다. 그럼에도 소련군정은 군량미 20만톤을 요구했다. 쌀 20만톤은 무려 1백 20만석이나 된다. 이것은 1934년~1938년까지 북한 지역 총 쌀 생산량의 약 4분의 1에 해당한다. 우선 이런 엄청난 양의 쌀을 공출할 수 있을까 하는 의문이 들었다. 또한 20만명이라는 소문이 돌고 있었으나 도대체 주둔군의 수효가 얼마나 되기에 이런 엄청난 양곡 수탈을 하려는가 하는 것이 일반의 의구심이었다.

소련군사령부는 9월 21일을 기해 소련 군표(軍票)를 발행하여 북쪽 전 지역에서 강제적으로 통용시켰다. 소위 '붉은 지폐'라 불린 이 군표의 발행은 우리 행정기관에는 아무런 사전 통보 없이 이루어졌다. 그래서 평양보안서는 붉은 지폐를 위조지폐로 단정하여 단속을 시작했다. 그때서야 소련군 사령관이 인민정치위원회의 조만식 위원장을 찾아왔다. 그리고는 고압적인 자세로 통고했다.

"군표는 우리 군정당국에서 발행한 지폐입니다. 지위고하를 막론하고 이 군표를 단속하거나 의심하는 유언비어를 퍼뜨리는 자는 군에서 처벌할 것이니 그리 알고 선처하시오."

사실을 확인한 행정기관이 소련군사령부에 그 내용을 묻자, 발행 총액은 일단 1백억으로 추정되며 유통 이후의 수습은 금으로 태환(兌換)해 준다는 막연한 대답뿐이었다. 행정기관으로서야 진상을 확인할 길이 없었다. 소련군사령부는 군표가 조선은행권과 똑같으며, 소련정부가 책임지는 것이니 안심하고 사용하라고 공식발표했다.

그러나 이 붉은 지폐를 받고 물건이나 서비스를 제공했던 사람들 가운데 그것을 은행에서 현금으로 돌려받을 수 있는 경우는 드물었다. 자연히 사람들은 군표의 수납을 꺼려하거나 거부했다. 소련군정의 대응은 협박이었다. "앞으로 군표를 사용하지 않는 자는 엄벌에 처한다."는 포고문을 곳곳에 게시했다.

그러면 소련군은 왜 그렇게 행동했을까? 소련군은 북한을 점령한 직후, 그들이 점령한 만주와 몽골에서 그러했듯, 군의 유지비를 북한 인민위원회로부터 징수했다. 평남인민정치위원회 재정부장이었던 김병연은 소련 점령군사령부의 명령을 받고, 도내(道內) 은행의 총예금액 중 절반에 해당하는 3천만엔을 도 재정의 파탄을 초래할 줄 뻔히 알면서도 제공하지 않을 수 없었다. 평안북도인민위원회도 '붉은 군대 접대비'를 지출했다.

당시 소련 점령군사령부의 유지비는 월평균 약 2,3억엔에 이르렀다. 이처럼 어마어마한 액수를 극심한 재정난에 시달리는 인민위원회가 공급하기란 매우 어려웠다. 그 바람에 그것은 도리 없이 일반인들의 과도한 희생으로 이어졌으며, 덩달아 커다란 반감을 불러일으키는 요인이 되었다.

붉은 지폐의 난발로 인해 물가는 치솟았다. 그보다 더 악독했던 것은 제멋대로 찍어낸 지폐로 물자를 무진장 사들여서 일부는 주둔군이 사용하고, 일부는 소련으로 반출해 갔다는 사실이었다. 합법을 빙자한 수단으로 우리의 자산을 거저 빼앗아간 셈이었다. 이후 소련은 북한 공산정권으로 하여금 화폐개혁(1947년 1월)을 시킨 후, 붉은 지폐를 회수하고 새 지폐를 유통시켰다. 그러나 금으로 바꿔준다던 약속은 끝내 지키지 않았다. 이런 사기 행각은 세계 어떤 나라의 진주군도 그 정복지에서 실행한 적이 없는 예라 할 수 있겠다. 하물며 북한은 소련이 싸워서 정복한 지역도 아니었다.

현준혁 암살사건

　　소련군이 진주하면서 북한의 공산당을 적극적으로 후원하고 육성하자 맨 먼저 제 세상을 만난 것은 평양의 현준혁 일파였다.

　　현준혁은 1904년 평안남도 개천군(价川郡)에서 빈농의 아들로 태어났다. 고향에서 보통학교를 졸업하고 농부로 일하다가 상경해 중동학교(中東學校)를 졸업했다. 그리고 연희전문학교에서 수학하다가 1929년에 경성제국대학 법문학부 철학과를 졸업했다. 이후 대구사범학교에서 영어와 심리학 등을 가르치면서 농민계몽운동과 문맹퇴치운동에도 참여했다. 그는 대구사범학교에서 비밀독서회인 사회과학연구그룹을 조직해 공산주의 문헌들을 탐독하면서 항일운동에 관계한 혐의로 체포되어 2년 형을 선고받았으나 집행유예로 석방됐다. 그러나 조선공산당재건 운동에 참여했다가 다시 체포되어 서대문형무소에서 약 3년 동안 복역했고, 1940년에 서방된 뒤에는 고향에서 은신했다. 현준혁은 해방이 되자 1945년 8월 17일에 조선공산당 평남지구위원회를 출범시켰다.

사실 현준혁의 공산당은 미미한 존재였다. 그러나 소련군의 등장과 함께 곧 거대한 집단으로 발돋움했다. 그 조직의 행동대였던 적위대(赤衛隊)는 안하무인으로 사람들에게 공포심과 증오심을 불러일으켰다. 그들은 공산당이라기보다는 불한당으로 여겨져 민중의 빈축을 샀다.

현준혁의 조선공산당 평안남도당은 세력이 강대해지자 옛 숭실전문학교 자리로 본영을 옮겼다. 학교본관뿐만 아니라 부속건물인 숭실중학교, 모페트기념관 등 모든 건물을 점거했다. 그리고는 당 간부들과 휘하 당원 수백 명이 합숙하면서 분주한 활동을 전개했다. 밤에도 모든 건물에서 불이 꺼질 줄 몰랐다.

그들은 제일 먼저 일제가 남긴 공공물자와 일본인의 사유재산을 접수하는 데 총력을 기울였다. 이런 활동은 합법정권에 귀속될 국유재산을 횡령하는 것으로서 명백한 불법 행위였다. 공산당 경리부는 식량, 의류, 서적에서 차량과 총기에 이르기까지 닥치는 대로 긁어 들였다. 그 막대한 물자는 곳간을 채우고도 남아 운동장에 산더미처럼 쌓였다. 정치자금 마련에 혈안이 되어 있던 그들은 치안 공백을 틈타 소련군보다 한 발 앞서 행동을 취한 것이었다. 소련군은 일정한 절차를 거쳐야 했으므로 시일이 걸렸으나, 공산당은 소련군의 손길이 미치기 전에 날치기로 접수활동을 벌였다.

불법으로 접수한 막대한 물자는 소련군을 예찬하는 선전비용과 합숙당원들을 위한 부대비용 등 경비지출에 썼다. 또한 피복과 군화 같은 것은 당 간부들이 적당히 분배하여 마음대로 입거나 팔아먹기도 했다. 그리하여 군용장화에 군용외투를 걸치고 허리춤에 권총까지 찬 공산당 간부들이 평양 거리를 으스대며 활보하곤 했다.

해방 직후 공산당은 당 직속의 군대를 조직하고 양성하려는 계획까지는 없었다. 다만 막연하게나마 러시아혁명이나 중국혁명 당시 군대가 있었던 것을 전례로 삼아 비슷한 조직을 창설했다. 그것이 바로 적위대이다. 그런데 적위대가 대부분 불량배들로 구성되고, 또한 벼락 권력과 무기까지 지니게 됨에 따라 행패가 더욱 심해졌다.

그 무렵 공산당에 참가한 사람들은 대개 사회 하층민들이었다. 즉 일반적 교육이나 정치적 교양을 받지 못한 사람들이 대부분이었다. 공산당의 선동과 학습에 의해 계급적 증오심만 잔뜩 키운 그들은, 과거 자신들을 무시했다고 여겨지는 사람들을 향한 복수나 분풀이를 일삼으며 으쓱거리는 것이 고작이었다. 그렇게 급조된 적위대는 일본 군복에 총칼을 차고 거리를 활보하면서 일본인 재산을 약탈하고, 심지어는 선량한 동포를 잡아다 린치를 가하는 등 온갖 만행을 저질렀다.

"공산당 적위대가 사람 잡아다가 넣는 구멍이 열일곱 군데나 된다. 놈들에게 걸리면 귀신도 모르게 죽는다."

이런 소문마저 떠돌아서 민심은 극도로 흉흉했다. 조직의 확산과 더불어 적위대의 행패는 평양에 그치지 않고 급속하게 각 지방으로 확대됐다. 그러던 1945년 9월 초순 어느 날 오전 11시경, 소련군 총사령관 치스챠코프 대장이 인민정치위원회 위원장인 고당과 부위원장인 현준혁을 만나고자 연락을 했다. 고당과 현준혁은 함께 총사령관의 임시 집무실이었던 철도호텔로 찾아갔다. 사령관과의 희담을 마친 두 사람과 경호원 등은 함께 스리쿼터를 타고 호텔을 떠났다. 현준혁 암살사건은 일행이 호텔로부터 2 백미터쯤 벗어난 지점에서 일어났다. 차량에 동승했던 한근조(韓根祖: 해방 후 초대 평양시장)의 증언 등을 종합하면 당시 상황은 이랬다.

속력을 제대로 내지 못하는 낡은 스리쿼터가 서행하는데 길목에서 대기하던 적위대 복장의 한 사내가 운전수 옆자리의 경호원에게 다급한 눈짓으로 차를 세우라고 했다. 경호원은 그 얼굴이 낯설었지만 당의 전령(傳令)으로 여겼다. 혹 긴급한 연락일 수도 있기에 운전수에게 차를 멈추도록 지시했다. 그런데 미처 차량이 정지하기도 전에 사내는 어느새 차 곁으로 다가와 있었다. 그리고는 열린 차창 안으로 느닷없이 권총을 들이밀고 두 발을 쏘았다. 순식간에 벌어진 일이었다. 현준혁의 고개가 맥없이 꺾였다. 고당은 얼떨결에 현준혁을 안았다. 손바닥에 뜨거운 피가 느껴졌다. 그렇게도 세도가 당당하던 공산당 두목 현준혁이 백주에 저격당한 것이다. 정체불명의 암살범은 어느 결에 자취를 감춘 뒤였다. 황급히 차를 도립병원으로 몰았으나, 현준혁은 이미 싸늘한 시체로 변해 있었다.

"현 부위원장은 참말로 가엾게 죽었어."

고당은 비명에 간 현준혁을 인간적으로 동정하며 슬퍼했다. 사건이 발생한 당시는 인민정치위원회가 설립된 직후인데다 경찰도 제대로 기능을 수행할 수 없었던 상황이었다. 이후 사건은 해결되지 않고 미궁에 빠진 채 자기네들끼리의 권력 투쟁에 의한 암살이라는 추측에서부터, 민족진영의 테러라는 소문도 나돌았다. 그래서 공산당은 적위대를 가장한 민족진영의 하수인을 찾는답시고 엉뚱한 사람을 잡아다가 문초하기도 했으나 아무런 성과를 거두지 못했다.

사건 발생 나흘 후 해방산(解放山: 옛 서기산瑞氣山) 공원에서 성대한 영결식이 거행됐다. 공산당은 영결식장에서도 만장 대신 우익에 의한 암살이라는 의미에서 "백색(白色)테러를 박멸하라!"는 전투적 현수막을 내걸고 민족진영을 위협했다. 그래도 민족진영의 영수인 고당은 이에 조금도 개의치 않았다. 그는 장례위원장을 맡아서 간곡한 애도 연설을 하고, 죽은 사람에 대한 예의를 극진히 갖췄다. 현준혁은 옛 관풍정(觀楓停) 자리에 묻혔다. 관풍정은 평양신사였고, 일제의 상징으로 해방 당일에 방화됐었다. 나중에 여기에 지하극장이 생기면서 무덤은 다른 곳으로 이장되었다고 한다.

사건의 진상은 쉽게 밝혀지지 않았다. 그래서 한때 김일성이 입북하기에 앞서 김일성에 대항할 개연성이 있는 인물을 제거한다는 계획 아래 소련 점령군이 암살한 것으로 설명하기도 했다. 하지만 여기에도 허점이 있다는 사실이 나중에 밝혀졌다. 소련 점령군 개입설은 현준혁이 암살된 날을 9월 28일이라고 보았고, 김일성이 입북한 시점을 10월이라고 전제했다. 그러나 뒷날 공개된 자료들은 그것이 각각 9월 3일과 9월 19일이었음을 확인해 주었다.

더 많은 자료들이 공개된 뒤, 평양에서 공산주의운동의 주도권을 놓고 경쟁하던 국내파 공산주의자 장시우의 지지자들이 저지른 소행이었을 것이라는 추론이 제시됐다. 당시 평양 적위대는 평남 인민정치위원회 사법부장이던 장시우의 지휘를 받았다. 그런 그가 수사에 아주 비협조적이었고, 심지어 수사를 방해하기까지 했다는 관찰이 그 같은 추론을 뒷받침했다.

그러다가 1990년 중반에 새롭게 믿을만한 자료가 제시됐다. 이에 따르면, 일제 패망 직전에 평양에서 박고봉(朴古峰) 등이 조직한 우익세력이 대동단(大同團)에 가입한 백관옥(白寬玉), 선우봉(鮮于鳳), 박진양(朴珍陽) 등이 소련 점령군에 대한 반발로 현준혁을 암살하고 월남했다는 것이다. 이들은 서울에서 곧 전문 테러단체인 백의사(白衣社)를 조직하기도 했다.

소련군의 만행

　　소위 해방군으로 붉은 군대가 온다는 소식에 평양 시민들은 불안과 더불어 기대와 호기심이 없지 않았다. 그런데 소련군의 첫인상이 너절한 오합지졸과 같아서 평양 시민들은 자못 실망했다. 소련군은 훈련도 제대로 되어 있지 않았고 군기도 문란하였으며, 군대로서의 위신도 없어 보였다. 기강이 세고 말끔한 일본군대만 봐 오던 터라 비교가 될 수밖에 없었다. 그들은 체격, 나이, 성별, 민족 등이 제각각인 한마디로 잡동사니였다. 한 줄로 세워놓으면 키가 장승마냥 큰 자로부터 다섯 자도 안 되는 난장이에 이르기까지 심한 편차를 보였다. 또 몸통과 팔다리가 제대로 균형감 있게 발육된 자가 거의 없었으며, 백발의 노병에서 고작 열 살 전후로 보이는 소년병까지 있었다.

　　이런 붉은 군대는 북한에 진주하자마자 난생 처음 본 시계를 약탈하는 데 혈안이 되었다. 째까째까 소리를 내며 시계바늘이 돌아가는 것을 마냥

신기하게 여겨 장난감으로 애용했고, 너도나도 시계를 얻고자 수단방법을 가리지 않았다. 시민들에게서 빼앗은 시계가 태엽이 다 풀려 멈추면 태엽 감을 줄을 몰라 그냥 내버리고 다시 빼앗았다. 어떤 자는 고장인 줄 알고 시계방에 갔다가 설명을 들은 것까지는 좋았으나, 억지로 너무 세게 감다가 아예 태엽이 끊어지기도 했다. 그래놓고서 도리어 화를 냈다니 무지와 억지가 이만저만이 아니었다.

소련군은 남녀노소를 막론하고 모두 술에 중독된 듯했다. 술이 떨어지면 안절부절못했다. 그들은 알코올 도수가 높은 술을 선호했는데, 그 때문에 술값에 변동이 생겼다. 일본 전통주 '사케' 보다 소주 값이 올라갔다. 도수 높은 소주가 값을 더 받아야 한다는 논리였다. 그들이 북방지대의 혹한에서 보드카를 즐기던 습관에서 온 것이라 이해할 수는 있었다. 그러나 문제는 민간 재산을 징발하고 약탈하면서 주요 타깃이 술이었다는 점이다. 이 술로 인해 온갖 희비극이 다 벌어졌다. 소련군이 양조장이나 상점에 와서 술을 내놓으라고 강짜를 부리는 일이 빈번했다. 그래도 온순한 자는 군용차의 가솔린을 뽑아 주고 술로 바꿔 가기도 했다. 얼마나 술을 좋아했는지 신었던 제 고무장화를 벗어서 담아 가기도 했다.

아무리 무도한 소련군대라도 적대국도 아닌 한국인을 함부로 약탈해서야 되겠느냐는 비난이 빗발쳤다. 입장이 난처해진 소련군사령부는 그럴 리 없다고 변명하면서도, 앞으로는 그런 일을 엄금하겠다고 약속했다. 이후 한국인 집집마다 그들이 접근하지 말라는 의미에서 '이 집은 한국인 집이다' 라는 표지를 러시아말로 써 붙이는 게 유행했다. 그래서 '카레이스키 둠' 이라고 석판으로 인쇄한 쪽지가 수 만장이나 팔렸다. 하지만 붉은 군대의 병사들은 명령에 아랑곳없이 여전히 기승을 부렸다.

한인들은 조선왕조 말기 이후 특히 러일전쟁을 통해 러시아에 대한 공포증, 이른바 공로증(恐露症=Russophobia)을 갖고 있었다. 북한에서 소련군이 점령 초기에 보인 행패는 한인들의 전통적인 공로증을 심화시키기에 충분했다. 그리고 그렇게 심화된 공로증은 북한사람들 가운데 적잖은 이들을 남쪽으로 피난하게 만든 하나의 요인이 되었다. 그들의 월남을 통해 더욱 실감나게 전파된 소련군의 행패는 이미 공로증을 가진 남한사람들로 하여금 반소 · 반공의식을 강하게 갖게 만들었다. 그리하여 1950년 6월 25일 북한의 남침으로 전쟁이 시작되었을 때, 이 전쟁은 소련의 지시에 따라 일어났을 것이며 이 전쟁에서 지면 민족전체가 소련의 노예가 될 것이라는 믿음을 본능적으로 갖게 만들었다.

曹晩植

제11장
공산당과의 외로운 투쟁

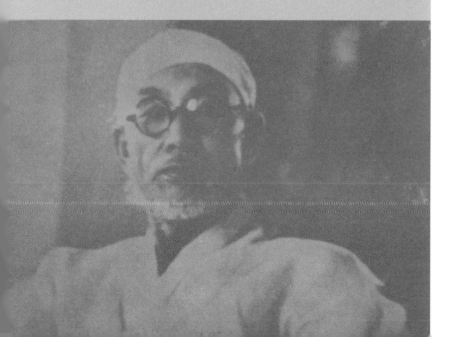

김일성의 속셈

1945년 11월 3일, 평양에서는 고당을 중심으로 조선민주당이 창설됐다. 그런데 이 정당은 고당의 자발적 제창에 의해서 이루어진 것이 아니었다. 소련군정의 사주를 받은 김일성이 고당을 수차례 찾아와 간곡히 청했다.

"고당 선생님을 지지하는 대중을 조직화하는 것이 좋을 듯합니다. 선생님이 정당을 조직하시면 저도 도와드리겠습니다. 이것은 소련당국의 희망이기도 합니다."

고당은 동지들과 상의한 끝에 정세를 고려하여 마지못해 그들의 요청에 따랐던 것이다. 그러나 내심으로는 결코 공산주의의 괴뢰정당이 되지는 않겠다는 굳은 각오를 하고 있었다.

그런데 왜 공산당은 그들과 대립하는 세력의 대표자인 고당에게 따로 정당을 조직하도록 종용했을까? 그 무렵의 분위기는 공산당의 수족으로 날

뛰는 적위대의 행패 등으로 인해 민심이 소련군정으로부터 많이 소원해지고 있었다. 물론 근본적인 문제는 공산주의 정책과 군정자체의 결함에 있었다. 하지만 소련당국은 평소 그리 탐탁하게 여기지 않던 공산당에 책임을 전가시키려고 했다. 게다가 공산당 이외의 정당창설을 허용함으로써 소위 결사의 자유를 보장하는 척하려고 했던 것이다. 그러나 무어니 무어니 해도 그네들의 궁극적인 속셈은 독재정치를 숨기고, 북한에서도 민주주의 체제를 지향하는 듯한 행동을 세계에 보이기 위함이었다.

고당은 정당을 조직함에 있어서 신중한 태도로 임했다. 그래서 이 문제로 소련당국과 교섭하면서 세 가지 원칙을 주장했다. 첫째, 민족의 독립. 둘째, 남북의 통일. 셋째, 민주주의의 확립.

이에 대해서 소련당국은 일단 찬성했다. 하지만 그것은 발톱을 잠시 감춘 일시적 타협에 불과했다. 그들의 야욕과 고당의 갈망 사이에는 천양지차가 있었다. 조선민주당은 당초부터 이미 기구한 운명의 칼날 위에 선 것이나 마찬가지였다. 고당은 위의 세 가지 조건을 끝까지 사수하려 했고, 결국 민족과 민주주의를 위한 희생양이 될 수밖에 없었던 것이다.

첫째, 민족의 독립을 실현하기 위해 고당은 투철한 신념으로 반탁운동을 벌였다. 둘째, 남북통일의 원칙을 위해서 고당은 북한 단독으로 행정제도나 정당조직, 그리고 토지개혁 같은 중대정책을 실시해서는 안 된다고 시종일관 주장했다. 셋째, 민주주의 확립 원칙은 소련군정이 시작된 순간부터 고당이 강경히 따졌던 문제였다.

치스챠코프 총사령관은 소련군의 진주 목적이 소비에트 체제를 북한에 수립하는 데 있지 않으며, 다만 그들의 용어대로 소자산계급성 민주주의를 적용하는데 있다고 수차례 고당에게 말했다. 고당은 소련군정이 언급한 취지를 인민정치위원회와 일반대중들에게 의식적으로 강조하고 널리 알리고자 애썼다. 8월 31일 옛 숭실전문학교 운동장에서 열린 소련군환영 시민대회에서나, 10월 17일 기림리(箕林里) 공설운동장에서 열린 김일성 환영 시민대회에서도, 고당은 공개연설을 통해 소련당국의 약속을 반복해서 설명했다. 그러나 이후 소련당국은 약속을 이행하기는커녕 언제 그랬느냐는 듯이 모르쇠로 일관했다. 처음부터 그 약속은 빛 좋은 개살구에 지나지 않았던 것이다.

고당이 소련당국의 종용에도 불구하고 정당조직에 소극적 태도를 취한 것은 뜻하지 않은 38선으로 국토가 양단되었기 때문이다. 분단이라는 비극적 상황이 해소되지 않는 한 북한의 정치 조직은 반쪽짜리가 될 수밖에 없었다. 고당은 반신불수의 정당을 원하지 않았다. 그래서 정당조직을 위한 교섭에서 조국통일의 원칙을 고수했던 것이다. 고당은 서울과의 연락을 유지하고 각 방면의 정보를 수집하면서 정세를 면밀히 검토하고는 있었으나, 그렇다고 독자적인 정당을 조직할 생각은 당초에 없었다. 그런데 공산당과 적위대의 활동에 염증을 느낀 동포들의 호소가 들려오기 시작했다.

"민족진영에서도 공산당의 발호에 대항할 어떤 집결체가 필요하다. 그러나 소련군정은 조선민족사회당과 태극협회를 불법단체로 규정하고 해체시켰다. 그들은 공산당 이외의 정당을 용납하지 않을 것이다. 또한 그들은 독재정치를 위해서라도 언론과 결사의 자유를 허용하지 않을 것이다."

이렇게 대부분 절망하고 있을 때, 소련당국이 정당 창설을 종용했던 것이다.

"소련에 의한 외환(外患)은 다음 문제로 미루고, 일단 공산당에 의한 내환(內患)부터 막고 보자!"

고당은 이렇게 결심하고 조선민주당을 창설했다.

소련 훈장을 달고 나타난 청년 장교

소련군의 북한 진주와 더불어 별안간 출현한 김일성의 정체에 관해서는 여러 정보가 오락가락했던 게 사실이다. 이 자리에서는 가장 최근의, 가장 신뢰가 가는 『북한의 역사』(김학준 지음, 서울대학교출판부, 2008년 6월 발간)를 토대로 재구성해 보기로 한다.

소련당국이 공식적으로 김일성을 소개한 것은 10월 14일 오후 1시 평양 기림리에 위치한 평양공설운동장에서 열린 소련군 환영군중대회에서였다. 6만 명이 넘는 군중들 앞에 '민족의 영웅 김일성장군'이 등장했다. 대회 개최를 앞두고 김일성은 소련군의 정치 담당 군사위원인 레베제프 소장을 찾아가 "장군님, 대회에는 이 소련훈장을 달고 나가겠습니다. 조선인민들이 오래오래 기억할 명연설을 하겠습니다."고 말했다. 레베제프는 북한주민들 사이에 소련을 싫어하는 분위기가 조성되고 있는 만큼 훈장을 달지 말라고 권고했다. 그러나 김일성은 기어코 소련훈장을 달고 연단 위에 올랐다.

1945년 10월 14일 평양 공설운동장에서 열린 소련 군정집회에서 소련군 장성들과 함께 단상에 서 있는 고당. 그 왼편에 있는 세 사람이 (왼쪽부터) 치스챠코프 사령관, 로마넨코 소장, 레베제프 소장이다.

이 대회 장면은 사진으로 오늘날까지 그대로 남아 있다. 태극기와 소련 국기가 나란히 휘날리는 가운데, 치스챠코프 사령관을 필두로 레베제프와 민정 관리 담당인 로마넨코 소장 등 휘하의 장성들이 도열했고, 그들 앞에 서 김일성이 소련훈장을 달고 서 있다. 그런데 그 이후에 나온 북한의 모든 책들은 오로지 김일성 혼자 서 있는 사진으로 둔갑시켜 실어 놓았다. 김의 가슴에 달았던 소련훈장도 지워 없앴다.

이 대회에 치스챠코프 사령관은 부인을 대동하고 참석했다. 행사장에 부인을 대동하지 않는 동양의 관례에 익숙해 있던 평양시민들은 깜짝 놀랐다. 이 행사장에 참석했던 한 평양시민은 "아! 이게 서양과 동양이 차이구나."라면서 문화충격을 느꼈다고 회상했다.

대회는 평양방송국에 의해 라디오로 중계 방송되었으며, 그 내용이 미국의 해외방송정보처(FBIS)에 의해 그대로 영역되었다. 애국가 제창이 끝나자 레베제프가 등단해 대회의 의미를 간단히 설명했다. 곧이어 고당 조만식이 등단했다. 고당은 민족통일국가가 하루빨리 세워져야 한다는 애국적인 연설로 청중들의 심금을 울렸다.

"여러분, 우리나라는 해방된 국가요, 우리는 자유를 얻은 민족입니다. 일본은 과거 1905년 을사보호조약과 1910년 한일합병조약을 강제로 체결한 후 통감부, 총독부를 두어 식민지 정책을 실시했습니다. 그들은 조선의 역사와 언어, 심지어는 이름까지 말살시키려 했습니다. 그러한 노예생활 36년 만에 맞은 해방과 자유는 하나님께서 주신 큰 선물입니다. 여러분, 하나님께서 주신 선물은 누구라도 빼앗지 못합니다. (…)

여러분, 백의민족의 얼을 살리기 위해서 우리는 마음과 뜻을 모아 힘을 합쳐야 합니다. 정신 차립시다. 다시는 종의 멍에를 메지 맙시다. 단결하여 굳게 섭시다. 동해물과 백두산이 마르고 닳도록 우리 민족 삼천만이 삼천리 무궁화동산에서 자자손손 하나님의 축복받는 국민이 됩시다."

고당에 이어 김일성이 소개되었다. 김일성은 "우리의 해방과 자유를 위하여 싸운 소련군대에게 진심으로 감사를 드립니다."라는 인사로 연설을 시작했다. 그는 자신의 항일투쟁에 대해서는 전혀 밝히지 않았다. 또한 공산주의 냄새를 거의 풍기지 않았으며, 민족의 모든 구성원들이 손잡고 "새

민주조선 건설에 힘을 모읍시다."고 호소했다. 또 "어떠한 당파나 개인만으로 이 위대한 사명을 완수할 수는 없습니다."고 전제한 다음, "돈 있는 자는 돈으로, 지식 있는 자는 지식으로, 노력을 가진 자는 노력으로 (...) 전 민족이 완전히 대동단결하여 민주주의 자주독립국가를 건설합시다."고 목청을 높였다. 이는 유산계급을 포용하는 듯한 인상을 강하게 심어주려는 의도였다. 그것은 중국에서 마오쩌둥(毛澤東)이 부르주아세력을 안심시키면서 항일 구국연합전선의 형성을 호소하기 위해 1935년 8월 1일의 이른바 8·1선언에 등장해 유명해진 문구다.

김일성의 연설은 매우 짧았다. 물론 소련점령군이 미리 마련한 연설문을 읽었을 뿐이다. 레베제프는 "소련군 장교가 러시아어로 작성해주고 고려인이 번역했다."고 회고했다. 그 고려인은 소련계 한인이자 시인인 전동혁(田東赫)으로 전해진다.

이 대회에 참가했던 오윤선 장로의 차남 오영진(吳泳鎭)의 회고에 따르면, 김일성의 연설이 끝날 무렵 평양시민들은 동요하기 시작했다. 젊은 권투선수와 같은 그의 모습을 보고 "가짜 김일성이다!"라는 소곤거림이 이 입에서 저 입으로 옮겨지더니 마침내 소동이 일어났다. 군중의 일부가 연단 앞으로 몰려와 경비원들이 몽둥이를 휘둘러야 했다. 대회장 한 구석에서 소련점령군이 발포를 하자 겨우 사태가 진정되었다.

소련군사령부는 이 대회를 통해 북한주민들 사이에 김일성의 정체에 대한 의심과 소련군에 대한 반감이 만연되어 있음을 실감했다. 그래서 대회가 끝나자마자 정치과장 메클레르(Mekler, Gregory Konovich) 중령의 건의를 받아들여 김일성으로 하여금 고향을 방문하여 할아버지와 할머니, 그리고 숙모를 비롯한 가족과 친척들을 직접 만나도록 했다. 20년 만에 상봉하는 극적인 장면은 사진과 함께 신문에 널리 보도되었다. 메클레르 중령은 로마녠코 휘하에서 김일성의 대중적 이미지를 만들어내는 실무작업을 담당하고 있었다. 메클레르는 2004년 7월 22일 〈모스크바 타임스 Moscow Times〉와 가진 회견에서 다음과 같이 밝혔다.

내게 맡겨진 임무는 빨치산 지도자였던 김일성이 대중성 있는 정치지도자로 변신하도록 조련하는 것이었다. 나는 아침부터 저녁까지 그와 함께 시간을 보내야 했다. 나는 김일성이 북한 곳곳을 방문하도록 했으며, 그때마다 대규모 대중 집회를 조직했다. 한 대중 집회에서 김일성은 익사한 소녀의 부모를 만났다. 슬픔에 빠진 부모에게 김일성은 따뜻한 위로를 보여줬다. 김일성은 소년의 부모가 슬픔에서 회복하도록 소련의 요양소로 보냈다. 이 제스처는 매우 성공적이었으며, 모든 것은 내 각본대로 이루어진 것이었다.

김일성 스스로도 자신의 대중적 이미지를 높이느라 예술가들을 활용했다. 당시 평양에서 활동하다가 월남한 화가 김병기(金炳驥)는 이렇게 회상했다.

김일성이 미술에서 셋, 문학에서 셋, 음악에서 셋, 이렇게 부르더라고. 허스키한 목소리로 자기 그림(=초상화)도 그려주고 드라마(=이미지)를 만들어 달라는 거야. 그때 평양에서는 "김일성이 가짜다," "일정 때 동에 번쩍

서에 번쩍 하며 투쟁하던 그 김일성이 아니다", 그런 소문이 있었거든. (...) 소련당국은 화가들이 그림을 그릴 때 일일이 간섭했어. 심지어 한때는 흐린 날씨도 그릴 수 없었어.

이렇게 공개적으로 자신을 드러낸 김일성은 나흘 뒤에도 공산주의적 색채가 배제된 애국적인 연설을 했다. 평남인민정치위원회가 평양의 유명한 음식점에서 마련한 '김일성장군환영회 겸 가족위안회'에서였다.

이 행사와, 행사에서 행한 김일성의 연설에 대해서는 두 개의 자료가 있다. 하나는 행사를 보도한 1945년 10월 20일자 〈평양민보〉의 기사이고, 다른 하나는 고당의 비서로 행사에 참여했던 오영진의 회고록이다. 두 자료 사이의 차이점은 행사가 열린 음식점의 이름에 관해서다. 〈평양민보〉의 기사는 대동관(大同館)으로, 오영진의 회고록은 일본요정이었던 우타오기(歌扇)로 각각 기록했다. 일제가 패망하면서 우타오기가 대동관으로 개명되었을 개연성도 있다. 자료에 따르면 행사에는 김일성의 가족과 친지들, 소련군 장교들, 고당을 비롯한 평남인민정치위원회 간부들, 그리고 평양의 각계각층 지도자들 등 100여명이 참석했다. 잔치가 벌어지기 전, 응접실에서 고당 이하 인민정치위원회 간부들이 김일성과 인사를 나누었다. 이때 이윤영(李允榮: 훗날의 조선민주당 부위원장)이 김일성에게 질문을 던졌다.

"백두산에서 일본군대와 싸울 당시에 쓴 비술(秘術)이 무엇이었소?"

이에 김일성이 자랑하듯 대답했다.

"한번은 일본군대가 군견을 풀어 빨치산의 흔적을 탐지했는데, 우리는 개의 후각을 무디게 하기 위하여 고춧가루를 눈 위에 뿌리면서 행방을 감추었지요."

김일성은 신출귀몰의 무용담을 신이 나서 이야기했지만 듣는 이들은 그의 정체를 더욱 의심하지 않을 수 없었다. 설사 고춧가루가 개의 후각을 무디게 할 수 있었다 하더라도, 그것은 김일성 일행이 달아난 방향을 고스란히 알려 주는 표지가 되었을 것이 아닌가……?

여성 독립운동가로 건준에 참여했던 우익인사 박현숙(朴賢淑)의 사회로 행사가 시작되었다. 김일성에 대한 소개가 끝나자 김일성이 망국의 비애를 강조하면서 연설을 시작했다.

"속담에 '나라 없는 사람은 상갓집 개만도 못하다'는 말이 있거니와 참말로 무엇보다도 나라가 있어야겠다는 것, 이것을 뼈저리게 느껴가지고 싸워왔습니다. (…) 우리에게 무엇보다도 중요한 것은 단결입니다. 고질적인 파벌투쟁의 폐단을 근절시켜야 합니다. 모든 애국적 민주주의적 역량이 굳게 단결해야 합니다."

김일성은 특히 기업인들이 많은 노력을 기울여줄 것을 호소했다. 실업자들을 줄이고 인민들의 생활을 안정시키기 위해서는 기업가들의 활동이 절실히 요구된다고 했다. 이와 관련해, 그는 사유재산의 보호를 강조했다. 이어 이 단계에서 조선인민의 힘만으로 독립국가의 수립을 실현하기는 어렵다는 점을 암시하면서 소련의 지원이 중요하다고 언급했다.

앞서 인용한 책 『북한의 역사』에 나오는 한재덕의 회고에 따르면, 이 자리에서 김일성은 아무런 연설문 없이 '장황하게, 서툴고 갈팡질팡' 연설했다. 그래서 자신이 '거의 창작하다시피' 새로 써서 신문에 게재했다고 한다.

이 행사에는 평양의 저명한 예술가들 가운데 최명익(崔明翊)과 백석(白

石) 등의 문인들도 초청을 받았다. 최명익은 김일성에게 지역과 당파를 떠나 범민족적 차원에서 나라를 이끌어줄 것을 당부했고, 백석은 '장군에게 바치는 시'를 즉흥적으로 낭독했다. 그들 가운데 백석이 가장 존경받는 문인이었다. 그는 1912년 평안북도 정주군에서 태어나 오산고등보통학교를 졸업하고 도쿄로 유학해 아오야마(青山)학원대학에서 영어를 전공했으며, 귀국한 뒤 1936년에 시집 『사슴』을 출판해 명성을 얻었다. 그는 뒷날 고당이 조선민주당을 창당하자 통역비서로 일했다.

그런데 이 문인들은 김일성의 연설에 감명을 받지 않았던 것 같다. 남한의 한 문학평론가는 "도 위원회의 송호경(宋浩敬) 비서가 내객을 일일이 소개한 다음, 천편일률적인 축사와 환영사가 지루하게 이어졌다. 이 지루한 앵무새의 독백과 같은 찬양사에 싫증을 느낀 이들 세 사람은 술만 축내다가 자리를 빠져나왔다."고 썼다.

부모는 기독교 신자였다는데……

해방 이후 북한에서 독보적인 지도자이자 반공주의자였던 고당을 조명하기 위해서는 김일성의 존재를 정확하고 객관적으로 파악할 필요가 있다. 지금 학계의 정설은 김일성의 항일투쟁 업적이 지나치게 과장된 것은 분명하나 항일 빨치산이었음은 사실이고, 또한 김성주와 김일성은 동일인이며 노령의 김일성은 존재하지 않았다고 본다.

김일성은 1912년 4월 15일 평양 근교인 평안남도 대동군(大同郡) 고평면(高平面) 남리(南里)의 매우 가난한 농가에서 태어났다. 그가 태어난 곳은 오늘날 행정적으로는 평양특별시 만경대구역 만경대동(洞)에 속하는데, 그저 만경대로 불린다. 1912년이면 대한제국이 멸망한 때로부터 이태가 지나서이고, 고당이 도쿄에서 유학하던 시절이었다. 그의 아버지는 1894년생인 전주 김씨 김형직(金亨稷)이다. 김형직의 조상은 전라도에서 대대로 묘지기로 살았다. 그러다가 김일성의 12대 조상 김계상(金繼祥)이 대동군 남곳면(南串面) 월내리(月內里)로 이주했으며, 김일성의 증조부 김응우(金膺禹)가 만경대 지주 리평택(李平澤)의 묘지기 겸 소작인이 됨으로써 이 집안은 거기에 뿌리를 내리게 되었다.

흥미로운 점은 김일성의 부모가 모두 기독교신자였다는 사실이다. 김형직은 만경대의 순화(順和)학교를 마친 뒤 1911년 가을, 미국 기독교 교단의 숭실학교 중등부에 입학했다가 중퇴한 다음 순화학교 교사를 거쳐 강동군(江東郡)에 있는 기독교계통 명신(明新)학교에서 잠시 교사생활을 했다. 이러한 사실은 그가 기독교 신앙을 가진 선진적 지식인이었음을 말해 준다.

김일성의 어머니는 훨씬 더 독실한 기독교집안 출신이었다. 그의 외할아버지 강돈욱(姜敦煜)은 장로교 하리(下里)교회의 장로였다. 그는 이 교회가 1905년 하리에 세운 창덕(彰德)학교에서 교감직을 맡아 한문과 성경을 가르쳤다. 강돈욱이 얼마나 기독교에 충실했느냐 하는 것은 둘째딸에게, 곧 김일성의 어머니에게, 반석(盤石)이라는 이름을 지어준 데서도 나타난다. 예수가 베드로에게 "너는 나의 반석이니, 네 위에 교회를 짓겠다."고 말하지 않았던가. 독실한 기독교집안에서 태어나고 성장한 김일성이 철저한 무신론자가 되었고, 무신론적 국가를 세웠다는 것은 역설적이다.

김형직에 관한 사실은 고당과 전선애 여사의 혼담을 추진했던 배민수 목사의 자서전을 통해 확인할 수 있다. 배민수는 자신이 숭실학교 예비반에 재학하던 무렵인 1913년에 숭실학교 선배인 김형직을 소개받았다. 배민수의 회고를 들어보자.

그의 첫인상은 조국의 독립에 대해 대단히 열정적인 사람이라는 점이었다. (...) 우리는 대화가 끝난 뒤 함께 기도했다. (...) 우리는 눈물로 기도했다. 우리는 예수가 가르친 자유와 희생정신을 믿었다. 어떻게 조국을 해방시킬 것인가 하는 것만이 우리의 관심사이자 희망이었다. 우리의 삶에서 애국심 이외에는 어떠한 가치도 존재하지 않았다.

배민수는 김형직의 제의에 따라 숭실학교 중학부 학생인 노덕순(盧德淳)과 함께 1913년 여름, 평양의 어느 숲에서 조국의 독립을 위해 헌신할 것을 다짐하는 단지(斷指) 의식을 가졌다. 이러한 과정을 거쳐 조선국민회가 결성되었는데, 1917년께 그 회원은 약 30명에 이르렀다. 이 비밀조직은 곧 평양경찰서에 포착되었으며, 그때 평양경찰서에 근무하던 악명 높은 친일경관 김태석(金泰錫)이 체포와 고문을 맡았다. 배는 징역 1년 형을, 김은 징역 10개월 형을 각각 선고받고 투옥됐다.

배민수는 석방된 뒤 다시 항일운동에 참여해 또 투옥됐다. 이후 그는 앞에서 언급했듯 평양신학교를 나와 목사가 되었고, 고당의 열렬한 지지자가 되었다. 그는 일제 말기에 신사참배를 거부하고 다시 미국으로 건너가 프린스턴신학대학원에 다니면서 당시 미국에서 항일운동을 펼치던 이승만을 적극적으로 도왔다. 그는 해방 후 미군정의 통역관으로 귀국하여 이승만의 건국노선을 열렬히 지지했다. 이 과정에서 그는 월남한 목사를 통해 북한의 김일성이 자신이 존경했던 김형직(金亨稷)의 아들임을 확인하고 놀랐다. 김일성이 제 아버지가 목숨을 바친 기독교회의 가장 나쁜 적이 되었다는 데 대해, 또 김일성이 자신의 정신적 스승인 조만식을 탄압하는 것을 용납할 수 없었다.

미군정이 끝나고 석 달이 지난 1948년 12월, 배민수는 가족과 함께 미국으로 이주해 웨스트버지니아의 오하이오카운티에 속한 작은 도시 휠링에 정착했다. 미국에서도 그는 반공노선에 서서 공산주의자 교포들을 격렬하게 비판했다. 결국 배민수는 반공투쟁에 참여해야 한다는 사명감을 다시 확인하고 1952년 11월에 귀국했다. 그는 곧 이승만 대통령이 창당한 자유당에 입당했고, 숭실대학 이사장으로 일하다가 1968년 별세했다.

이외에도 김일성의 친가와 외가에는 항일운동에 참여하여 투옥되었던 사람들이 적지 않은 게 사실이다. 그러나 북한의 관영사학이 근대조선의 '반제국주의-반미-반일투쟁'이 모두 김일성집안에서 시작된 것처럼 과장하여 설명하는 것은 정확하지 않으며 지나치다. 그러한 설명은 물론 김일성집안을 혁명 가계화함으로써 김일성을 우상화하고자 한 것이다.

김일성은 1919년에 부모를 따라 중강진에서 잠시 살다가 만주의 린장(臨江)으로 이사했다. 그는 여기서 중국어를 배우고 이후 후쑹(撫松)에서 소학교를 다니고 지린에서 중학교를 다녔다. 이것은 그가 만주에서 중국공산당에 입당해 만주를 무대로 중국인의 협력을 받으며 항일운동을 전개하는 데 큰 도움을 주었다. 무엇보다 김일성은 공산주의에 관심을 갖게 되었다. 특히 중국공산당 당원인 중국인 교사 샹웨(尚鉞)로부터 강한 항일교육과 더불어 공산주의 교육을 받았다. 샹웨는 중국의 유명 작가 루쉰(魯迅)의 제자로 마르크스주의 청년문학가였다. 후쑹에서 한의원을 운영해 비교적 유복하게 살던 김형직은 32세이던 1926년에 죽었다. 한편 김일성은 빠르게 자경하더니 결국 18세였던 1929년 5월, 지린시에서 결성된 조선공산

청년회에 가입한다. 이 일로 그는 일본관헌의 요주의 인물이 되었고, 결국 체포되어 지린감옥에 투옥됐다. 김일성은 투옥 기간에 손정도 목사의 도움을 받았다.

손정도는 1882년에 평안남도 강서군에서 태어났다. 그는 과거에 응시하고자 평양으로 가다가 우연히 개신교 목사를 만나 기독교를 받아들였다. 그는 집으로 돌아가 사당을 때려 부수면서까지 '전통'과 단절했다. 이후 감리교 미국인 목사의 비서가 된 뒤, 숭실학교와 숭실전문학교까지 공부한 데 이어 협성신학교에서 공부했다. 그는 이승훈 및 안창호와 연계를 맺고 신민회에서 활동하면서 목사가 되었다. 그는 3·1운동에 참가한 뒤 곧 상하이로 망명해 임시정부의 간부로 활약하다가, 임정에 실망해 지린으로 와서 교회를 세우고 조선인들을 돕고 있던 터였다. 그는 특히 김일성의 아버지와는 숭실학교 동창생이었으며, 아버지를 잃은 그에게 동정심을 강하게 가졌을 것이다. 그는 항일독립운동에 계속 참여하다가 1931년에 별세했는데, 그의 장남이 뒷날 대한민국의 해군참모총장과 국방부장관을 지낸 손원일(孫元一) 제독이다.

김일성이 출옥 후 약 2년 동안 초기 항일유격활동을 벌였다는 것은 대부분 사실이 아니며 미화와 과장으로 밝혀졌다. 1931년 김일성은 민족주의 단체인 국민부 산하 조선혁명군에 속했으면서도, 국민부에 비판적인 이종락(李鍾洛) 부대에 입대했다. 김성주가 아닌 김일성이란 이름은 대체로 이 무렵부터 굳어졌던 것으로 본다. 그런데 1931년 1월 28일에 그가 속한 조선혁명군사령부 역시 와해됐다. 그 결과 그는 자연히 조선혁명군과 절연되었다.

식민지조선에서 공산주의 항일세력과 민족주의 배일세력 및 좌우합작 운동세력을 사실상 거의 완전히 제압한 직후인 1931년, 일제는 만주를 괴뢰국으로 만드는 공작을 본격적으로 추진했다. 1931년이라면 미국에서 증권가격의 대폭락을 계기로 대공황이 일어난 지 2년이 흐른 해였다. 대공황은 이후 계속 악화되었으며, 미국의 자본주의경제는 역사상 가장 큰 위기에 빠졌다. 세계 최고의 채권국가에서 발생한 이 위기는 일본의 자본주의경제에 직접적인 영향을 미쳤다. 그리하여 일제는 그 탈출구를 만주침략에서 찾고자 했다.

이 시기에 식민지 조선 밖에서 한인들이 전개한 항일독립운동은 다양하게 전개됐다. 미국에서는 이승만이 고군분투했다. 중국본토에서는 민족주의자들인 김구와 이동녕, 안창호 등이 투쟁했고, 이와는 별도로 김규식(金奎植)과 공산주의자인 김원봉(金元鳳) 등이 있었으며, 또한 아나키스트들도 독립적으로 단체를 만들어 투쟁했다. 그렇게 중국 본토에서의 항일운동 세력은 사분오열되어 있었다. 만주에서는 공산주의자들의 무장투쟁이 두드러졌다.

김일성은 만주사변이 일어난 직후인 1931년 10월에 중국공산당의 만주성위원회에 입당했다. 이후 김일성의 항일유격대 활동이 전개되는데, 북한 당국은 특히 이 시기의 사실을 왜곡하거나 격상시켰다.

만주 곳곳에서 항일유격대의 투쟁이 활발해지자 중국공산당 만주성위원회는 그들을 묶어 동북인민혁명군을 발족시켰다. 1935년 1월, 이미 국민당군의 추격을 피해 장정에 올랐던 중국공산당은 마오쩌둥을 새 지도자로 받아들였다. 이러한 배경에서 중국공산당은 항일 민족통일전선론을 제시하면서, 동북인민혁명군을 동북항일연군(聯軍)으로 재편했다. 24세의 김일성은 동북항일연군의 제1로군 제2군 제3사의 사장(師長)으로 발탁됐다. 제3사의 병력은 600여명이었으며 과반수가 조선인이었다. 이때 김일성은 제2로군 제7군 참모장인 최용건(崔庸健)과 제1로군 제2군 제1사 참모장인 김책(金策)을 만나게 된다. 해방 후 이 둘은 김일성의 측근으로 활동했다.

김일성이 지휘하는 제3사는 한만 국경지대인 창바이현(長白縣)으로 진출했다. 반면 최용건과 김책은 북만주에서 활동했다. 이것은 김일성의 정치적 장래에 도움이 되었다. 항일유격활동이 국내에 상대적으로 잘 알려졌기 때문이다. 김일성이 자신을 국내에 널리 알리게 된 결정적 계기는 1937년 보천보(普川堡)전투를 통해서였다. 북한의 공식 출판물들은 김일성부대가 일본경찰을 100명 넘게 죽였고 60여명을 포로로 잡았다고 주장했으나, 사실은 소규모의 평범한 습격전투였고 약탈에 목적이 있었다.

그렇다고 해도 이 전투는 1935년의 동흥읍 습격 이후 일제를 대상으로 한 조선인들의 무력행사에 의해 한반도 안에서 치러진 최초의 전투였다는 점에서 의미를 인정받는다. 특히 이 전투는 6월 5일 〈동아일보〉 호외와 그 이후의 속보들을 통해 자세히 보도됨으로써 김일성을 국내에서도 유명하게 만들었다.

보천보전투에 놀란 일본군은 함흥에 주둔한 제74연대에 배속된 김인욱(金仁旭) 소좌로 하여금 토벌전에 나서게 했다. 김인욱은 평양 출신으로, 영친왕의 권유와 후원 아래 일본육사에 입학했다. 그는 1915년에 일본육사를 제27기로 졸업하고 왕족부(王族部) 무관으로 영친왕을 모셨다. 이러한 과정을 거치며 소좌(=소령에 해당)까지 승진한 시점에서 김일성 부대와 대결하게 된 것이다. 이른바 1937년 간삼봉(間三峯)전투였는데, 결과는 김일성의 승리로 끝났다. 패한 김인욱은 1945년 4월에 중좌(=중령 급)로 예편되었으며, 고향 평양에서 해방을 맞았다. 소련점령군은 그가 일본군 고급장교였다는 이유로 체포해 우즈베키스탄으로 유형을 보냈고, 이후 소식이 끊겼다.

일본 관동군에 쫓겨 다니던 김일성은 1940년 10월 하순, 몇 명의 대원들과 함께 극동러시아로 탈출한다. 그리고 해방 전까지 소련극동군의 지휘와 훈련을 받았다. 해방이 되자 김일성은 대위 계급장을 달고 소련군이 준 평양시 군경무사령부 부사령관의 임명장을 지닌 채 1945년 9월 20일에 기차로 원산을 떠나 22일 오전 평양에 도착했다. 그는 곧바로 제25군 군사위원 레베제프 소장에게 소개되었다. 김일성의 부관 문일(文一)이 러시아어 통역을 맡았다.

레베제프의 회고에 따르면, 김일성은 레베제프에게 "저희들도 제25군과 함께 일본과의 전쟁에 참전했던 것으로 해주십시오."라고 간청했다. 레베제프는 한마디로 거절했다. 이 일화에서 정치공작가로서의 김일성의 면모가 발견된다.

평양에 자리 잡은 김일성의 정치활동은 빨라졌다. 그는 오늘날 중구역(中區域) 연화동(蓮花洞)에 있던 동양척식주식회사 평양지사를 사무실로 쓰고, 그 사택을 숙소로 삼았다. 그는 소련군 평양시 군경무사령부 부사령관 코롤료프 육군대령의 지시를 받아들여 김영환(金永煥)이라는 가명을 썼다. 그러면서 자신의 사무실을 그저 중앙지도부로 부르게 했다. 힘이 있어 보이두록, 그러면서도 정체가 드러나지 않게 함으로써 조금쯤 신비스럽게 보이도록, 일종의 심리전을 폈던 것이다.

김일성은 '요정(料亭) 정치'에도 의존했다. 메클레르는 "김은 정치적 현안들이 있을 때마다 주요 인사들을 요정으로 초청해 화기애애한 분위기에서 문제를 풀어갔다. 그의 요정정치는 조만식은 물론이고, 김용범과 오기섭 등 국내의 공산계열 지도자들로선 상상할 수도 없는 발상이었다."고 회상했다. 이러한 맥락에서 메클레르는 "김의 정치적 리더십과 계략은 뛰어났다."고 덧붙였다.

레베제프 역시 동의했다. 레베제프는 "평양에 들어온 김일성은 특별히 뛰어난 군인도 탁월한 혁명가도 아닌 청년에 불과했다. 그러나 그의 정치적 계략과 정치적 리더십은 비범했으며, 그리하여 빠른 시일 안에 자신의 위상을 구축했다."고 회상했다.

소련군사령부는 북한에서 소련의 정치적 목표를 충실하면서도 효율적으로 수행할 지도자를 은밀하게 검토했다. 그 작업의 실무책임자가 메클레르 중령이었다.

그의 회고에 따르면, 비공산계와 공산계를 통틀어 고당 조만식이 북한 주민들 사이에 인망이 압도적으로 높은 사실을 확인할 수 있었다. 하지만 고당은 기본적으로 민족주의자였지 공산주의자가 아니었고, 소련군의 정책과 행패에 대해 자주 항의하고 있음이 마음에 걸렸다. 메클레르는 이어 국내파 공산주의자들을 조용하게 조사했다. 우선 떠오른 인물이 김용범이었다. 그는 일제치하에서 감옥에 가면서까지 항일투쟁을 했고, 그의 부인 박정애도 열렬한 친소 공산주의자일 뿐만 아니라 러시아어를 썩 잘 했다. 그러나 메클레르의 안목에서 볼 때 그는 자질이 모자랐다.

메클레르가 가장 큰 관심을 갖고 조사한 대상은 88특별여단 산하의 빨치산 지도자들이었다. 그들 가운데 김책이 가장 머리가 좋아 보였다. 정세분석이 빠르고 대처능력도 비상했다. 그러나 김일성도 결코 뒤떨어지는 인물이 아니었다. 우선 허우대가 좋았고 능굴능신(能屈能伸: 변신을 잘 한다는 뜻)을 잘 했다. 늘 웃는 얼굴이어서 사람들에게 호감을 갖게 했다. 뿐만 아니라 김일성은 조선공산주의운동의 고질적인 병폐인 파벌다툼에서도 벗어나 있었다. 게다가 소련과 스탈린에 대한 충성심도 의심의 여지가 없었다.

메클레르는 스탈린의 지시대로 공산세력과 비공산세력의 연합을 성사시키기 위해서는 조만식과 김일성의 제휴가 필요하다고 판단했다. 그래서 그는 1945년 9월 30일 저녁 6시, 평양의 유명한 고급요정 화방(花房)에서 고당과 김일성의 대면을 주선했다. 먼저 들어와 아랫목에 좌정한 고당에게 김일성이 들어오면서 "선생님, 김일성입니다."라고 인사했다. 메클레르가 고당에게 소련군에 대한 협조를 부탁하자, 고당은 민족통일국가 수립을 위해 소련이 먼저 조선을 도와주도록 거듭 부탁했다. 김일성은 계속해서 술을 마시며 떠들었다. 그러나 고당은 기독교 장로임을 내세우면서 술을 전혀 들지 않았다.

김일성은 겉으로는 고당을 공손하게 떠받들었다. 그러나 며칠 뒤, 그의 부하들이 고당을 어느 특수가옥의 밀실로 유도한 뒤 폭행을 가하려고 했다. 정보를 입수한 메클레르는 당장 김일성을 불러 나무랐다. "당신, 제 정신이오? 조만식에게 폭행을 가했다고 할 때 북한주민들이 가만히 있겠소? 즉시 석방하시오!"라고 호령했다. 김일성은 모르는 일이라고 발뺌을 하면서도 메클레르의 지시에 따랐다. 메클레르는 마음이 놓이지 않았다. 그래서 직접 고당이 있는 장소로 갔다. 고당은 젊은 공산주의자들이 자신을 제거하려고 거기까지 유인해왔음을 전혀 눈치 채지 못한 것 같았다. 메클레르는 고당을 제 사무실로 안내한 뒤 김일성을 불러 사과하도록 시켰다. 김일성은 꼼짝없이 사과했다. "조만식은 '너무 과민하지 마시오.' 라고 말하며 큰 지도자다운 자세를 보였다."고 메클레르는 회고했다.

평양에 사령부를 세운 날로부터 2개월이 지난 시점에서 소련군은 당과 행정부 양쪽에서 북한만을 단위로 하는 하나의 기구를 만들었다. 동시에 김일성을 공개적으로 등장시켰다. 표면적으로 점령의 초기목표는 달성된 셈이었다. 그렇지만 스탈린의 기본취지가 완전히 구현된 것은 아니었다. 9월 20일자 스탈린의 '지령'과 10월 12일자 치스챠코프의 '명령서'에 담긴 내용에 따르면, 스탈린의 명령은 반일적·민주주의적 정당들과 단체들의 광범위한 연합 위에서 일차적으로 부르주아적 민주정부를 세우라는 것이었다.

그렇게 하려면 비공산주의적 정당들의 결성이 뒤따라야 했다. 즉 소련군은 소련군이나 공산주의에 대해 반감이나 불만을 가진 북한사람들을 적절히 무마하거나 통제할 필요가 있었다. 그러기 위해서는 그들이 신뢰하는 지도자로 하여금 비공산주의적 정당들을 만들게 하여, 그들을 제도적 틀 안으로 들어오게 하는 편이 유리하다고 계산한 것이다. 이러한 이유로 소련군은 김일성을 내세워 우선 고당에게 정당 창당을 종용했다.

김일성은 소련군 사령부의 주선으로 비밀리에 고당을 여러 번 찾아갔다. 그는 고당을 대할 때 대선배에 대한 깍듯한 예우를 했다. 그러던 어느 날 현재의 공산당과 적위대 활동을 개탄하면서 넌지시 정당 조직을 권고했다.

"공산당도 대중의 지지를 받지 못하고 있으니 선생님을 따르는 대중을 집결시켜서 튼튼하고 안정된 정당을 조직해 주십시오. 이 혼란한 정국을 수습할 방도는 그 길밖에 없습니다."

고당은 묵묵히 듣고만 있었다. 김일성이 다시 강조했다.

"선생님이 정당을 만들고 친히 당수를 맡아주신다면 저는 부당수가 되어 소련군정과의 절충을 담당해서 선생님의 일을 도와드리겠습니다."

이런 권고를 수차례 받은 고당은 조선민주당을 조직하는 방향으로 마음이 움직이기 시작했다.

고당은 1883년생이고 김일성은 1912년생이니 그들 사이에는 29년의 차이가 났다. 또 이념적 성향이나 항일운동의 방법과 경력에서도 차이가 컸다. 그렇지만 그들에게는 비교적 솔직하게 대화할 수 있는 공통의 요소가 있었다. 그것은 기독교배경이었다. 김일성의 친가와 외가는 모두 기독교집안들이었다. 특히 고당은 김일성 아버지의 숭실학교 5년 선배였으며, 김일성의 외삼촌 강진석(康晉錫)은 고당과 같은 교회를 다녔다. 이러한 인연들은 고당과 김일성을 심정적으로 이어주었다. 그러나 메클레르의 회고에 따르면, 그는 겉으로는 고당을 대선배로 떠받드는 척하면서도 자신의 빨치산동지들과의 모임에서는 "반동 영감 조만식을 죽여야 한다."고 말했다는 것이다.

고당은 창당제의를 받고 처음엔 주저했다. 북한만의 정당은 분단을 더욱 공고히 할 수 있다는 염려 때문이었다. 그렇지만 비공산계 북한주민들 상당수가 그들의 입장을 대변할 정당 창당을 갈망하고 있었다. 북한주민들은 소련군과 공산당의 횡포에 이미 지쳐있었고, 자위수단으로서의 창당이 절실했다. 특히 3·1독립선언에 서명한 33인 중 한 명인 김병조(金秉祚) 목사가 고당에게 창당을 적극 권했다. 고당은 가끔 찾아오던 김일성에게 신당가입을 권유했다. 오영진은 다음과 같이 기억했다.

고당 선생은 발기대회를 며칠 앞둔 어느 날, 실현되지 않을 줄 알면서도 김일성에게 일부러 신당가입을 권유해 본 적이 있다. 이것은 고당 선생의 현명하고도 치밀한 심려에서 나온 것이었다. 고당 선생은 소련군정하에 있는 현 상태로서 주둔군이 지지하는 김을 포용하지 않고서는 도저히 신당을 유지해 나아갈 수 없음을 깨달았고, 또한 소련정책에 대한 하나의 양보적 태도를 제시하려고 했던 것이다.

그러면 김일성은 어떻게 대답했던가? 오영진의 증언이다.

이러한 고당 선생의 권유에 대하여 김은 자기 부하 가운데에는 자유주의자도 있고 민족주의자도 사회주의자도 공산주의자도 있으므로 일당일파에 소속할 수 없다는 것과, 또 하나는 자기는 이미 결성된 북조선공산당과 새로이 탄생하려는 조선민주당의 중간에 서서 양당의 친선과 우의를 도모하는 역할을 하겠다는 갸륵한 이유를 들어 입당을 거절했다.

김일성은 대신 자신의 빨치산 동지들인 최용건과 김책을 추천했고, 고당은 그것을 받아들였다. 최용건은 김일성이 나타나기 전에 이미 만주로부터 들어와 있었다. 그는 고당에게 귀국 인사차 찾아와서는 "선생님, 저는 오산학교에서 선생님께 배운 제자올시다. 앞으로도 학교 재학 중과 마찬가지로 지도해 주십시오."하면서 넙죽 절을 했었다. 그래서 고당도 김일성의 추천에 이의를 제기하지 않았다. 그리하여 최용건은 조선민주당 부위원장이 되었다. 또 한 명의 부위원장은 이윤영이었다.

그러나 소위 신탁통치 문제로 고당과 소련군정이 결렬되자 최용건은 시랑(豺狼: 승냥이와 이리)처럼 돌변하여 "조만식은 용서 못할 민족의 반역자다."는 소리를 서슴지 않았다. 그리고는 조선민주당을 횡탈해서 스스로 당수 자리에 앉았다. 최용건은 조선민주당에 입당할 때 함께 들어간 김책을 정치부장 자리에 앉혔다. 김책은 나중에 평양학원장(=괴뢰군 사관양성소 책임자)을 거쳐서, 인민공화국 내각의 부수상까지 역임했다. 6·25 남침 때는 인민군 부사령관으로 내려왔다가 오대산 전투에서 전사했다.

결국 이 모든 과정은 조선민주당을 송두리째 삼켜 버리려는 소련군정과 김일성의 술책이었다. 김일성은 조선민주당이 창설된 지 한 달이 채 안 되었을 때, 고당에게 아무런 통보 없이 북조선공산당의 당수로 취임했다. 다시 말해 김일성은 민족을 위해 평생을 헌신해 온 고당을 치졸한 수법으로 속였던 것이다. 조선민주당이 공산주의자에 의해 접수되자마자 공산당은 '북조선 민주주의 민족통일전선 위원회'라는 조직체를 만들어서 일체의 정당과 사회단체를 그들의 통제하에 두고 마음대로 이용했다.

조선민주당에 환호한 북한 주민들

조선민주당 창설에 참여한 주요 동지들은 이윤영(李允榮), 한근조(韓根祖), 김병연(金炳淵), 김익진(金翼鎭), 우제순(禹濟順), 조명식(趙明植), 이종현(李宗鉉) 등이었다. 창당 취지를 북한 전역에 발표하여 발기인 105명을 선정하고, 1945년 11월 3일 창당대회를 열었다. 발기인을 105명으로 정한 것은 유명한 반일투쟁인 105인 사건을 기념하기 위한 것이었고, 창당일자를 11월 3일로 정한 것은 광주학생 운동을 기념하기 위한 뜻에서였다. 창당대회에서는 중앙상집(中央常執) 33인을 선출했는데, 이것도 3·1운동 때의 민족대표 33인을 기념한 것이었다. 이 숫자는 그 후 오랫동안 당의 관례가 되었다.

열악한 환경에도 불구하고 고당을 당수로 한 조선민주당이 그 기치를 내세우자 북한의 민중들이 열광적으로 호응해 왔다. 창당 3개월 만에 당원은 50만명에 달했고, 각 도·시·군·면에 지구당부가 결성되었다. 소련군정과 공산당은 당혹스러웠다. 이와 관련해 한재덕은 "이그나체프 대령이 김일성을 보고 '개를 기르라고 하였더니 호랑이를 길렀다' 고 꾸지람했다는 소문이 공산당 내부에서도 퍼진 형편이었다."고 회고했다.

공산당은 조선민주당의 급속한 발전을 시기해서 각 지방 지부를 습격하고 당원들을 폭행했으며, 허무맹랑한 죄명을 날조해서 투옥시키는 등 갖은 야비한 방해공작을 벌였다. 공산당은 소위 무산계급을 대변하는 정당으로서 자산계급을 옹호하는 조선민주당을 분쇄하는 것이 당연한 일이라고 선동했다.

그들끼리는 "우리 공산당원이 명주바지에 저고리라도 입고 민주당 안에 잠입해서 내부 파괴 공작을 해야 않겠소?"라는 유치한 농담이 오갔다. 그런데 그들의 진짜 특기는 이론투쟁이나 농담보다는 불법폭력이었다. 그들은 순천(順川), 안변(安邊)을 비롯한 곳곳의 민주당 지부를 습격하여 폭력을 일삼았다. 그러한 상황 속에서도 고당은 "끝까지 조선민주당의 등불이 꺼지지 않게 해야 한다. 불이 약해지더라도 불을 꺼서는 안 된다. 우리의 노력은 후세가 평가해 줄 것이다."면서 당원들을 격려했다.

소련은 그들이 점령한 동유럽의 국가들에서도 정당 창당과 관련해 본질적으로 같은 방식을 썼다. 그렇게 창당된 정당을 소련은 공산당의 우당(友黨)이라고 부르면서 공산국가들에서도 마치 다당제가 허용되고 있는 것 같은 인상을 주고자 했다. 그러나 학자들은 그 같은 정당은 공산당의 위성정당이며, 공산국가에서 다당제는 실질적으로 존재하지 않는다고 보았다. 북한의 경우에는 조선민주당이 너무 커져 우당의 범위를 벗어나니까 탄압하게 된 것이다.

그러나 조선민주당이 창당대회에서 채택한 정책은 돌이켜보면 다소 어정쩡한 면이 있었다. 농업정책에 있어서 "3·7제 소작제도를 실시한다."는 조목이 있는 것만을 보아도 알 수 있다. 그렇다면 북한에서 조선민주당 창당 이전에 이미 시작된 토지개혁은 어떤 것이었을까? 평남인민위원회는 1945년 10월 16일, 토지문제와 관련해 중요한 결정을 내렸다. 일본제국주의자와 친일분자가 소유한 모든 토지를 몰수해 국유로 한다는 것, 그리고 소작료는 3·7제로 한다는 것이 결정의 주된 내용이었다. 3·7제란 소출의 3할을 지주에게, 7할을 소작인에게 주는 제도로 종전의 7·3제를 거꾸로 뒤집은 것이었다. 평남인민위원회는 12월 16일에 실제로 토지개혁에 들어갔다. 일본인들과 친일분자들의 토지를 몰수해 국유화시키고 인민위원회가 관리하도록 했다. 그리고 경작은 기존의 경작자들이 하되 그 밖의 지주들에게는 소작료를 3·7제로 했다.

모처럼 발족한 조선민주당의 정강 정책에 이처럼 어정쩡한 구석이 발견되는 데는 나름대로 까닭이 있었다. 알다시피 조선민주당은 핵심 간부들이 오윤선처럼 지주들이었던 사실에서 보이듯이, '민족·자본주의세력을 대표하는 정당'이었다. 따라서 조선민주당은 북한에서 이미 시작된 토지개혁에 반대했으며, 소련군의 점령정책과 조선공산당에도 비판적이었다. 하지만 소련군정 당국의 압력이 유형무형으로 가해지는 환경에서 금지 당할 여지가 많은 과감한 민주주의 정책은 내걸 수가 없었던 것이다.

또한 공산당이 현실과는 동떨어진 환상적 슬로건을 내걸어 민심을 동요시키고 사회적 혼란을 조장하고 있었으므로 조선민주당은 진실성을 보일 필요가 있었다. 그래서 정책의 남발보다는 실현가능한 정책을 표방하면서 자제하는 편이었다. 하지만 가장 근본적인 이유는 아무래도 민족진영에 아직 확고한 정치적 주체성이 없었던 탓이 아닐까? 사실 해방 직후 민족진영은 국가를 장차 어떻게 건설해야 하겠다는 프로그램을 제대로 갖고 있지 못했다.

고당은 조선민주당을 영도하면서 투명한 재정을 강조했다. 해방 직후에 행정을 맡아서 활동했지만 국가의 지원 자금이 따로 없었으므로 민간 재원을 염출해 사용해왔다. 이때도 후원금을 잘 가려서 받아야 한다고 누누이 강조했다. 당시에는 여러 계통에서 정치 헌금이 나왔는데, 특히 친일하던 사람들과 일본인들의 뇌물성 헌금이 많았다. 그래서 고당은 옥석을 분명히 가리려고 했던 것이다. 사실 그 무렵에는 약간 의심스러운 돈을 받아도 누가 크게 문제 삼지 않았다. 그래도 고당은 명확하게 선을 그으려고 애썼다.

고당은 조선민주당 지방당부가 결성될라치면 직접 찾아가서 치사하거나, 일일이 갈 수 없을 때는 친서를 보내 격려했다. 고당은 늘 '천시지리인화(天時地利人和: 하늘의 때는 땅의 이득만 못하고, 땅의 이득은 사람의 화합만 못하다)'를 자주 언급했다. 인화단결을 무엇보다 강조했던 것이다. 고당은 정치적으로 사분오열되어 혼란스러운 서울 소식이 들려올 때마다 "왜 저렇게 화합하지 못하는지 모르겠다!"고 한탄했다.

러시를 이룬 정당 창당

여기서 당시 북한의 정당 사정을 살펴볼 필요가 있다. 앞에서 지적했듯 조선민주당은 기독교인이면서 민족자본가인 이들을 주축으로 창당했다. 그런데 당시 기독교인들 가운데 지주들에게 비판적인 이들이 있었다. 그들은 '민주주의정부의 수립, 기독교정신에 의한 사회개량, 대지주의 횡포방지, 대기업의 국가관리'를 지향하면서, 대한민국 임시정부 요인이던 이유필(李裕弼)과 윤하영(尹河英) 목사 및 한경직 목사 등을 중심으로 1945년 11월 기독교사회민주당을 창당했다. 이 당은 지역에 따라서는 대한사회민주당으로도 알려졌다.

윤하영은 1889년에 평안북도 의주군의 기독교 가정에서 태어나 미국인 선교사의 전도사로 일하다가 3·1운동에 참여해 투옥됐다. 출옥 후 평양장로회신학교를 졸업하면서 목사 안수를 받았다. 그 후 중국 난징대학에서 공부하며 임정을 위해 군자금 모금운동을 벌이기도 했고, 미국으로 건너가 프린스턴신학대학원에서 공부했다. 그는 귀국한 뒤 일제의 신사참배와 창씨개명을 끝까지 거부하다 결국 목사직을 박탈당하기도 했다.

한경직은 1902년에 평안남도 평원군에서 태어났다. 오산중학교와 숭실대학을 졸업한 뒤 도미해 프린스턴신학대학원을 졸업한 뒤 1931년에 평양의 숭인상업학교에서 교목과 교사로 봉사했다. 이후 신의주 제2교회의 목사가 되었는데 일제에 비판적이라는 이유로 그 역시 목사직을 사임해야 했다. 앞에서 언급했듯 그는 고당의 오산학교 시절 제자였다.

일제가 패망하면서 윤하영과 한경직은 각각 신의주 제1교회와 제2교회 목사로 복직했고, 동포들을 상대로 기독교운동을 벌이다 기독교사회민주당을 창당했던 것이다.

기독교사회민주당은 김구가 이끄는 대한민국임시정부를 뼈대로 삼아 조선인의 통일정부를 세워야 하며, 그 정부는 반공·반소 노선을 걸어야 한다고 주장했다. 이 점에서 북한 최초의 기독교정당인 이 당은 조선민주당이나 남한의 한국민주당 및 조선국민당에 심정적으로 어느 정도 가까웠다. 그렇지만 북한의 공식 간행물들은 "일부 악질적인 기독교목사, 장로 등 교직자들과 기타 반동들은 일부 지방들에서 '대한사회민주당'이란 비밀단체까지 조작하였다."고 썼다. 이 비난은 역설적으로 이 당의 성격을 잘 드러낸다.

그럼 공산진영 측은 어떠했을까? 공산당 내의 파벌 싸움으로 현준혁이 암살된 후에는 도당(道黨)과 시당(市黨)의 알력도 자연 해소되었다. 현준혁이 맡았던 도당 책임자는 장시우로 바뀌었다. 그리고 북한 전체의 공산당 조직을 통솔하는 중앙기관으로 조선공산당 북조선분국이 설립되었는데,

김용범이 당수를 맡았다. 이것이 얼마 후 북조선공산당으로 개칭됨과 동시에 김일성이 당수가 되었다.

해방 후 연안으로부터 귀국한 조선독립동맹은 김두봉(金枓奉)이 주석, 한빈(韓斌)과 최창익(崔昌益)이 부주석이었다. 일명 '연안파'로 불리는 이들은 공산당과 적위대의 행패에 대해서 비공식적으로 비판하기도 했다. 이들은 도시 인텔리 계층 일부를 포섭해서 명칭도 조선신민당(新民黨)으로 고쳤다. 그 후 1946년 가을 북조선공산당과 합당, 북조선노동당(현재의 노동당)이 되었다.

조선민주당이 결성된 지 얼마 지나지 않아 천도교 청우당(靑友黨)이 인정을 받았다. 그들은 소련군정이 조선민주당 결성을 종용한 것을 알고 교섭한 결과 창당에 성공했다. 고당이 실각하자 청우당 내의 김달현(金達鉉), 김정주(金廷柱) 일파는 적극적인 친소·친공 정책을 펼쳤다. 그 공로로 김달현은 북조선 인민위원회의 부위원장이 되었고, 김정주는 북조선 인민위원회 운수통신 국장을 거쳐 인민공화국 체신상으로 발탁되었다. 그러나 일반 청우당 당원들은 여전히 반소·반공적인 경향이 농후했다. 그런 경향은 훗날 6·25전쟁 때 천도교도들의 반공혈투로 나타났다. 청우당에서는 기관신문 〈개벽신보(開闢新報)〉를 발행했다.

소련군정과 공산당이 공산당의 산하단체 혹은 위장 정당 이외에는 허용하지 않게 되자 민족진영은 자주적 정당 활동을 거의 단념하기에 이르렀다. 그러다가 1947년 6월에 미소공동위원회가 속개되어 한국임시정부를 수립하기 위하여 정당 사회단체와 협의한다는 원칙이 서게 되자 사정이 좀 달라지는 듯했다. 이 기회에 북한민중의 진정한 의사를 반영시켜야 한다는 사명감에서 교회 지도자들이 기독교자유당을 결성하려는 운동을 벌였다. 이 과정에서 김화식(金化湜) 목사를 비롯한 북조선의 지도적 기독교인들이 고당과 은연중에 연계를 맺었다. 그들은 남한으로 밀사를 보내 이미 월남한 황은균(黃殷均) 목사를 통해 김구를 만나 창당을 준비했다. 당시 그들의 생각은 국제적인 협의를 기반으로 진행되는 일이니만큼 방해가 없으리라고 기대했던 것이다. 그러나 소련 측은 처음부터 미소공동위원회의 결정을 성실히 이행할 의사가 없었다. 소련군정은 새로운 정당을 허락하지 않았을 뿐만 아니라 관계자 100여명을 군정명령 위반 등의 죄명으로 체포하여 가혹하게 고문하는 등 교회탄압의 구실로 악용했다. 이때 만약 기독교자유당이 결성되었더라면 조선민주당의 맥을 계승해 민족의 자유를 위해 투쟁했을지도 모른다.

조선민주당은 고당이 소련군정 당국과 공산당에 의하여 감금된 후 간부급 전원이 자유를 찾아서 월남했다. 그래서 1946년 1월에 부당수인 이윤영 등이 서울에서 당을 재건하고 이를 천하에 성명한 후, 속속 월남해 오는 당원을 규합하는 데 노력했다.

김일성, 권력의 중심에 서다

　　평양에서 조선민주당이 결성된 전후, 그리고 모스크바 3상
회의의 결정이 발표된 1945년 말까지 소련군정의 동향을 살펴
보면 다음과 같다.

　　1945년 10월 중순 경 일주일간에 걸쳐서 평양에서 소위 5도 연락회의
가 개최되었다. 당시 각 도에 인민위원회 방식의 정권은 수립되었으나 각
도의 기구와 명칭이 구구해서 통일되어 있지 않았다. 예를 들어 평안남북
도와 황해도는 도라 칭하고, 함경남북도는 주(州)라고 칭했다. 그리고 도정
(道政)과 주정(州政)의 부서 명칭도 내무부, 치안부라고 부르는가 하면 내
무국, 치안국이라고 하는 데도 있었다. 또 정권 명칭 자체에 있어서도 평안
남북도는 인민정치위원회, 함경남북도는 인민위원회, 황해도는 조선인민
공화국 황해도 위원회라는 명칭을 각기 사용했다. 더구나 각 도에 관련된
여러 문제에 있어서도 통일된 방침이 제대로 없었다. 예를 들면 소련진주

군에게 제공할 양곡 20만톤(=140만석) 공출의 배당률 같은 문제도 있었다.

5도 연락회의에서는 각 도가 하급의 시, 군, 읍, 면, 부락 등의 순서로 하향 배정해서, 성출미(誠出米) 혹은 애국미(愛國米)라는 명칭으로 공출하여 소련군량미로 제공한다고 합의했다. 또한 본회의 외에 행정, 치안, 산업, 재정 등 각 분과별 전문위원회를 설치하여 토의한 결과 행정기구의 내용과 명칭 등도 통일했다. 그때까지 일반 식자(識者)들은 하루빨리 전국을 통합한 민족자주의 중앙정부 수립을 기대했던지라 북한만의 중앙기관 설치에는 반대했다.

하지만 5도 연락회의와 소련군정의 종용을 계기로 1945년 11월 중순에 마침내 중앙행정 기구가 설치됐다. 즉 소련 군정장관 로마넨코 소장 직속 하에 재정, 교육, 사법, 산업, 상업, 교통, 농림, 체신, 보건, 치안, 노동 등 11개 국(局)을 설치했다. 따라서 각 도의 행정기관은 직접 소련군정 장관의 명령에 의해서 운영되는 성격을 띠게 되었다. 소련군정과 각 행정당국 간에 개재하는 한국인의 총괄기관은 아직 없었다. 여하튼 북한만의 정권은 성립되었으나 국가적 명칭이 아직 없었기에 북조선 재정국, 북조선 교육국 등으로 불렀다. 이때 임명된 각 국의 책임자는 다음과 같다.

재정국장 이봉수(李鳳洙), 교육국장 장종식(張鐘植), 사법국장 조송파(趙松波), 산업국장 이문환(李文煥), 상업국장 한동찬(韓東燦), 교통국장은 나중에 김정주(金廷柱), 보건국장 윤기령(尹基寧), 치안국장 최용건(崔庸健), 노동국장 오기섭(吳琪燮).

군정당국은 각 국의 직원을 처음엔 약 100명씩 배치할 계획이었으나 예산이 부족해서 치안국만 예외로 하고 각각 20명 내외의 위원으로 간소하게 편성했다. 소련의 자료에 따르면 이 연합체의 위원장에는 고당이 선출됐다. 소련군사령부는 이 중요한 연합체의 지도자에 왜 비협조적 인물인 고당이 선출되도록 허용했을까?

레베제프의 회고에 따르면, 고당은 소련점령군을 '또 다른 외국점령군'이라고 규정하면서도 소련점령군과 협력할 용의는 있다고 말한 뒤 몇몇 조건들을 제의했다. 소련점령군의 입장에서 "그 조건들은 결코 받아들일 수 없는 것들이었다." 그래도 그들은 "타협할 수밖에 없었다. 다른 인물이 없었기 때문이다." 그러나 오영진과 한재덕의 회고로는 고당이 소련군사령부로부터 위원장직에 취임하도록 권유받은 것은 사실이나 끝까지 거부했으며, 그래서 그 자리는 공석으로 있었다고 한다.

소련군정의 궁극적 목적은 북한만의 분할 통치였다. 그런 우려로 인해 고당은 소련군이 진주하는 순간부터 분단정책을 줄기차게 반대했던 것이다. 38선을 시급히 해제하고 통일정부를 수립해야 하는 마당에 북한만의 중앙기구가 설치되니, 고당의 심중은 점점 무겁고 어두워져만 갔다. 중순의 시점에서 볼 때, 소련군의 북한에 대한 점령정책은 자리를 잡은 것 같았다. 그러나 비공산 민족주의세력, 특히 기독교인들이 중심이 된 조선민주당과 기독교사회당을 중심으로 반소분위기가 역시 형성되었으며, 그것은 마침내 반소 반공운동으로 폭발했다.

그 시발은 11월 7일 함경남도 함흥시에서 일어났다. 당시 북한에서 함경도의 식량사정이 가장 열악했다. 그럼에도 소련군이 식량을 공출하자 함흥의 학생들이 쌀을 돌려달라며 시위를 벌였다. 시위자들은 자유도 달라고 요구했다. 그러나 이 시위는 무마되었다.

그런데 약 열흘 뒤에 평안북도 용천군(龍川郡) 용암포읍(龍岩浦邑)에서 일어난 반공시위는 그렇게 간단히 수습되지 않았다. 용천군은 평안도의 곡창지대 중 하나로서 정치적으로도 영향력이 큰 곳이었다. 더구나 이곳은 기독교세력이 강해 자연히 조선민주당과 기독교사회민주당이 각각 일정한 지지를 받았고, 소련군에 대해 은연중 반감을 표시해왔다. 이러한 배경에서 11월 18일에 용암포읍의 제1교회부설 구세(救世)인민학교에서 기독교세력 주최로 독립촉성대회가 열렸다.

이 대회에서 조선민주당 용암포지부의 선전부장 김두삼(金斗三)의 반공적 연설을 시작으로 연이은 연설과 함께 학생들의 시위가 벌어졌다. 용암포읍 인민위원장 이용흡(李龍洽)은 공산당원들을 동원해 폭력으로 맞섰으며, 그 결과 1명이 사망하고 12명이 중경상을 입었다.

마침내 보안대가 출동하여 대회를 해산하고 학생들을 체포했다. 그때 평안북도 인민위원회 문교부장으로 이 지역의 사정에 밝았던 함석헌은 이용흡을 "올바른 지식이 있는 것 같지도 않았고 (...) 온건한 성격의 소유자가 아니었다. (...) 소련군이 온 뒤부터 갑자기 난폭하게 날뛰기 시작했다."고 회고했다.

용암포에서의 불상사는 사흘 뒤인 11월 21일에 그곳에서 약 60리 떨어진 신의주시에 알려졌다. 역시 친기독교적이고 반공적인 분위기가 강했던 신의주 학생들은 곧바로 집단행동에 들어갔다. 11월 23일 오후 2시에 3천여 명의 학생들이 신의주시에 있던 평북인민위원회로 접근하자, 보안대원들은 마구 발포했다. 23명의 사망자와 700여명의 부상자가 발생하고 수많은 학생들이 구속됐다. 학생들에 대한 발포와 구속에 항의하던 평북인민위원회 문교부장 함석헌도 구속됐다.

소련군은 겉으로 보기에는 유연하게 대응했다. 소련군은 우선 발포책임자를 징계했고 이어 용암포와 신의주의 공산당 간부들을 징벌했다. 동시에 체포된 1천여명의 시위자들 가운데 주동자급 7명을 제외하고 모두 신속히 석방했다.

비슷한 시점인 11월 7일, 소련군은 김일성을 신의주로 보내 군중대회를 열고 회유하게 했다. 김일성은 이 대회에서 '해방된 조선은 어느 길로 나갈 것인가' 라는 제목 아래 공산당 간부들을 비난하는 연설을 한 데 이어, 학생 대표들과 간담회를 가졌다. 이 대화를 계기로 김은 자신이 공산당원임을 공개적으로 북한주민들에게 알렸다. 이것은 무엇을 말해주는가? 민족통일 전선의 형성을 강조하던 그로서는 자신이 공산당원임을 굳이 나타내지 않은 채 활동하는 것이 유리하다고 계산하고 있었던 것 같다. 김일성은 이렇게 말했다.

"이 평범한 학생들이 공산당에 반대해서 싸우다가 (...) 몇 사람 희생되었는데, 그거 참 아주 뼈아프게 생각한다. 가슴 아프게 생각한다. 우리 공산당이라는 것은 다른 게 아니라 민주주의를 하는 거요. 우리가 민주주의를 하자는 거지, 공산주의를 하자는 것이 아니요."

당원들이 박수를 치자 군중들은 얼떨결에 따라 하며 외쳤다.

"김일성 장군이 민주주의자여, 공산주의자가 아니야!"

이 사건을 계기로 '순수형 연립' 의 기반은 빠르게 흔들리기 시작했다. 위기를 감지한 기독교사회민주당은 스스로 간판을 내리고 조선민주당으로 들어갔다. 하지만 기독교 계통의 민족주의자들은 더 이상 공산주의자들과 손잡을 수 없다고 판단해 월남하기 시작했다. 일부는 이미 9월부터 월남했었다. 기독교인이며 기업가인 김동원은 9월 초에 월남하여 한국민주당의 창당에 참여했다. 기독교인이며 미국 유학파인 신학교수 정일형(鄭一亨)은 9월 초순에 월남해 미군정에서 봉직했다. 역시 기독교인이며 미국 유학파인 장리욱은 9월 중순에 월남해 미군정으로부터 경성사범학교장으로 임명되었으며, 이어 서울대학교 총장이 되었다.

평남인민정치위원회가 발족할 때 그 산하의 평양시장으로 선출되었던 조만식 계열의 변호사 한근조는 10월 말에 월남해 한국민주당에 참여했다. 기독교사회민주당을 주도적으로 창당했던 한경직 목사 역시 10월에 월남했다.

이승만, 고당에게 밀사를 파견하다

소련군은 소련군대로 이제는 민족주의자들과의 연립을 버릴 수밖에 없다고 결정했다. 그리하여 소련군은 12월 20일, 평북인민위원장이며 기독교사회민주당의 지도자인 이유필을 직책에서 강제로 사임시켰다. 그는 월남하다가 38도선의 황해도 벽성군(碧城郡) 청단면(靑丹面)에서 공산당에게 암살됐다. 이어 소련군은 신의주시위의 주동자들은 물론 그 이전에 함흥과 용암포에서 일어난 시위에 관련된 주동자들을 체포해 중앙아시아로 유배했다.

그런데 이러한 일들 못지않게 중요했던 것은 이를 계기로 소련군과 공산당이 조선민주당과 기독교사회민주당의 세력기반인 지주들을 서서히 목조르기 시작했다는 사실이다. 그것은 이미 추진하고 있던 토지개혁을 가속화시키는 형태로 나타났다. 이런 뜻에서 신의주학생들의 반소·반공의거는 해방 이후 북한정치에서 하나의 중요한 분기점을 마련했다.

한편 남쪽에서는 이승만이 11월 2일, 서울의 천도교대강당에서 한국민주당·조선국민당·조선공산당·조선인민당 등 네 정당 대표들이 참석한 가운데 독립촉성중앙협의회를 출범시켰다. 이 결성대회에서 이승만은 모든 세력의 합심을 강조했다. 독립촉성중앙협의회는 이틀 뒤에 미국·소련·영국·중국 등 연합국에 보내는 메시지를 채택했다. 이 메시지는 (1) 코리아를 남한과 북한으로 분할한 '중대한 과오'가 연합국에 있음을 지적하고, (2) 코리아가 자주독립을 실현할 수 있도록 우선 대한민국임시정부를 승인할 것을 요청한 데 이어, (3) 대한민국임시정부가 연합국의 승인 아래 환국하면 1년 이내에 국민선거를 단행할 것임을 약속함과 아울러, (4) "우리는 우리 자신의 운명을 스스로 타개할 능력이 있는 만큼 공동신탁제를 거부한다."고 천명했다.

이 무렵인 11월의 어느 시점에서, 이승만은 자신의 밀사를 평양의 고당에게 보냈다. 고당과 김일성을 서울로 초청해서 함께 조선의 독립문제를 논의하고자 했던 것이다. 고당은 이 제의를 김일성에게 전달하면서 북한이 남한의 계획에 참여해 12월까지 통일된 중앙정부를 수립할 것을 제의했다. 고당은 이 구상이 실현된다면 남한과 북한에서 미군과 소련군이 1945년 말까지 동시에 철수할 수 있을 것이라고 덧붙였다. 그러나 김일성은 고당의 제의를 거절했다.

김일성이 거절한 배경은 밝혀지지 않았다. 그러나 이 시점에 김일성은 조선공산당 북부조선분국에서 자신의 지도권을 확립하는 일에 여념이 없어 서울을 방문할 여유가 없었다. 또한 소련점령군도 그의 서울 방문에 동의하지 않았을 것이다.

조선공산당의 실권을 거의 장악한 시점인 12월 21일, 김일성은 매우 중요한 새 노선을 제시했다. 김일성은 "현 단계에 있어서 우리 당의 정치노선은 모든 민주주의적 정당사회단체들의 연합의 기초 위에 우리나라의 통일적 민주주의적 정권을 수립하여 북조선을 통일된 민주주의적 독립국가 건설을 위한 강력한 민주기지로 전변시키는 것."이라고 천명했다. 북한에서는 이것을 '민주기지 창설노선'이라고 불렀다. 여기서 '민주기지'란 결국 공산기지를 가리킴이 자명하다.

김일성은 그 전에 이미 이 노선을 구상하고 있었다. 1945년 11월 하순 평양에서 몇몇 문인들과 가졌던 대화는 이를 잘 보여준다. 오영진이 남북한 사이에 교통이 막혀있음을 상기시키면서 "장차 남북의 교통은 어찌 됩니까?"라고 묻자, 김일성은 성난 얼굴로 "남조선이요? 동무들, 남조선은 생각할 것이 없소! 북풍이 불어 남조선을 휩쓸어야 합니다."라고 단호하게 대답했다. 김일성은 "우리는 피를 흘려야 합니다."라고 덧붙였다. 이 말을 듣고 오영진은 "소스라쳐 놀라고 온몸에 소름이 끼치는 듯한 전율과 오감(惡感)을 느꼈다."고 회상했다. 이러한 사실은 김일성이 이미 북한을 기반으로 삼아 남한을 무력으로 정복할 꿈을 꾸고 있었음을 보여준다.

결론적으로 김일성은 '선(先)개혁 후(後)통일 노선'을 염두에 두고 있었다. 다시 말해서 북한을 한반도 전체의 변혁을 위한 '민주기지'로 먼저 만들고, 그 다음 단계에서 한반도의 통일을 추구하겠다는 뜻을 갖고 있었다. 이것은 남북통일을 우선시하여 '선 통일, 후 개혁'을 주창하는 고당과의 합작 파기를 의미했다.

모스크바에서 결정된 신탁통치

일제패망 이후의 한국에 관한 연합국들의 기본구상은 한국
을 미·소·영·중 네 연합국들이 일정기간에 걸쳐 신탁통치
한 뒤에 독립을 허용한다는 것이었다. 하지만 그 기본구상을 구체화하지
못한 상태에서 일제의 패망을 맞게 되자 미국과 소련은 우선 38도선을 경
계로 한반도를 분할 점령하는 잠정조치로 대처했던 것이다.

이후 남한과 북한은 서로 다른 길을 걷게 된다. 특히 북한에서는 소련점
령군이 한인들을 중심으로 행정부와 당 차원 모두에서 친소적이고 공산주
의적인 단일조직을 만들어냈다. 하지만 남한에서는 미군정이 여전히 한국
인 중심의 중앙기관을 만들어내지 못하고 있었다. 이런 시점에 1945년 12
월 16일부터 26일까지 미국과 영국 및 소련 등 연합국 외무부장관들이 모
스크바에 모여 한반도문제를 포함해 제2차 세계대전이 끝난 이후의 문제들
을 협의하기 위해 회담했다.

12월 17일 미 국무장관 번스(Byrnes, James F.)는 '가능한 한 가장 빠른 시점에' 코리아의 독립을 목표로 하면서, 우선은 미군사령부와 소련군사령부의 휘하에서 '통일적 행정'을 창출한다, 이어서 네 연합국들의 신탁통치로 이행하여 5년 이내 또는 10년 이내에 독립된 코리아정부를 수립하여 국제연합 헌장에 따라 1명의 고등판무관(High Commissioner)과 그 아래에 네 나라부터의 1명씩의 대표들에 의해 구성되는 집행위원회가 시정(施政)당국이 되어 신탁통치를 행한다는 안을 제의했다. 이 안에 영국 측은 원칙적인 찬성의 뜻을 표시했다.

소련은 12월 20일, 외무장관 몰로토프(Molotov, Viacheslav Mikhailovich)를 통해 안을 내놓았다. 그 안의 주요 내용을 보면 "코리아를 독립된 국가로 회복하며, (...) 임시적인 민주적 코리아정부를 세운다. (...) 미군사령부와 소련군사령부로 구성되는 공동위원회는 (...) 코리아의 독립국가 건설을 위한 협조와 원조(=Опека: 어뾰까, '후견'을 뜻하는 러시아어)의 방책을 마련한다. (...) 미군사령부와 소련군사령부의 대표들로 구성된 공동회의를 2주 이내에 소집한다."는 것이었다.

소련의 제안은 미국의 안보다 코리아에 훨씬 더 우호적이었다. 코리아가 독립된 국가로 회복돼야 한다는 것이 전제됐는데, 이것은 미국의 제안에는 없었다. 그리고 비록 임시적이지만 코리아의 통일정부를 세운다는 것도 약속됐는데, 이것 역시 미국의 제안에는 없었던 것이다.

그렇다면 소련은 왜 미국보다 우호적인 제안을 했던 것일까? 당시 국제연합에서의 세력 분포는 미국이 압도적 우위를 확보하고 있었음에 반해, 소련은 절대적 열세에 지나지 않았다. 따라서 미국은 국제연합의 틀 안에서 코리아를 신탁통치하는 것이 결국 코리아에서 친미적 국가를 만들어낼 수 있을 것으로 예견했다. 몰로토프의 제안들은 그 같은 가능성에 대비한 것이었다고 할 수 있다.

12월 21일, 미국은 약간의 자구(字句)수정을 가한 뒤 소련의 안을 받아들였다. 미 국무장관 번스는 장차 대통령이 되고자 했다. 따라서 모스크바 외무장관회담마저 결렬된다면 자신의 진로에 큰 장애가 될 것이라는 계산에서 어떻게 해서든지 합의를 이끌어내고자 했다. 이 점을 소련대표들은 알고 있었으며, 철저히 이용했다. 번스는 코리아문제에서 미국이 양보하면 소련이 동유럽문제에서 양보하리라고 믿었던 것이다.

그리하여 모스크바의정서는 모든 문제들의 해결을 우선 미소공동위원 회로 넘겼다. 이 핵심적인 국가들이 핵심적 문제인 '신탁통치' 에 대해 사실상 완전한 의견의 일치를 보지 못했던 것이다. 더욱이 미국은 '신탁통치' 라고 했고, 소련은 '후견제(=어뽀까)' 라고 하여 개념상의 일치도 보지 못했다. 사실 한국문제에 관한 한 아무것도 결정되지 않은 회의였다고 할 수 있다. 이 점에 관해 미국의 트루먼(Truman Harry S.) 대통령은 회담에 참여했던 번스에게 불만을 표시했다. 트루먼은 1946년 1월 5일에 번스에게 쓴 편지에서 "코리아에 강력한 중앙정부를 세울 것을 요구했어야 한다."고 썼다. 그러나 트루먼은 이 편지를 보내지 않았다.

미소공동위원회가 구성된다는 것은 결국 미국과 소련이 각각 거부권을 갖게 되며, 따라서 그들이 합의에 이르지 못하는 한 분단은 계속될 수밖에 없다는 것을 의미했다. 이렇게 볼 때, 소련은 실현가능성이 거의 없는 제안을 통해 코리아의 임시정부 수립과 독립에 매우 열성적인 것 같은 이양을 갓

추었다. 그런 다음 거부권의 확보를 통해 적어도 북한을 자신의 세력권 안에 확실하게 포함시켜, 거기에 친소적 정부를 세울 수 있는 장치를 마련해 놓은 셈이 됐다.

그런데 소련이 한국의 통일을 기대하지도 않았고, 오히려 북한 단독정권 수립을 의도하고 있었음이 최근에 와서 밝혀졌다. 냉전 해소 이후 옛 소련의 비밀문서들이 공개되면서 새로운 사실들이 드러난 것이다. 그것은 모스크바에서 3상회담이 진행되고 있던 12월 25일, 소련군 군사위원회위원 쉬킨 중장이 '북조선의 정세에 관한 보고서'라는 제목으로 몰로토프에게 제출한 비밀보고서다. 이 보고서는 스탈린의 1945년 9월 20일자 지령에 대한 답변이었다. 소련이 북한에 대해 가졌던 의도를 정확히 반영하고 있는 보고서의 내용은 이렇다.

1945년 9월 21일자 최고사령부의 명령서에 지시된 부르주아 민주주의 정권의 수립은 아직 결정적으로 달성되지 못했다. 이에 따라 다음과 같이 보고한다.

1. 반일 민주주의 정당과 단체들을 기반으로 한 북조선에서의 부르주아 블록 결성은 매우 느리게 진행 중이다.
2. 우리는 앞으로 북조선에서 철군할 경우, 우리 국가이익을 보장할 수 있는 정치적·경제적 지위를 아직 얻어내지 못했다. 민족 민주주의적 간부들도 아직 양성하지 못했다. 현재 민족민주 활동가들 가운데 가장 인기가 높은 인물들은 공산당 지도자들인 김일성과 박헌영, 그

리고 민주당 지도자인 조만식 등이다. 그런데 조만식의 소련에 대한 입장이 무엇인지는 밝혀지지 않았다. 연해주군관구 군사위원회의 의견에 의하면, 우리의 국가이익을 보장할 수 있는 민족민주 간부들을 양성하는 데는 4~5개월의 기간이 더 필요하다.

3. 북조선지역의 경제복구와 민족민주 간부양성과 같은 과업들을 달성하려면 북조선에서의 현 정치를 중앙화하고, 민족민주주의자들로 하여금 이것을 잘 이용해서 정권을 획득하게 해야 한다.

4. 인민민주주의운동은 북한의 강력한 지주세력들에 의해 방해받고 있다. 이 때문에 가까운 장래에 토지개혁을 반드시 진행시켜야 한다.

5. 제25군 직속의 이른바 민정조직을 잘 관리하고, 북한의 정치와 경제를 조정하기 위해 우수한 소련간부들이 민정조직에 반드시 들어가야 한다.

나중에 와서 드러난 위와 같은 소련의 속셈이야 어쨌든, 모스크바로부터 한국에 대한 불길한 뉴스가 1945년 12월 28일 전 세계에 타전되었다. 3개국 외무장관들이 우리 의사와는 아랑곳없이 "한국을 유엔의 신탁관리 하에 둔다."고 결정했던 것이다. 신탁통치안의 골자는 대략 이런 내용이었다.

한국에 국가적인 독립은 허용한다. 다만 예비적 단계로서 5개년 동안 유엔의 신탁통치 밑에 둔다. 신탁통치 관리위원회는 미국, 소련, 영국, 중학민국 대표로 구성한다. 신탁통치 기간 중에는 조선민주주의 임시정부를 수립하되, 그 수립에 관한 절차와 방법을 결정하기 위해서 미국과 소련 대표로 구성하는 미소공동위원회를 곧 서울에서 개최한다.

죽음 각오한 고당의 반탁 의지

이때까지 남북의 모든 동포는 해방이 곧 민족독립을 의미하는 것으로만 믿고 있었다. 4개국 외세의 신탁통치는 완전한 독립이 아니라 새로운 예속이었다. 36년간의 예속 아래서 고생해온 한민족은 5년이 아니라 단 하루도 더 이상 외세의 예속을 받아들일 수 없었다. 즉각적인 반발이 일어나지 않을 리 만무했다.

특히 1919년 중국 상하이에서 수립되어 독립운동을 펼치다가 1945년 9월에 귀국한 '대한민국 임시정부' 측은 신탁기간 중의 임시정부 수립에 적극 반대하고 나섰다. 이들은 소위 법통론(法統論)을 주장하면서 한국의 새로운 독립정권을 자기네들이 맡을 권리가 있다고 주장했다. 그들은 여하한 새로운 정부의 출현도 적대시하고, 소련군정은 물론 미군정까지도 백안시했다. 따라서 임정 측은 신탁통치에 반대하는 동시에 미소공동위원회에서 자기들 임파를 완전히 무시하고 임시정부 수립을 추진하는 데 전면적으로 반발했다. 그렇지만 당시 임정에 대한 국내 반응은 감정적인 동정을 넘어서지 않았다. 솔직히 말해서 망명 시절의 업적으로 보나 귀국한 이후의 역량으로 보나, 해방 한국의 신정권을 담당하기에는 그들이 너무도 무력했던 것이 사실이다.

신탁통치를 제기한 연합국 입장에서 본다면 그들 나름대로의 이유가 있었을 것이다. 한국에 독립을 허용하기로 결정한 것도 그들의 의사였고, '카이로 선언'에서도 "적당한 시기에 독립시킨다."고 결정했을 뿐이지 '즉시 독립' 시킨다고 약속했던 것도 아니었다. 또 36년 동안 일본이 식민지로 지배했기 때문에 한국의 정치, 경제, 문화는 부당한 억압과 제한으로 많이 왜곡되었다. 그런 한국에 민주주의를 착근시키고 자유와 독립이 영위될 수 있는 사회적 틀을 만들기 위해서는, 과거의 왜곡된 상태를 시정할 수 있는 준비기간이 필요할 수도 있었다. 신탁통치 기간도 불과 5년간이며, 그것도 단축할 수는 있되 연장할 수는 없다고 못박았다. 연합국의 입장에서는 한국을 염려한 나머지 베푸는 호의라고 해도 틀린 말은 아니었다. 그리고 실제 한국에는 100여개의 정당들이 난립하여 일대 혼란을 예고하고 있었고, 경제 상황 또한 전시 경제를 겪은 탓에 형편이 없었다. 즉 도움이 필요했던 것이 사실이다.

그렇지만 제1차 세계대전 이후에 생긴 신탁통치의 원형을 보아온 한국인들은 강대국의 그런 조치에 불만을 갖지 않을 수 없었다. 제1차 세계대전 후에 생긴 국제연맹은 제2차 세계대전 후에 생긴 유엔의 원형이다. 그 국제연맹이 위임통치했던 지역을 보면 실로 미개한 민족이나 국가였다. 다시 말해 태평양 방면이나 아프리카의 소수민족, 중동지역의 시리아 정도였던 것이다. 그런데 한국을 그런 수준으로 천대한다는 것이 한민족의 자존심을 건드렸다.

"비록 민족 자체의 힘으로 해방을 쟁취하진 못했을지라도, 연합국이 어찌 우리 한민족을 이렇게 멸시하고 천대할 수 있는가. 이런 민족적 모욕이 어디 있느냐?"

당시 한국인들의 심정은 그러했다. 연합국 측에서 아무리 변명과 설명을 해도 신탁통치는 새로운 강대국의 굴레로 밖에는 보이지 않았던 것이다.

해방의 기쁨은 일순간 환멸로 변했다. 완전한 자주 독립을 쟁취하기 위해서 온 민족이 하나가 되는 순간이었다. 소련군정 밑의 북한 동포나 미군정 밑의 남한 동포나, 이 점에서는 조금도 다를 바가 없었다. 공산주의자들도 이 점에서만은 민족진영과 보조를 맞추는 듯했다. 반탁운동이 전국적으로 일어났다. 실로 3·1운동 이래로 처음 보는 민족적 일치였다.

남한에서는 이승만과 김구가 영도했고, 북한에서는 고당 조만식이 영도했다. 38선 이남과 이북을 가리지 않고 어떠한 상호간 연락도 없이, 민족의 양심에 따라 즉각적으로 공동투쟁을 전개했던 것이다.

(뒤에서 다시 자세히 다루겠지만, 고당은 그가 처해 있던 정치적 환경이 소련군정 밑이었으므로 반탁투쟁의 깃발을 내세우는 순간부터 민족을 위해서 일신을 바친다는 결의가 남한의 인사들보다 더 절실히 필요했다. 그리고 그러한 초지를 끝까지 굽히지 않고 싸우다가, 민족을 위하여 산화하고 말았다. 고당의 외유내강하고 고고청절한 지성은, 이 반탁투쟁에서 전인격적이고도 집중적으로 표출되었다. 반탁투쟁이 있기 전까지의 고당은

소련군정과 김일성의 공산당과도 되도록이면 심한 충돌을 피하고, 타협할 수 있는 데까지 타협하면서 신중과 인내를 다해 왔다. 그러나 민족의 운명과 민족의 자부를 살리기 위해서는 소련군의 총칼 앞에서도 죽음을 아끼지 않았다.)

앞에서 언급했듯 모스크바 3상회의에서 신탁통치안의 창안자는 미국이나 영국이 아닌 소련이었다고 한다. 소련 측의 제안에 미국과 영국은 별다른 의심 없이 동의했던 것이다. 이 시기는 종전 직후여서 아직 자유세계와 공산세계의 대립, 즉 냉전이라는 단어조차 없었던 때이다. 소련은 딴 속셈이 있어서 한국의 신탁통치를 들고 나섰지만 미·영 양국은 소련 측의 의도를 의심해 보려고도 하지 않았다. 한국을 즉시 독립시키건 5년 후에 독립시키건, 미·영 양국은 별 다름이 없는 문제라고 생각했기 때문이다. 하지만 두 나라의 간단한 '오케이!'가 실로 한반도의 분단을 고착시키고 세계적 냉전의 시발점이 될 줄은 꿈에도 상상하지 못했다.

미국은 순진하게 공산주의의 음모에 그냥 속아 넘어갔다. 소련은 마오쩌둥이 중국을 적화하기 전부터 이미 동양 전체의 적화를 목표로 그 전초전을 한국에서 벌이고 있었다. 아니나 다를까. 소련은 미소공동위원회에서도 한국의 조속한 독립을 위한 미·소 간의 협조를 고의적으로 방해하고, 결국 공동위원회 자체마저 결렬시키고 말았다. 당시 미국은 미소공동위원회가 성공적으로 타결돼서 한국 임시정부가 수립될 것으로 믿었다. 그래서 각 행정기관과 은행의 서울 본점과 지방 지점망까지 이미 구체적으로 구상을 마친 상태였다고 한다.

신탁통치안이 평양을 비롯한 북한 각지에 전해지자 "이게 무슨 날벼락

이냐!"면서 발칵 뒤집혔다. 평남 인민정치위원회의 어떤 간부는 하던 일을 멈추고 중대 각오를 표명하기도 했다.

"우리 민족의 독립운동은 지금부터 다시 출발해야 한다."

북한의 공산당 측 또한 신탁통치에 반대하고 나섰다. 당일 공산당 산하 단체들은 평양 거리에 과격한 내용의 벽보를 내붙였다.

"신탁통치는 조선에 대한 사형선고다!"

당시 신탁통치에 반대하는 것은 지극히 자연스럽고 솔직한 민족적 감정의 발로였다. 그러나 공산당은 그로부터 닷새도 지나기 전에 "신탁통치를 절대 지지한다."는 찬탁으로 돌변했다.

그 사이에 도대체 무슨 일이 있었던 것일까? 모스크바의정서 발표 후 소련정부는 북조선주둔 소련군사령부 민정기관책임자 로마넨코를 급히 평양으로부터 모스크바로 불러들였다. 그리고 소련정부의 속셈을 정확하고 자세하게 알려주고 북한과 조선공산당이 이 결정을 따르게 하도록 공작하라고 지시했다. 로마넨코는 12월 30일에 평양으로 돌아왔다. 그는 12월 31일, 조선공산당의 집행위원들을 소집하여 해야 할 일들을 지시했다. 로마넨코가 설명한 핵심은 미국이 신탁통치를 제의했으므로 소련은 별 수 없이 '어뽀까'를 제의한 것인데, 그것은 원조 혹은 협력의 의미를 내포한 후견제와 마찬가지여서 신탁통치와는 근본적으로 다르다는 데 있었다.

조선공산당은 곧바로 소련을 지지하기 시작했다. 공산당은 민족적 기개를 소련에 팔아버렸던 것이다. 이러한 공산당의 찬탁으로의 전환은 순전히 모스크바의 지령에 의해 취해진 행동이었다. 공산당의 이런 절조 없는 행동은 남한에서도 같은 형태로 나타났다. 남한 공산당의 두목이던 박헌영은 서울운동장에서 신탁통치반대 시민대회를 연다고 속이고 소집한 대회현장을 찬탁대회로 뒤집어 버렸다.

1945년 12월 30일경이었다. 소련군 사령관 치스챠코프 대장이 고당을 사령부로 불러서 "모스크바 3상회의에서 결정한 한국에 대한 5년간 신탁통치안은 한국을 독립국가로 만드는데 있어서 가장 정당한 국제적 지도 노선이오. 이에 따라 다른 정당 사회단체들은 이미 찬성했으니 당신이 영도하는 조선민주당도 모스크바 3상회의 결정을 지지한다는 태도를 표명해 주시오."라고 요청하였다. 여기서 다른 찬성단체라는 것은 조선공산당 북조선분국, 독립동맹, 북조선여성동맹, 북조선 직업동맹, 북조선 농민동맹 따위였다. 소련군 사령관은 즉각적인 찬성을 바랐으나 고당은 냉정한 태도로 대답했다.

"이 문제는 내가 개인적으로 대답할 성질의 것이 아니오. 당의 뜻에 따라야 되니 필요한 절차를 거쳐 결정할 때까지 시간적 여유를 주시오."

이렇게 말하고 소련군 사령부를 나왔으나, 고당의 뜻은 이미 확고하게 서 있었다. 그렇지만 소련군정의 방침에 어긋나는 태도를 취하려면 결사적 각오가 필요했다. 신탁 반대는 실로 고당의 정치적 생명, 아니 목숨까지 위협할 수 있는 중대한 문제였던 것이다. 그날 밤 이 난국을 타개할 방안을 심사숙고한 고당은 이튿날 극비리에 조선민주당 간부 회의를 열었다. 공산당에서 파견된 최용건 등에겐 소집을 알리지 않았다. 진중한 토의 결과 이렇게 결의했다.

1. 조선이 완전독립국으로서 자유정부가 출현되지 못하는 것을 유감으

로 생각한다.

2. 신탁통치는 찬성할 수 없다.

3. 우리 당으로서는 국내외 정세의 추이를 정관성찰(靜觀省察)한 뒤 완전한 태도를 표명하기로 한다.

위 결의 조항 가운데 제2항의 "신탁통치는 찬성할 수 없다."가 골자였다. 제3항의 모호한 태도는 다른 두 항과 모순된 감이 있었다. 그러나 제3항은 소련군정의 설명에 부족한 점이 있거나, 당에서 해석을 잘못한 점이 있거나 하면 언제든지 수정하겠다는 뜻이 내포되었다. 또 남한 동포들의 동향을 살펴 정확히 판단하여 모든 민족과 함께 하겠다는 뜻도 함축시킨 신

1945년 8월 평양에서 있은 일본군 항복식에 참석한 고당(왼쪽). 가운데가 일본군 사령관 쇼지 후루카와 중장, 오른쪽은 소련군 25군 사령관 치스챠코프 대장.

중한 태도였다. 이런 결의를 한 고당을 비롯한 민주당 간부들은 소련당국과 공산당이 앞으로 어떻게 나올지 예측하고 비상한 각오를 했다. 사실 조선민주당의 결정은 소련당국과 공산당에 대한 선전포고나 다름없었다.

이러한 결의는 고당이 묵고 있는 고려호텔의 방 안에서 이루어졌다. 어떤 간부는 소주 한 병을 갖다 놓고 비장한 심정으로 반탁투쟁의 장도(壯途)를 맹세하는 축배까지 들었다. 또 어떤 간부는 이백(李白)의 시 한 수를 읊었다.

呼兒將出換美酒(호아장출환미주)

興爾同消萬古愁(흥이동소만고수)

("아이야, 좋은 술이나 가져오너라. 술과 함께 온갖 시름을 풀어볼까 하노라.")

축배를 든 사람들의 얼굴에는 취기와 함께 확고한 결의의 열이 타 올랐다. 처절하고도 비장한 공기가 방안에 감돌았다.

"우리의 운명은 우리가 결정하는 것이다!"

1946년 1월 2일에 고당은 "신탁통치는 찬성할 수 없다."는 조선민주당의 결의를 치스챠코프 대장에게 정식으로 통고했다. 치스챠코프 대장은 곧 김일성을 특사로 고당에게 보냈다. 김일성은 공산당 당수가 된 이후로 일절 고당을 만나지 않았었다. 고당을 찾은 김일성은 신탁통치의 유리함을 장황하게 늘어놓았으나 고당은 그저 묵묵히 듣기만 했다. 김일성은 그 후에도 여러 번 찾아와서 끈덕지게 고당의 번의를 촉구했다.

지친 김일성이 마침내 본성을 드러내어 "선생님, 정 그러시면 재미없습니다."는 식의 막말을 내뱉기 시작했다. 그러나 김일성이나 치스챠코프 대장의 협박에 굴할 고당이 아니었다.

반탁에서 찬탁으로 돌변한 공산당은 산하단체를 총동원해서 찬탁결의 성명서를 발표하고, 그 벽보를 가 처에 내붙였다. 1월 3일에는 공산당의 주최로 신탁통치를 절대 지지하는 대시위행진이 평양 시내에서 벌어졌다. 이 사실은 외신을 통해 전 세계에 알려졌고, 서울의 각 신문에도 보도되었다. 아마 공식적인 찬탁의사 표명은 이것이 전국에서 최초였을 것이다. 하지만 그러한 찬탁시위가 북한주재 소련군사령부의 지시에 의해서 생긴 경위는 외신에 언급되지 않았다. 당시 그러한 비밀이 알려지지는 않았던 것이다.

1946년 1월 5일, 고당과 소련군정이 최후로 결렬하는 극적 장면이 일어났다. 이날 오전 11시에 평남 인민정치위원회의 긴급회의가 소집됐다. 위원회로 하여금 찬탁을 결의시키자는 소련군정의 의도였다. 회의에는 위원들 외에 소련군 군정장관 로마넨코 소장, 레베제프 소장, 이그나체프 대령, 베드루 중령, 바라시노프 외교관, 교포 2세 통역장교 5,6명이 참석했다. 또한 회의장 안팎에는 소련군 무장병사 수십 명이 삼엄한 경계를 펴고 있었다. 억압적 분위기를 조장해서 반탁 의사 표명을 저지하려는 의도였다. 당시의 위원 수는 32명으로 공산진영과 민주진영이 반반씩이었다. 그런데 공산진영은 16명 전원이 참석했으나 민주진영에서는 이윤영·김병연·박현숙·이종현·조명식·홍기주 등 소수의 위원 밖에 참석하지 않았다. 그 밖의 위원들은 소련군정에 실망하고 이미 월남하여 평양에 없었기 때문이다. 따라서 투표를 하면 공산 측의 승리가 확실했다.

회의가 시작되자 레베제프 소장이 먼저 신탁통치안의 내용과 뜻을 설명했다. 그의 설명에 따르면 원조 혹은 협력의 의미를 내포한 후견제(後見制)와 마찬가지여서 신탁통치와는 근본적으로 다르다는 것이었다. 또한 국제정세로 보아서 이것만이 한국독립의 절차로 제일 유익한 것이라고 누누이 강조했다. 따라서 이 회의에서 지지 결의를 하라는 명령에 가까운 설명이었다.

이에 대해 공산 측 위원들은 거의 전원이 계속적으로 찬성 발언을 하면서, 속히 찬성결의를 하자고 의장인 고당에게 요구했다.

"나 자신은 조선민주당 소속이기 때문에 찬성할 수 없소."

고당은 간단하면서도 단호하게 대답했다. 민족진영의 김병연과 박현숙이 반탁 발언을 했으나, 이미 이성도 양식도 완전히 상실한 공산 측 위원들은 코웃음만 치고 있었다. 소련군 간부들은 고당을 회유하기 시작했다.

"당신이 모스크바 3상회의의 결정을 받아들인다면 앞으로 세워질 조선 임시정부의 대통령으로 추대하겠소."

그러나 그들의 숱한 기만을 보아온 고당이었다.

"우리 민족의 희비가 엇갈릴 수도 있는 중대한 사안을 소홀하게 표수로만 속단할 수 없다. 좌우간 토의가 필요하다."

공산진영의 다수표를 확신한 소련군은 이제 표결을 재촉하고 협박했다.

"찬성과 반대를 자유의사에 맡기면 되지 않느냐? (...) 끝까지 반대하면 생명을 보장할 수 없다."

그래도 고당은 꺾이지 않고 '즉시표결'을 단호히 거부했다.

"이 문제를 경솔히 다루는 것은 내 민족적 양심이 허락하지 않는다."

고당의 완강한 반대에 부딪치자 로마넨코는 레베제프와 귓속말을 하더니 돌연 무례한 강요를 했다.

"그러면, 의장직을 사임하라!"

이미 각오하던 바였다. 고당은 아무런 미련도 없다는 듯이 태연하게 일어나서 사의를 표명했다.

"세상에 이런 법은 없다. 우리의 운명은 우리가 결정하는 것이다. (…) 내가 이 자리를 물러나긴 하지만 그 어떤 권력도, 그 누구도 내 뜻을 꺾지는 못할 것이다."

그러면서 고당은 아래와 같은 요지의 최종 발언을 했다.

1. 신탁을 찬성하거나 반대하거나 모든 의사는 우리 한국인의 자유여야 한다. 그런데 신탁통치를 찬성만 하라는 것은 도대체 무슨 뜻인가? 아무리 군정이라 해도 언론이나 의사표시를 제한하는 것은 민주주의 원칙에 어긋난다.
2. 무슨 구실을 붙이더라도 신탁통치라는 것은 어떤 나라가 남의 나라 정치에 대해서 간섭하는 것이다. 우리가 그것을 거부하고 우리의 주권과 이익을 주장하는 것은 당연하다. 후견제 통치라고 변명하지만 그 내용이 신탁통치와 별반 다르지 않은 이상 결국 마찬가지가 아니냐.
3. 우리나라의 완전독립을 진실로 원조하려는 호의라면서 신탁통치는 왜 강요하는가? 카이로선언이나 포츠담선언에서도 우리나라에 신탁통치를 실시한다는 조건이 있었다는 소리는 듣지 못했다. 모스크바 3상회의 결정은 이런 의미에서 잘못된 국제협정이다.

고당의 이글거리는 눈동자는 성난 범과 같았고, 맑고 강강한 음성은 성에 낀 유리창을 깰 듯 쩡쩡 울렸다. 고당은 평소엔 그리 흥분하지 않았으나 이때만은 주먹으로 책상을 치면서 호통쳤다. 비장한 사임사, 아니 최후의 반탁 연설을 마친 뒤 고당은 자리를 박차고 회의실을 나갔다. 민주 측 위원들도 일제히 고당의 뒤를 따라 퇴장해버렸다. 뒤에 홍기주 한 명만 남겨둔 채.......

그러자 소련군은 공산계 위원들만 남은 자리에서 임시위원장에 홍기주를 선출했다. 개신교 목사인 그는 이미 공산 측으로 돌아서 있었다. 홍기주는 민족진영이었으나 전부터 동향인 공산주의자 장시우와 내통하다가 비로소 정체를 드러낸 것이었다. 그의 사회로 공산계 위원들은 고당의 사임을 정식으로 받아들인다고 선언했다. 그리고 결원된 인민위원들을 친공 인사들로 보선한 뒤 신탁을 지지하는 결의를 채택했다. 홍기주는 그 공로에 의해서 고당 사임 후 평안남도 인민정치위원회의 위원장이 되었고, 의제(擬制) 조선민주당의 부당수로 출세했다.

장남에게 건네준 세 통의 편지

고당이 위원회 청사를 나오자 현관에 미리 대기하던 차가 고당을 납치하듯 태웠다. 김병연, 박현숙, 조명식 등의 동지들은 의아했지만 말릴 겨를이 없어 황급히 작별 인사를 했다. 하지만 이후 그들은 고당을 다시는 만나지 못했다. 차에는 경호원이 동승했고, 뒤에는 군용차 한 대가 따라붙었다. 그날부터 고당은 고려호텔에 억류되어 사회와의 모든 연락이 두절되었다. 1946년 1월 5일이었다.

그러면서도 소련군은 고당을 억류하는 과정에서 어떠한 사전 언급이나 설명이 없었다. 실로 불법적인 인신구속이었다. 그렇다고 무슨 죄명을 붙여서 재판에 회부하지도 않았다. 그러나 호텔생활은 감옥이나 다름없었다. 고당의 맞은편 방에는 두 명의 경비원이 2시간마다 교대하며 감시했다. 음식은 일체 호텔 것만 제공했고, 의복만은 때때로 자택에서 가져오는 것을 허용했다. 면회는 특별한 경우에만 허락했다. 다행히 차남 조연창과 둘째

사위 강의홍이 호텔에서 고당을 보필했다. 그렇지만 그들 또한 호텔 밖으로 나갈 수 없기는 마찬가지였다. 두 사람은 6·25 발발 전까지 호텔에 함께 있었으나, 이후 함경북도 아오지탄광으로 끌려가 행방불명되었다. 강의홍은 고당의 차녀 조선희의 남편으로, 보화의원 의사 강덕희의 차남이다. 강덕희는 고당의 사돈이라는 이유로 공산당의 미움을 받았고, 결국 6·25 당시 많은 민족진영 인사들과 함께 학살되었다. 강의홍과 조선희 사이에는 고당의 외손자 둘이 있었다.

당시 고당은 연금될 것을 이미 예측하고 있었는지도 모른다. 장남 조연명의 증언이다.

아버님은 억류될 것을 예견하셨던 것 같다. 연금되기 며칠 전 아버님은 내가 장성한 뒤로는 처음으로 "목욕이나 같이 하자."고 하셨다. 목욕탕에 가자 아버님은 미리 써두셨던 편지 석장을 주시면서 서울로 탈출하라고 하셨다. 이승만 박사와 김구 주석, 그리고 하지(Hodge, John Reed) 사령관 앞으로 된 친서였다. "이 일이 끝난 다음 나 때문에 다시 평양에 올 생각은 말아라. (...) 특별한 용건 없이 서울 정계의 인사들을 방문하지 말라."는 엄명도 함께 내리셨다.

나는 곧바로 월남을 위해 변장을 했다. 소련군처럼 긴 장화를 신고 일본군 털외투를 걸친 다음 안경을 썼다. 만일의 경우 소련군에게 줄 뇌물로 군용 시계 등도 준비했다. 그날 밤 뒷문에 준비해둔 차에 몸을 싣고 비서실의 한 사람과 함께 평양 시내를 빠져나왔다. 시내를 어느 정도 벗어나자 차에서 내려 걷기 시작했다. 얼어붙은 대동강을 건너 밤새 사길을 타고 넘었다.

다음날 민가에서 밥을 얻어먹고 지명을 물으니 평양으로부터 이십 리밖에 안 떨어진 곳이었다.

맘이 급한 우리는 대담하게 큰길로 내려갔다. 마침 지나가는 트럭이 있어 손을 흔들었다. 그런데 해주(海州)에서 평양을 갔다가 나오는 해주보안서 차였다. 가슴이 덜컥 내려앉았다. 불현듯 평양에서 판치고 있는 공산당의 거두 장시우가 생각났다. 장의 이름을 팔았다. "장시우 동무의 명령으로 해주당에 내려가는 길이다."고 하니 조수석을 얼른 비워 주었다. 원체 거물 이름을 들먹여서인지 증명을 보자는 말 한마디 없었다.

한참을 달린 차는 노동당 해주시당 앞에 섰다. 우리는 들어가는 척하다 말고 머뭇거리다가 조선민주당을 찾아 갔다. 그곳 위원장이 소련어 통역과 지름길 안내자까지 붙여 주어 마침내 우리는 1월 8일에 38선을 넘을 수 있었다.

사선을 넘어온 나는 9일에 반도호텔의 하지 사령관, 돈암장의 이 박사, 경교장의 김구 주석을 차례로 만나 유서와도 같은 밀서를 전달했다. 이 박사는 "조 선생을 모시고 일을 해 보았으면 했는데 참 안 됐군!"하며 안타까워했다. 백범 선생은 침통한 표정으로 한숨만 쉬다가 "자네가 시간 있으면 자주 찾아 주게나." 하는 위로의 말을 했다.

서울에 와 보니 공산 치하에 들어간 평양과는 너무나 대조적이었다. 자유가 넘치다 못해 지나친 감마저 들었다. 우익은 우익대로, 좌익은 좌익대로 서울운동장과 남산에서 매일같이 데모를 벌이는가 하면, 별의별 정당들이 난립하여 혼란스럽기 짝이 없었다. 동화(東化)백화점, 낙원동 일대 등에는 댄스홀이라는 게 생겨 지르박, 탱고 같은 가무가 유행했다. 적도(敵都)

에 아버님을 뺏기고 탈출해온 나에겐 서울이 낯선 이방으로만 느껴졌다.

벌써 30년이 지난 일들이다. 목욕탕에서 등을 밀어드리며 너무도 야윈 모습에 울먹이는 나를 보고 "울지 마라!"고 오히려 위로해 주시던 아버님 모습이 마지막일 줄이야 그때는 정말 몰랐다.

1976년 8월 10일자 〈중앙일보〉

고당이 연금된 후에 그를 만나 본 사람은 극히 드물었다. 고당을 설득하겠다는 구실로 면회허가를 받은 동지, 정말 고당을 회유하려고 찾아간 공산당 간부와 소련군 장교들뿐이었다. 그리고 예외로는 미소공동위원회의 미군대표로 평양에 갔던 브라운 소장 등이 있었다.

브라운 소장이 고당을 만나고자 했을 때, 소련군정은 고당을 감금한 것이 아니라 보호하고 있을 뿐이라고 변명했다. 더욱 뻔뻔한 것은 공산당이었다. 그들은 고당이 전체 대중의 의사에 반하는 반탁을 주장하므로, 그대로 방임하면 격분한 대중이 고당을 해칠 염려가 있기 때문에 보호해 준다는 것이었다.

고려호텔은 해방 전에 일본인이 경영하던 미네(三根)여관으로 근화리(槿花里)에 있었다. 그런데 이 호텔 근처에 최용건이 국장으로 있는 북조선 치안국이 있었다. 한번은 무슨 '불온문서'가 고당의 이름으로 치안국에 전달된 사건이 있었다. 그래서 치안국원을 고당에게 보내 조사하려고 했는데, 연락 착오로 치안국원이 고당을 차에 태워 치안국으로 잠깐 데려갔다. 이것을 목격한 시민이 있어 "고당이 치안국으로 이감되었다."고 소문이 나기도 했으나, 고당은 다시 호텔로 돌아왔다. 한번은 고당을 잘 아는 청년 몇

이 고려호텔 앞을 지나다가 마침 2층 거실의 창문을 열고 밖을 내다보는 고당의 시선과 마주쳤다. 이때 고당은 예와 다름없이 온유한 미소를 지으며 고개를 끄덕였다고 한다.

돌이켜보면 소련점령군의 고당 연금은 단순히 한 개인의 연금이 아니었다. 그것은 소련점령군의 방침에 반대하거나 저항하는 사람은 더 이상 용납하지 않겠다는 강력한 의사표시였다.

고당의 부인 전선애 여사는 이렇게 그 시절을 돌이켰다.

나는 몇 달에 한 번씩 면회를 갔다. 면회 가는 날은 조 선생님이 맛있게 드실 만한 것과 의복 등을 싸놓고 눈을 잠시 붙였다가, 먼동이 트기 전 산길을 걸어 차를 탈 수 있는 큰 길로 나서야 했다. 산길을 걸을 땐 달아나는 작은 산짐승에도 깜짝 놀라곤 했다. 지금 생각해봐도 무섭고 험한 길이었다. 고려호텔에서 선생님을 뵌 후에는 오래 지체하지 못하고 강서로 돌아가는 길을 서둘러야 했다. 그래도 집에 돌아오면 날은 이미 어두웠다.

이런 상태에서 몇 달이 지나고 그해 가을이 되었다. 연금 상태는 점점 삼엄해졌고 가족 이외의 면회는 금지됐다. 외부와의 접촉이 단절되자 연금은 거의 '감금' 상태가 되었다.

그래서 고당 선생님을 멀리서나마 보고 싶은 사람들은 아침에 호텔 밖으로 찾아왔다. 매일 아침 일정한 시간에 조 선생님은 방 베란다로 나가 맨손체조를 하시곤 했기 때문이다. 멀리서 그 모습을 뵌 청년들은 손을 흔들거나 절을 올리곤 했다.

가을 어느 날 셋째 연흥과 넷째 연수를 데리고 면회를 갔다. 조 선생님은 저에게 피아노를 쳐달라고 했다. 좀체 그런 일이 없던 분이셨는데... 피아노는 호텔의 1층에 있었다. 나는 조 선생님이 자주 애창하던 찬송가를 연주하며 불렀다. "하늘 가는 밝은 길이 내 앞에 있으니 슬픈 일을 많이 보고 늘 고생하여도 하늘 영광 밝음이 어둔 그늘 헤치니 예수 공로 의지하여 항상 빛을 보도다......." 찬송가가 울려 퍼지는 동안 그 어른은 두 어린 아들의 손을 잡고 2층 방으로 올라가셨다. 그리고 두 아들을 안은 채 한참을 계셨다. 속으로 우시는 듯했다.

연주를 마치고 제가 방으로 올라가니까 그간의 안부를 물으시더니 누런 편지봉투를 제 앞에 내놓으셨다. 절반이 접히고 속에는 뭔가 들어있는 듯했다. 펴서 보니 눈에 익은 만년필 글씨가 들어왔고, 그 위에는 손톱과 머리카락이 있었다.

나는 가슴이 철렁하고 눈앞이 감감해졌다. 그렇다. 그분은 최후를 준비하신 것이었다. 가족과 영영 이별할 때가 가까워졌다고 판단하신 것이다. 그러나 나는 그분의 마음을 어지럽히지 않으려고 눈물을 애써 삼켰다. 그리고 왜 이런 것을 주시냐고 묻지도 않았다. 말씀하시지 않아도 그분의 뜻을 충분히 알 수 있었다.

봉투에 적힌 날짜로 보아 연금되신지 2개월쯤 후, 그러니까 이미 반년 전에 준비하셨던 것이다. 조 선생님은 아이들의 머리를 쓰다듬으며 나에게 말씀하셨다.

"여기서 눈 뜬 장님을 만드느니, 위험이 따르겠지만 애들을 서울로 데려가 공부를 시키는 게 좋겠어요."

초등학교 졸업뿐이 문맹 상태로 아이들이 자라는 것을 걱정하셨던 것이다. 당시 북한 당국은 공산화 작업을 서두르는 한편 반대세력에 대한 피비린내 나는 숙청과 탄압을 점점 심하게 했는데, 그 일환으로 소위 '반동분자'의 자녀들은 초등학교 이상의 교육을 못 받게 제도적으로 준비하는 중이었다.

그러나 우리 가족은 조 선생님의 말씀을 따르지 않았다. 조 선생님을 남겨둔 채 월남한다는 것을 스스로 용납할 수 없었다. 더욱이 어린 세 자녀를 데리고 아무 터전도 없는 서울로 간다는 것이 엄두가 나지 않았다. 또한 당시 딸 선영이가 초등학교 3학년밖에 안 돼서 중학생이 될 때까지 시간적 여유도 있었기에 서두를 이유가 없었다.

그때만 해도 장남 연명만이 서울로 갔을 뿐, 출가한 두 딸 등 가족 모두가 평양과 강서에 그대로 살고 있었다. 그렇지만 겨울이 지나자 점차 가족들의 신변이 위태로워졌다. 47년 2월 중순 어느 날, 닭 한 마리를 고아서 호텔로 찾아 갔다. 하지만 정문을 지키는 군인들이 "3·1절 행사 준비로 바쁘다. 3·1절이 끝난 후에나 와보라."면서 면회를 시켜 주지 않았다. 그래서 3·1절이 지난 후에 다시 찾아 갔지만 이번에는 "여기 안 계신다."는 대답뿐이었다. 고당 선생님은 이미 어디론가 끌려가신 것이 분명했다. 둘째 아들 연창과 사위 강의홍도 이때 함께 행방불명이 되었다. 기가 막힐 노릇이었지만 속수무책이었다.

그해 봄 연홍이 초등학교에 입학했다. 이 시골 학교는 안골에서 약 15리가량 되는 거리에 있어 등하교 때에는 동네 아이들끼리 모여가곤 했다. 논두렁을 지나 개울도 지나고 언덕을 넘어야 하는 길이었는데, 중간에 공동묘지가 있어 무서움을 타는 아이들이 꼭 함께 다녔던 것이다.

그런데 학교 교육이란 것이 문제였다. 어지러운 세상의 한복판에 공산당이 권력을 잡고 나니, 학교에서 늘 가르치는 노래가 '김일성 장군' 노래 아니면 붉은 군대 노래였다. 또한 '이승만 원수'니 '김구 원수' 등의 구호를 가르쳐 아이들을 선동하고 있었다. 고당 선생께서 아이들을 데리고 월남하라고 한 뜻을 알 수 있었다.

그런 가운데 1년여의 세월이 흘렀다. 아무 대책도 없는 시골 생활이다 보니 생계마저 어려워졌다. 48년 가을, 더 이상 월남을 미룰 수 없었다. 조선생님의 소식이 끊긴 지도 2년이 다 되었다. 6남매를 데리고 먼저 월남한 장녀 선부가 사람을 보내 우리가 월남할 것을 권해왔다.

가장 결정적으로 월남을 서둘 수밖에 없었던 것은 북한에 '통행증' 제도가 곧 생긴다는 소식 때문이었다. 이제 군 경계를 벗어나려면 면 인민위원회의 승인을 받아야했다. 이는 반동세력은 물론이고 주민을 효과적으로 통제하기 위한 제도였다. 만약 우리가 주저하고 있는 동안 이 통행허가제도가 실시되면 우리는 강서 마을을 영영 벗어나지 못할 수도 있었다. 공산당이 '반동'의 여행을 허가해 줄 리가 없었다.

만약 이곳을 벗어날 수 없다면 조 선생님의 마지막 당부조차 받들지 못하게 될 것 같았다. 나는 조 선생님을 남겨둔 채 38선을 넘기로 결심했다. 월남하기 위한 계획을 세우고 가까운 친척 조연상(曺然尚)에게 뒤처리를 부탁했다. 조 선생님이 평양으로 떠나신 후 가장 믿을 만한 청년이었다. 평양에 있는 둘째 딸 선희는 우리를 도와줄 안내자를 구해놓고 평양에서 만날 수 있게 해 주었다.

나는 조 선생님의 소중한 물품들을 모았다. 비싼 물건은 한 가지도 없었다. 선생님이 쓰신 한시(漢詩), 서예 몇 점, 몇 장의 사진들....... 이것들을 잘 싸서 묶은 후 그 뭉치를 조연상의 집 처마 밑에 감추도록 했다. 우리가 살던 집은 남이 들어와 살 터인즉, 보전하기가 힘들 것 같아서였다. 어차피 이제는 찾지 못하게 된 물건들... 그때 조 선생의 붓글씨 몇 점이라도 챙겨서 갖고 나오지 못한 것이 한스럽기만 하다.

안골 마을을 떠날 때는 동네 사람들에게 "평양 딸네 간다."고 핑계를 댔다. 잠깐 다녀오는 것처럼 위장하려고 집 세간도 그대로 두었고, 그동안 고마웠던 친척과 이웃들에게 변변한 인사도 못 드렸다.

평양에서는 둘째 딸 선희네에서 닷새를 묵었다. 선희 집에는 큰딸 선부네가 서울에서 보낸 안내자가 이미 와 있었다. 그는 큰딸네 식구, 즉 선부와 네 아들 정세열(鄭世烈), 동렬(東烈), 중렬(重烈), 수열(秀烈), 두 딸 인덕(仁德), 애덕(愛德), 그리고 선부네 집에 거하시던 조 선생님의 여동생인 제 올케 등 여덟 식구를 평양에서 서울까지 안전하게 월남시킨 분이었다.

마침내 평양을 떠나 월남 길에 오르면서 아이들에게 "누가 묻거든 해주 쪽에 있는 친척네 혼인이 있어 간다."고 이야기하라고 신신당부했다. 언제 어디서 불심검문을 받을 줄 몰랐기 때문이다.

평양에서 38선 근처까지는 기차로 갔고, 그 후 약 닷새 동안은 달이 없는 밤에만 조금씩 걸었다. 낮에는 안내자가 미리 정해둔 소위 '아지트'에 웅크린 채 숨죽이고 있어야만 했다. 만약 공산군에 붙잡혀 조 선생님의 가족이란 사실이 밝혀질 경우 가족이 몰살될 것은 자명했다. 그랬기에 몇 푼의 현금 이외에는 신분이 노출될 만한 것은 아무것도 지니지 않은 빈털터리 월남이었다. 우여곡절 끝에 남한 땅을 밟은 것은 48년 11월 27일이었다. 칠

흑 같은 밤길을 헤치고 38선을 넘은 듯 했을 때, 안내자가 "자 이제부터 이 남 땅입니다."라고 했다. 그 순간 믿겨지지가 않아 안내자의 착각일 수도 있으니 조금만이라도 더 남쪽으로 내려가자고 했다. 그리고 한참을 더 걸어 동이 틀 무렵 작은 마을에 닿았다. "여기가 정말 남한입니까? 정말 맞나요?" 나는 묻고 또 물었다. 확신이 서자 안도의 한숨과 동시에 감격의 눈물이 쏟아졌다. 서울로 향하는 기차 속에서 지난 한 달여의 일이 주마등처럼 스쳐갔다.

그러나 지금도 마음에 걸리는 것은 남아 있던 선희네였다. 떠나기 전 선희에게도 "애들을 데리고 함께 가자."고 몇 날 밤을 설득했다. 하지만 선희는 "어머님, 저희는 괜찮아요. 시댁 식구들도 다 이곳에 있으니 우린 여기 남겠어요. 그리고 남편도 기다려야 하고요. 어머님이나 동생들 데리고 무사히 넘어가세요."라면서 한사코 거절했다. 훗날 들은 바로는 선희네는 6·25전쟁이 한창일 즈음 강서군 반석면 류철리에 살고 있었다. 그런데 국군이 평양에 입성하여 인민군들이 북쪽으로 쫓길 때 희생되었다고 한다.

어느 날 밤 네 자녀와 함께 자고 있던 선희네 집에 공산당 내무서원 몇 명이 들이닥쳤다. 다짜고짜 "당신이 조만식의 딸이냐?"고 하기에 그렇다고 했더니 그 길로 선희를 끌고 갔다. 한참 끌려가던 선희가 그대로 갈 수는 없었는지 마을을 벗어나기 직전 거의 마지막 집 앞을 지날 무렵 "잠깐 소변을 봤으면 좋겠다."고 통사정을 했다. 허락은 받은 선희가 그 집으로 들어가 이웃에게 마지막 전갈을 남겼다. "제억(濟億)아! 동생들 잘 돌봐라." 아무 죄 없는 애 엄마 선희는 그렇게 자식들과 생이별을 했다. 그리고 1·4후퇴 때 제억이는 세 동생을 남겨둔 채 삼촌을 따라 월남했다. 그리고 어머니의 최후를 서울에 있는 가족들에게 전했다.

이처럼 해방 이후 벌어진 이데올로기의 충돌과 남북분단은 조 선생님은 물론 가족들에게도 엄청난 시련을 안겨주었다. 이러한 비극은 우리 가족에만 그친 것이 아니라 전 민족에 걸쳐 일어났기에 그 아픔을 호소할 곳도 없었다.

"고당 선생이 고려호텔에 감금되셨다."

이러한 소문이 퍼지자 항간에는 소련군과 공산당을 비난하는 목소리가 거세졌다. 한번은 평양 신창리(新倉里)에서 주막을 하는 노파가 손님들에게 이렇게 한탄했다.

"집안의 어른을 대접하지 않으면 그 집이 망하는 법인데, 북조선에서 으뜸가는 어른인 조 선생님을 가두고 욕을 보인다면 어찌 우리가 잘 되겠어요. 이러다가 세상이 망하고 말지......."

고당을 향한 대중의 존경과 신뢰는 하루아침에 이루어진 것이 아니었다. 그러나 공산당은 고당을 감금한 뒤 온갖 중상모략으로 민심을 동요시키려고 했다. 어느 날 평양 시내에는 엄청나게 큰 현수막이 걸렸다.

"민족반역자 조만식을 타도하라!"

또한 그런 내용의 벽보가 곳곳에 나붙었다. 여기에 그치지 않고 공산당 간부들은 평양방송국의 마이크를 번갈아 잡아가며 고당을 맹공격했다. 그들은 민족진영 인사들까지 매수하거나 협박해서 고당을 비난하는 연설을 강요하기까지 했다. 공산당의 선전이란 본디 콩으로 메주를 쑤는 것이 아니라 흙으로 메주를 쑤는 방식이지만, 그래도 고당에 대한 정치적 악선전은 지나친 억지요 너무도 야비한 수작이었다.

변호사 박태성(朴泰成)은 조선민주당 간부의 한 사람이었다. 최용건 측은 그에게 미리 쓴 원고를 주며 방송연설을 하라고 위협했다. 박 변호사가 원고를 보니 고당을 친일파로 몰아대는 내용이었다. 기가 막힌 박 변호사가 "설사 고당을 어떤 죄목으로 공격할 수 있을지 몰라도 친일파로 몰아댈 수는 없다. 그러면 도리어 민중의 조소와 반감을 살 뿐이다. 무엇보다 나는 도저히 이런 연설을 할 수가 없다."면서 연설을 거절했다. 또 의사 한진관(韓鎭觀)은 공식석상에서 고당을 존칭해서 '조만식 씨'라고 불렀다가 공산당원에게 갖은 욕을 먹기도 했다.

고당을 공격하는 간부 중에서도 최용건의 행동은 가장 괘씸했다. 최용건은 앞에서 언급했듯 오산학교 시절의 제자라면서 고당에게 귀국인사를 했던 자이다. 그러던 자가 고당을 민족반역자라고 몰아대는 선봉에 나섰던 것이다. 그는 고당이 감금되자 기다렸다는 듯이 저희들 도당을 모아서 소위 조선민주당 열성자대회를 개최하여 고당 이하 종전의 주요 간부를 제명처분한 뒤 스스로 당수가 되었다. 또 부당수에 홍기주와 홍기황을 지명하고, 지방 조직의 모든 간부를 공산분자로 갈아치워서 당을 완전히 강점했다. 이때부터 조선민주당은 완전히 공산당의 가짜 정당으로 전락해버렸다.

고당의 감금을 계기로 민족진영 – 민주주의 진영을 그렇게 칭했고 또 우익진영이라고도 불렀다 – 의 공산당 및 소련군에 대한 반감은 더욱 커졌고 반탁운동 또한 거세졌다. 평양 시내에는 매일같이 반탁 삐라가 뿌려졌다. 특히 학생과 청년층의 반소·반공운동이 북한전역에 걸쳐서 실력행사로 나타났다. 그리고 천현단, 이현단 등이 지하조직이 속출했다. 이 용감한 청년들은 결국 소련군과 공산당의 철저한 검거에 걸려 고문당한 뒤 시베리아나 중앙아시아로 유형되었다.

학생들의 반탁동맹휴업과 태업도 활발했다. 서광(瑞光)중학교에서는 무슨 식을 거행한다고 1천여명의 전교생을 대강당에 소집했다. 식순에 따라서 주악에 맞춰 학생들이 노래를 부를 예정이었다. 그런데 악대는 연주를 하지 않았고, 학생들 또한 입을 꼭 다문 채 버티고 있었다. 당황한 교사들이 꾸짖었다.

"너희들 악대는 왜 연주하지 않느냐?"

"하도 추워서 손이 얼어 악기를 칠 수 없습니다."

악대 전원이 천연스럽게 대답했다.

"또 너희들은 왜 노래를 부르지 않느냐?"

"너무 배가 고파서 목소리가 안 나옵니다."

전교생이 이런 식으로 버텼다. 교사와 학생들이 옥신각신 했으나 결국 학생들의 태업(怠業)이 승리하여 식은 진행되지 않았다.

한편 철혈단, 의혈단 등의 지하조직은 삐라 살포, 사보타주 선동 등의 소극적 저항에 만족하지 않고 과감한 무력투쟁을 불사했다. 이러한 조직은 북한 공산정권에 끊임없는 불안과 위협을 주는 민족진영의 잠재세력이었다. 끈질기게 공산정권을 위협하던 이들은 6·25가 발발하자 북한 현지에서 자유유격대로 후방교란의 작전임무를 수행했고, 북진한 국군과 협동작전을 펴다가 국군 후퇴와 함께 거의 남하했다.

1946년 3월 1일 평양역 광장에서 거행된 기념식에서는 공산당 주석단 석에 수류탄을 던지는 사건이 발생했다. 저격 목표인 김일성은 안타깝게

무사했으나, 소련군장교 한 명의 왼팔이 달아나고 그 밖의 몇 명이 부상했다. 또 그해 가을 북조선인민위원회 서기장 강양욱(康良煜)의 집에 수류탄을 투척하여 5,6명을 살상함으로써 그들의 간담을 서늘케 만들었다.

소련점령군의 고당 연금을 계기로 북한에서의 순수형 연립은 붕괴됐다. 공산진영이 노골적으로 민족진영을 탄압하자, 기독교신자들과 조선민주당 인사들은 더 이상 주저하지 않고 월남의 길을 택했다.

한경직 목사를 중심으로 한 기독교인들은 서울시 중구 영락정(永樂町)에 베다니전도교회를 세웠다. 지금의 영락교회다. 조선민주당의 당원들은 자신들이 조선민주당의 정통세력이라고 주장하면서 1946년 4월 25일, 영락교회 부근의 한 건물에서 활동을 다시 시작했다. 고당 조만식을 명예당수로 추대하고 남하한 이윤영을 부당수로 추대했다. 오영진은 1947년 11월 7일에 월남하여 곧바로 조선민주당에 참여했고, 나중에 당수가 되었다. 평안도로부터 월남한 반소 반공적 청년들은 1946년 11월에 서북청년단을 발족시켰다. 이로써 영락교회와 조선민주당 및 서북청년단은 남한에서 강력한 반공세력으로 부상했다.

소련군사령부는 자신들의 눈에 보수반동으로 비친 세력이 스스로 월남하는 것을 어느 정도 묵인했다. 앞으로 어차피 숙청해야 할 사람들인 만큼 자발적으로 북한을 떠나겠다면 굳이 막지는 않겠다는 태도였다. 개중에는 만주에서 살다가 북한을 거쳐 월남한 이들도 있었다. 미국정부의 통계로는 약 160만명이 1945년 말까지 남으로 내려왔다. 그 중 약 50만 명이 북한에서 월남한 사람들이었다. 이러한 엑서더스는 소련군의 북한점령통치를 훨씬 쉽게 만들었다.

曹晩植

제 12 장
영원히 지킨 북녘 땅, 북녘 동포

"북한 일천만 동포와 생사를 같이 하겠소."

고당을 감금하고 민족진영을 강력히 탄압한 소련군정은 북한을 분할통치하고자 하는 야욕을 노골적으로 드러내기 시작했다.

1946년 2월 8일, 북조선 임시인민위원회가 설립되었다. 위원장에 김일성, 부위원장에 김두봉, 서기장에 강양욱이 임명되었다. 직속부서에 총무부, 간부부(幹部部; 인사행정기관), 기획부, 양정부(糧政部) 등을 두고, 그전에 설치한 소위 5도행정국을 산하에 두었다. 이 북조선 임시인민위원회는 뒤에 '임시'를 떼고 북조선인민위원회가 되었다가, 다시 인민공화국 정부로까지 발전해갔다.

1946년 3월 5일, '북조선 토지개혁법령'이라는 것이 실시되었다. 자작하지 않는 지주의 토지는 무상몰수해서 종전의 소작 농민과 토지 없는 농민에게 무상 분배한다는 내용이었다. 그러나 나중에는 지주의 농경지만 무상

몰수하는 데 그치지 않고, 지주들의 주택과 농기구까지 전부 몰수한 뒤 살던 집에서 쫓아냈다. 이러한 무자비한 지주 숙청은 사회적으로 큰 동요와 불안을 일으켰다.

1946년 4월 1일, '북조선 농민은행 설립에 관한 법령'이 실시됐다. 영농자금을 융통하는 기관이라는 취지에서 일정시대의 금융조합, 동척(東拓; 동양척식주식회사)지점, 무진(無盡; 상호신용금고의 종전 이름)회사, 신탁회사 등을 통합해서 만든 것이었다. 같은 달 27일, '농업현물세에 관한 결정서'를 실시했다. 현물세율을 25%로 높게 정하고 실제로는 50~70%까지 수탈했다. 가혹함에 질린 농민들은 일제시대의 소작제도를 오히려 그리워할 지경이었다.

6월 24일이 되자 '북조선인민위원회의 노동자 및 사무원에 대한 결정서'라는 것이 실시됐다. 이 소위 '노동법령'은 8시간 노동제, 남녀동등 임금제 등을 규정한 것이었다. 그리고 7월 30일부터는 '북조선의 남녀평등권에 관한 법령'이란 것이 실시되었다. 남녀 간의 정치적 · 경제적 · 사회적 차별제도를 완전히 철폐하고, 공창(公娼)을 해방한다는 내용이었다.

잇달아 8월 10일부로 중요 시설 및 재산을 국유화하는 법령을 실시했다. '북조선인민위원회의 산업 · 교통 · 운수 · 체신 · 은행 등의 국유화에 관한 법령'이라는 기다란 제목의 법령이었다. 요컨대 공산주의 체제를 위해 산업 · 경제의 국유화를 강행한 것으로서, 소련군정이 고당에게 여러 차례 약속한 것을 완전히 뒤집는 행위였다.

또한 11월 3일에는 북한 지역의 도 · 시 · 군 인민위원을 뽑는 총선거가 실시됐다. 북한에서의 첫 선거였지만, 저 유명한 흑백투표제에 의한 위장

선거로 유권자를 우롱했다는 것은 잘 알려진 사실이다. 이 선거로 그때까지 '임시적'이었던 인민위원회를 공식적으로 고정화시킨 셈이었다. 그런 다음 그해 11월, 이듬해 2월과 4월 등 몇 차례로 징집한 불법적인 군대조직에 소위 민주청년동맹(=民靑)을 합류시켰다. 북한의 인민군은 처음에는 군대라 하지 않고, 철도경비대, 보안대 등의 이름을 사용했다.

1947년 2월 17일, '북조선 도 · 시 · 군 인민위원회 대표대회'가 평양에서 소집됐다. 그리하여 각급 인민위원회에서 파견된 대표들이 종래에 발표한 '법령' 혹은 '결정서'를 전부 추후 승인하는 형식을 취했다. 이와 동시에 북조선 임시위원회의 '임시'를 떼고 '북조선인민위원회'로 정식화해서, 1948년 8월에 선포한 '인민공화국'의 터전을 마련했다.

이상과 같이 소련군정과 공산당은 북한을 분할통치할 태세를 착착 준비하고 있었다. 그러면서도 그들은 남한에서 유엔 결의와 자유선거를 거쳐 수립된 대한민국을 단독정부라고 공격했다. 그보다 앞서 모스크바 3상회의 결정에 의한 미소공동위원회를 결렬시켜서 그 임무인 통일정부 수립을 방해한 것도 소련과 공산당이 한 짓임은 두말할 필요도 없다.

그러면서도 소련군과 공산당은 고당에 대한 미련을 버리지 못했던 모양이다. 고당을 존경해서가 아니라, 그를 회유하여 반소 · 반공운동을 무마하는 데 이용하려고 했던 것이다. 당시 소련당국에선 북한 전역의 지지를 한 몸에 받는 고당의 위상을 상당히 높게 평가했다. 이런 실정은 모스크바의 스탈린에게도 보고되었으며, 고당의 포섭 또한 스탈린으로부터 양해를 받았다고 소련당국은 공언했다. 그들은 고당이 소련정책을 지지하기만 하면 최고영도권을 일임할 용의가 있다고까지 했고, 실제로 사람을 내세워 고당을 여러 번 설득했다.

이런 임무로 군정당국과 고당 사이를 왕래하는 사람이 번갈아가며 여럿 있었다. 어떤 소련군 장교는 고당에게 번의(飜意) 권고를 하다가 실패하자 의제조선민주당 간부에게 "우리는 전후 열일곱 번이나 교섭했으나 모두 실패했다."면서 한탄했다고 한다. 몇 번을 교섭했는지, 또 어떤 사람들이 왕래했는지는 정확히 알 수 없다. 하지만 그들이 러시아적인 끈기를 갖고 고당을 물고 늘어진 것과, 고당은 고당대로 준열하게 거부했던 것만은 틀림없는 사실이었다.

최용건 측근에 '지벌지'(=벙어리)라는 별명을 가진 늙은이가 있었다. 일제 때 일본인과는 이야기도 하기 싫어서 내내 벙어리 행세를 했다는 일종의 기인이었다. 최용건과는 의부자(義父子) 간이라 하여, 최를 '이애' '저애'로 불렀다. 최가 잘못하는 일이 있으면 마구 꾸짖었는데, 본인은 민족주의자로 자처했다. 그의 제안으로 최가 고당에게 사람을 보내서 만나자고 제안했다. 고당이 찾아온 이에게 물었다.

"최용건이가 나를 만나자는 용무가 무엇인가?"

"그게... 아마, 신탁통치에 관한 이야기를 해보려는 것 같습니다."

상대자가 머뭇거리다가 말하자 고당이 다시 물었다.

"그럼, 그가 지금까지의 자기 소견을 버리고, 내 주장에 찬성하는 모양이던가?"

"그런 것은 아니고요..."

고당은 상대의 말이 떨어지기도 전에 단호히 거절했다.

"그럼, 나는 그와 만날 필요가 없다!"

고당은 누구든지 그에게 번의를 촉구하면 이런 식으로 시종일관했다. 그러니 열일곱 번 아니라 백 번을 애원하거나 위협한다고 해서 타협될 여지가 있는 게 아니었다.

1946년 봄 무렵에는 이미 남과 북의 관계가 악화되기 시작했다. 이승만은 북한에 사실상의 단독정부가 세워진 만큼 남한에서도 거기에 맞선 단독정부가 세워져야 한다는 믿음을 갖고 미군정을 상대로 대화했다. 그리고 남한 주요 지역을 순방하면서 연설을 통해 단독정부 수립의 필요성을 조심스럽게 거론했다. 동시에 그는 북한에 반소·반공 테러단을 보냈는데, 북한 역시 남한의 반공주의자들을 겨냥한 테러단을 파견했다.

테러단들에 대한 정보는 당시 작성된 소련정부의 공식문서를 통해 알수 있다. 예컨대 1946년 4월 1일의 보고서에는 "평안북도에서 남조선으로 16명의 테러분자들이 잠입했다. (...) 이들은 37정의 권총과 큰 액수의 돈을 지참하고 있다고 한다. 이들은 이승만과 김구의 살해를 목적으로 했다."고 적혀 있다.

반면 4월 6일의 보고서에는 "이승만과 김구는 김일성을 암살하기 위한 테러단을 파견했다고 한다. (...) 자동차에 수류탄이 투척됐는데 자동차는 어떤 파손도 입지 않았다고 한다. 테러분자들은 이승만이 교부한 것으로 보이는 추천장을 소지하고 있었다. 그것은 조만식 앞으로 보내는 것이었다."고 쓰여 있다. (앞서 나온 『북한의 역사』에서 인용)

소련점령군은 미소공동위원회의 재개를 공론화하고, 미국 측 의견을 타진하기 위해 미국대표들 가운데 핵심적 인물인 아더 번스(Bunce, Arthur C.) 박사를 초청했다. 미군정은 북조선의 정세를 파악하려는 의도에서 번스의 방북을 결정했다. 그리하여 번스는 1946년 10월 3일부터 8일까지 비공식적으로 평양을 방문했다. 번스는 6일에 김일성과 회담했다. 이 자리에는 소련군정 측의 발라사노프와 샤브신이 배석했으며, 문일(文一)이 통역관으로 참석했다.

이 자리에서 김일성은 "조선인민들과 유리되어 조선을 퇴보시키려는 이승만, 김구 같은 반민주주의 요소들과는 통일할 수 없다."고 주장했다. 이에 번스는 "미국은 코리아를 소련의 위성국가로 만들려고 하는 공산주의자들이 지배하는 임시정부 수립에 어떤 상황에서도 동의하지 않을 것이다."고 역설했다. 그리고 번스는 "서울에서는 조만식이 시베리아로 유형됐다는 소문이 파다한 만큼 직접 그를 만날 수 있기를 희망한다."고 발라사노프에게 요구했다. 소련의 비밀경찰을 대표하는 발라사노프는 서울의 소문을 잠재우기 위해 제의를 수락했다. 단 정치적인 대화는 불가하다는 조건을 붙였다.

번스는 10월 5일 오후에 고려호텔로 찾아가 고당을 만날 수 있었다. 고당은 번스를 알아보고 반가워했다. 고당은 서울에 있는 자신의 친구들에게 안부를 전해달라고 부탁했다. 소련점령군과 북조선당국자들은 자신들이 고당을 구금한 것이 아니라 연금하고 있을 뿐이라고 재차 변명했다.

고당이 억류된 뒤 그를 구출하여 월남시키려는 비밀공작이 평양뿐만 아니라 서울에서도 여러 번 시도되었다. 우선 평양에서의 구출작전 한 가지를 소개한다.

평양의 세 청년이 목숨을 걸고 고당을 구출하고자 했다. 그들은 최석주(崔錫周), 황탁(黃鐸), 주영록(朱榮祿)이다. 최석주는 체격과 인상이 무정

(武丁: 연안파의 실력자) 장군과 흡사했다. 그래서 무정으로 변장하기 위해 수염을 기르고 복장을 준비했다. 황택은 럭비선수 출신의 다부진 체격을 지닌 인물로 고당을 호위하는 임무를 맡았다. 상하이에서 귀국한 주영록은 운전에 능숙했으므로 운전병으로 위장하여 고당을 호송하기로 계획했다. 주영록은 서평양 서장대교회의 장로요 사립학교 설립자인 주도항 장로의 3남이었다. 그러나 이 거사는 사전에 기밀이 누설되어 실패하고 말았다. 거사가 실패하자 황탁과 주영록은 월남했다. 그러나 최석주는 체포되었다.

최석주는 일찍이 숭실학교에 입학했으나 한 학기만 다니고 중퇴했다. 그는 평양 신양리 보통문안에 살았다. 당시 '보통문파', '경창문파', '달국제파'라고 하여 젊은이들이 날파람으로 서로 자웅을 겨루기도 했다. 특히 두목끼리 1대1로 붙어 승패를 가려, 이긴 자가 형님이 되어 상대파를 부하로 거느렸다고 한다. 그런데 최석주는 평양의 모든 파벌을 제압하고 만주와 도쿄까지 원정하여 조선 사내의 기백을 떨쳤다. 그 바람에 고당 구출작전으로 체포된 최석주를 심문할 때 건장한 적위대 네 명이 총을 겨누고 심한 고문을 가했다. 하지만 그는 끝끝내 부인했다.

그렇다면 서울로부터의 고당 구출작전은 어떤 식으로 전개되었을까?

우선 남한 정계 지도층과 월남한 사회지도자들은 라병덕(羅炳德) 등을 파견했다. 라병덕은 오산학교를 다녔고, 숭인상업학교에서 고당의 가르침을 받은 적이 있었다. 그들은 경계가 심한 진남포를 피해 평양 거리에서 90리 떨어진 한천항(漢川港)에 배를 준비해 고당을 태우고 인천항으로 갈 계획을 세웠다. 배는 인천에서 적산기업체를 인수해 운영하던 김영기가 지원하기로 했다. 라병덕과 김세준은 육로로 평양에 갔고, 김만형과 김승제는 한천 앞바다에 배를 대고 기다리기로 했다. 실제로 그들은 일주일가량 기다리다가 그냥 인천으로 돌아왔다고 한다.

라병덕과 김세준은 우선 고당의 측근인 김병연을 찾아가 탈출 계획을 밝혔다. 김병연은 반가워하며 고당에게 소식을 알렸다. 고당은 5일간의 여유를 달라고 했다. 닷새 후에 돌아온 답변은 거절이었다. 두 사람은 다급한 마음으로 직접 고려호텔로 찾아갔다. 라병덕의 숭인상업학교 동창인 박재창(朴在昌)이 고당과 함께 있었다. 라병덕은 안심하고 고당에게 서울의 사정과 탈출의 필요성을 강변했다. 그러나 고당은 결연한 태도를 보였다.

내 일신은 염려들 마라. 나는 죽으나 사나 평양을 떠날 수 없다. 나만 먼저 살겠다고 나를 믿고 있는 이북의 동포들을 버릴 수야 있겠느냐. (...) 얘네들이(=공산진영) 아직까지는 내 말을 안 듣거나 무시하지는 않는 것 같다. 그런데 앞으로 국민들이 좌우익으로 갈려 사상적으로 충돌하는 일이 발생할 것이다. 그러나 내가 여기 있는 한 크게 번지지는 않을 것이다. (...) 내가 오산학교에서 가르쳤던 사람(=최용건을 지칭하는 듯함)이 지금 소련 군과 함께 인민군으로 들어왔다. 그 사람이 아직도 나를 따르는 듯하니 불리한 일이 생기면 그를 통해 수습을 할 수 있을 것 같다. (...) 중앙(=서울)에 너무도 사람들이 많이 모인 것 같다. 지방사람들이 자기 고장을 내버려 두고 서울에서만 활동하면 어떻게 되겠느냐? 앞으로 독립국가를 건설해서 운영해 나가려면 모든 사람이 있어야 할 자리에 있어야 하고, 생활할 곳에 가서 생활해야지 중앙에만 다 몰려가면 자기 고장은 비어버리게 된다. 이북도 마찬가지다. 따라서 나는 서울로 올라가지 않겠다. 거기도 내 나라, 여기도 내 나라니까 거기나 여기나 마찬가지라는 생각을 가지고 열심히 일해서 살아가도록 하라.

결국 모험적 구출작전은 수포로 돌아갔으나 그 같은 고당의 고결한 정신은 미소공동위원회 미국대표 브라운(Albert E. Brown) 소장이 평양에서 연금 중인 고당을 만났을 때도 확인되었다. 브라운 소장이 평양을 방문한 것은 1947년 여름이었다. 5월 21일부터 서울에서 미소공동위원회가 속개되어 조선임시정부 수립을 위한 준비로 남북한의 정당사회단체협의회를 개최하자고 미소 간에 합의를 보았다. 그래서 브라운 소장은 소련군 대표와 함께 북한의 정당 사회단체 대표들을 만나기 위하여 평양을 방문했다. 이때 미군대표단은 고당을 소련군 대표의 입회 없이 단독으로 만나 보겠다고 요청했다. 소련 측에서는 고당을 감금한 것이 아니라고 강변했기 때문에 그 제의를 받아들일 수밖에 없었다.

이때 고당과 브라운 소장의 회견 장소는 미군대표단이 타고 간 특별열차 안으로 지정되었다. 7월 2일, 브라운 소장은 무슨 생각에서였는지 고려호텔 앞까지 무개차(無蓋車)를 타고 왔다. 그리고 고당을 동승시킨 뒤 샛길로 경상리까지 갔다가 다시 평양역으로 통하는 대로를 달렸다. 고당이 나타났다는 소문을 들은 시민들은 번개같이 몰려 나와서 큰 거리 양쪽에 쭉 도열했다. 지붕 없는 차에 타고 있는 고당은 백발이 성성한 머리에 모자를 쓰지 않았고, 여름이면 항상 입던 하얀 모시두루마기는 단정했다. 실로 오랜만에 고당의 모습을 본 군중은 우레 같은 만세의 환성을 올리고 싶었으나, 묵묵히 눈물과 함께 함성을 삼켰다. 미군 차량은 이런 군중 속으로 시내를 한 바퀴 돌았다. 그것도 아주 천천히 움직였으므로 많은 평양시민들이 그립던 고당의 모습을 가까이서 볼 수 있었다. 미군은 일부러 이렇게 평양 시를 서행 운전한 듯했다. 고당에 대한 북한 동포의 민심 동향을 살펴보기 위한 것임이 분명했다.

고당은 브라운 소장에게 "하나님께서 도우셔서 우리 민족의 앞길이 열 릴 것을 확신하오."라면서 그의 신념을 피력했다. 브라운 소장이 "선생께서 는 혹 남한으로 가 볼 생각은 없습니까?"하고 물었다. 고당은 담담한 어조 로 명확히 뜻을 밝혔다.

"나는 북한 일천만 동포와 생사를 같이 하기로 결심하였소."

브라운 소장은 서울로 돌아온 뒤 월남한 조선민주당 간부들을 초청했 다. 그는 정치적 발언은 가급적 피하고 다만 고당의 안부를 전했다.

"고당의 심신은 매우 편하고 건강해 보였소. 교양이 풍부하고 고결한 정 신을 가진 분이라는 인상을 받았소."

그는 고당에게서 깊은 감화를 받은 듯했다. 당시 미군 측 통역관으로 동 행했던 허현(許鉉)도 그런 인상을 받았다고 증언했다. 그들의 이야기를 종 합해보면 고당은 어떤 동요나 후회 없이 태연자약했다고 한다.

남북 협상 길 떠난 백범 김구

1948년 남한의 김구와 김규식은 남북협상을 시도했다. 그들은 자신들의 특사를 평양으로 보내 김일성과 김두봉(金枓奉: 북조선노동당 중앙본부 위원장)을 직접 만나서 북쪽의 참뜻을 알려고 했다. 그리하여 김구는 안중근의 사촌동생인 안경근(安敬根)을, 김규식은 자신의 비서인 권태양(權泰陽)을 각각 특사로 지목했다.

두 특사는 4월 8일 아침 10시에 김구의 승용차로 서울을 출발, 정오께 38도 선상의 경기도 개풍군(開豊郡) 여현(礪峴) 부근에 도착했다. 거기서 북측이 준비한 지프 2대에 나눠 탄 채 밤 10시에 출발해 9일 새벽에 대동강다리를 건넜다. 다음날 두 사람은 김일성의 관저에 도착했다. 김일성은 남북협상은 언제든 할 용의가 있으며, 서울에서 대표가 올라와야 한다고 일방적으로 말했다. 안경근은 다음날 김두봉을 찾아가 만났다. 그런데 김일성의 측근인 주녕하(朱寧河)가 동석해 대화가 순조롭지 않았다. 안경근의 회고이다.

김두봉과의 면담에서 조만식 선생의 송환문제도 사적으로 얘기하려 했던 나는 할 수 없이 "조 선생 잘 계시느냐?"고 안부만을 물어보자, 김두봉은 "그 영감 고집이 세서 큰일이야. 지금은 여관에서 편히 잘 계시도록 했으니 염려마라."고 얼버무렸다. 나는 그 이상 더 구체적인 얘기를 할 수 없었고, 그도 대답할 처지가 안 되는 것 같아 그만 끝내고 이틀 동안 평양구경을 마친 뒤 서울로 돌아왔다.

한편 권태양은 10일에 서울로 돌아와 김구와 김규식에게 이렇게 보고했다. "김일성은 '우리가 통일을 위해 만나 얘기하는데 어떤 조건도 있을 수 없다' 면서 두 분 선생께서 무조건 평양으로 와서 상의하면 모든 문제는 해결된다고 했습니다." 그런데 민족자주연맹에서 김규식을 가까이 보좌했던 강원용(姜元龍) 목사는 훗날 다음과 같이 회고했다.

그런데 놀라운 사실은, 나중에 알게 된 일이지만, 김규식 박사의 비서였던 권태양이라는 사람의 정체였다. 그는 매우 다혈질로 밤낮 '빨갱이 놈들, 빨갱이 놈들!' 하고 소리를 지르며 공산당 혐오증을 드러냈는데, 6·25가 일어난 후에 알고 보니 사실은 북로당 계열의 공산주의자였다. 그는 정체를 감추고 침투했던 것 같다. 전쟁 중에 이북으로 갔다고 하는데, 그 이후에는 소식을 듣지 못했다.

어떻든 특사의 보고를 들은 김구는 주저 없이 북행을 결심했고, 김규식은 심적 갈등을 겪다가 결국 가기로 마음먹었다. 19일 아침, 김구의 처소인 경교장(京橋莊)은 난장판이 되었다. 민족지도자의 신변을 걱정하는 군중들이 겹겹이 에워싸고 김구의 북행을 눈물로 호소하며 만류했다. 김구는 자신의 소신을 분명히 밝혔다.

"나를 막지마라. 한번 간다고 내가 결심했으면 누가 말려도 쓸데없어. 백 마리 소를 모아서 나 김구를 끌려고 해도 내 마음은 꼼짝하지 않아. 누가 뭐라고 해도 좋다. 북한의 공산당이 나를 미워하고 스탈린의 대변자들이 나를 시베리아로 끌고 가도 좋다. 북한의 빨갱이도 김일성이도 다 우리들과 같은 조상의 피와 뼈를 가졌다. 그러니까 나는 이 길이 마지막이 될지 몰라도 이북의 우리 동포들을 뜨겁게 만나 보아야겠다."

그래도 군중들이 길을 열어주지 않자, 김구 일행은 경교장 뒷문으로 빠져나와 북으로 출발했다. 이어 21일에는 김규식 일행도 뒤를 따랐다. 또한 홍명희, 조소앙(趙素昻) 등도 21일 평양에 도착했다.

북조선정권은 그동안 북조선의 여러 곳들에 붙여놓았던 "살인 강도단 두목 김구, 리승만을 타도하자!" "마적단 두목 김구를 타도하자!"라고 욕한 표어를 페인트로 칠해놓은 것들은 쉽게 지우지 못해 흔적이 여전히 남아 있었다.

우여곡절 끝에 진행된 회담은 진정한 의미의 남북협상회의가 아니라 북쪽의 주도 아래 일방적으로 이끌어간 군중대회에 불과했다. 이 회담에서 김구와 김규식은 남한에 대한 송전(送電) 재개, 남한의 연백평야에 대한 농업용수의 송수(送水), 조만식의 월남허용, 뤼순에 있는 안중근의 유해이장 등을 강력히 요구했다.

이에 대해 김일성은 송전과 송수에 대한 협조를 약속하고 유해이장은 유족들과 협의해 노력할 것을 다짐하면서도, 고당의 월남허용에 대해서는 갖은 핑계를 대며 사실상 거부했다. 그렇지만 약속한 것들조차 이후의 공동성명에 포함되지 않았다.

대한민국 초대 대통령 이승만

1948년 8월 15일 대한민국 정부수립이 전 세계에 선포되었다. 이에 앞서 5월 10일, 유엔 결의에 의하여 단독정부를 수립하기 위한 첫걸음으로 남한만의 자유선거가 이루어졌다. 5·10선거는 우리나라 역사상 최초로 선거의 4대 원칙(=보통, 평등, 비밀, 직접)이 지켜지는 가운데 치른 매우 의미 있는 선거였다. 소련이 주둔한 북한에서도 선거가 있었지만, 그것은 찬반을 백색 상자와 흑색 상자에 구분해 넣게 했다는 점에서 일종의 공개투표였다. 5·10선거는 제주도를 제외하고는 전국에서 비교적 평온한 분위기 속에서 진행되었다.

선거를 통해 구성된 국회가 가장 먼저 착수한 일은 제헌 작업이었다. 국회는 헌법을 제정한 후 대통령으로 이승만을 선임했다. 제헌국회는 이승만을 제외한 197명이 전원 출석한 가운데 부통령 선거를 치렀다. 부통령 선거를 며칠 앞두고 한민당 간부들이 이승만의 의중을 타진했을 때, 이승만은 이시영(李始榮)이 좋겠다고 말했다가 나중에는 조만식이 좋겠다고 했다. 한민당 간부들이 조만식은 현재 북한에 억류되어 있어서 부통령으로 선출하는 것이 사실상 불가능하지 않겠느냐고 반문하자 이승만은 침묵을 지켰다.

한편 기자들이 김구를 부통령으로 선출하거나 또는 국무총리로 추대하는 것이 어떻겠느냐고 묻자 이승만은 불가하다는 입장을 명백히 표시했다. 그런데 고당을 부통령으로 선임하자는 의견이 일부에서 제기되었다. 소련과 공산당의 반대로 통일정부가 수립되지 못한 것은 통탄할 일이지만, 북한의 민의를 상징하는 고당을 선임하여 형식상으로나마 남북통일정부의 체제를 갖추자는 취지였다. 성급한 이들은 고당을 일단 부통령으로 선임해 놓고, 소련에게 우리나라의 부원수를 석방하라고 국제적인 교섭을 하자고까지 주장했다. 그러나 심사숙고한 이승만 대통령은 "그분을 부통령으로 모시면 오히려 신상에 해가 미칠지도 모르니 신중히 하는 것이 좋다."면서 자제를 촉구했다. 그 결과 절대다수표로 이시영이 부통령으로 당선되었다. 그래도 고당을 택한 표가 10표나 나왔다.

취임 후 이승만 대통령은 통일문제에 대한 자신의 입장을 이렇게 밝혔다.

공산주의자들은 (…) 우리 조국을 남의 나라에 부속(附屬)하자는 불충한 사상을 버리고 (…) 국권을 파괴하지 말아야 합니다. (…) 공산주의자들은 남의 선동을 받아 제 나라를 결단내고 남의 도움을 받으려는 반역의 행동을 버려야 합니다. (…) 우리는 공산당을 반대하는 것이 아니라 공산당의 매국주의를 반대하는 것이므로 이북의 공산주의자들은 이것을 절실히 깨닫고, 일제히 획심개과(悔心改過)해서 우리와 같이 보조를 취하여 하루바삐 평화적으로 남북을 통일해서 정치와 경제상으로 모든 복리를 다 같이 누리게 하기를 바라며 부탁합니다.

이 대통령은 곧바로 조각에 착수하여 조선민주당의 이윤영을 국무총리로 지명하고 국회에 동의를 요구했다. 앞에서 보았듯 이윤영은 해방 후 고당을 도와 평남건국준비위원회와 조선민주당에 참여했고, 조선민주당과 소련점령군 사이의 협조가 깨지면서 월남해 서울에 조선민주당의 깃발을 세웠다. 따라서 그는 월남한 북한사람들을 대표할 만한 자격이 있었다. 하지만 국회가 인준을 거부했다. 남한에 정치적 기반이 미약했던 조선민주당의 현실이었다.

이름마저 감추고 산 가족들의 남한 생활

 월남한 고당 선생의 가족들은 어떻게 지냈을까? 전선애 여사의 목소리로 직접 들어보자.

우리에게 이남 땅에서의 생활은 또 다른 시련의 시작이었다. 아이들의 안전과 교육을 위해 그렇게도 원했던 곳, 자유대한의 땅이었지만 사회는 어수선하고 우리를 반겨줄 사람은 없는 것 같았다.

서울에 와서 제일 먼저 찾아간 곳은 큰딸 선부네였다. 성동구 약수동에 있는 적산가옥은 이내 아이들로 붐볐다. 선부네 6남매와 우리 아이들 3남매가 뒤섞이니 큰집이 작게만 느껴졌다.

며칠이 지나자 이승만 대통령으로부터 전갈이 왔다. 이 박사께서 고당 사모님을 뵙고자 한다는 것이었다. 다음날 경무대로 들어가니 이 대통령 부부가 반갑게 맞아 주셨다. 이 대통령은 고당 선생의 소식과 저간의 사정을 묻고, 또한 앞으로 어떻게 살아갈 것인지도 걱정하는 말씀을 했다. 의지할 곳 없던 처지에 큰 위안이 되었다. 그런데 프란체스카 여사의 말 한마디가 나에게 비수처럼 꽂혔다.

"만약 서양인 부인들이라면 남편을 남겨둔 채 38선을 넘지는 않았을 것입니다. 정말 대단하십니다."

그 말 속엔 제 처지를 긍정적으로 이해하기보다는 "어떻게 당신만 살겠다고 넘어왔느냐?"는 비난이 담겨있는 듯했다. 설혹 그분은 그런 뜻으로 하신 말은 아니었을지 몰라도, 당시 나로서는 그렇게만 들렸다.

"고당 선생님은 아이들 교육과 장래를 위해 저에게 월남할 것을 권하셨습니다. 그리고 동양의 부인들은 남편도 소중하지만 자녀들도 지극히 사랑합니다......."

그렇게 대답할 수밖에 없었다. 야속하고 눈물이 날 것만 같아 오래 앉아 있지 못하고 황망히 그 자리에서 일어나야 했다. 그날 딸네 집으로 돌아왔을 때 저는 우리 올케, 즉 조 선생님의 여동생(=조은식)으로부터 또 다른 걱정의 말을 들었다.

"병불걸식(竝不乞食)이라는데......."

처음 듣는 말이었지만, 이내 두 가족이 한 집에서 지낼 수 없다는 뜻임을 알았다. 그날 밤 나는 뜬 눈으로 밤을 새웠다. 조 선생님이 그립고 객지에 아이들과 함께 버려진 내 처지가 한탄스러웠다. 그렇잖아도 철없는 아이들은 아버지를 가진 또래 아이들을 무척 부러워했다. 강서 시골에 살 때에는 이웃의 남정네들이 냇가에서 물고기 잡아오는 것을 부러워한 연흥이가 "우리도 아버지를 사 오자."고 떼를 써서 눈물지은 적도 있었다.

고당의 사진을 들고 있는
전선애 여사

　그러나 한탄만 하고 있을 때가 아니었다. 이제 남의 도움 없이 살아야
할 방도를 찾아야 했다. 조 선생님이 우리와 작별을 할 때 당부했던 말씀이
새삼 떠올랐다.

　"이남에 가거들랑 고당 가족이라고 남에게 폐가 될 행동은 피하시구
려."

　고당의 명예를 떨어뜨리는 처신은 하지 말아 달라는 간곡한 부탁이었
다. 날이 밝자 나는 친정 올케가 살고 있는 인천으로 갔다. 오빠와 나는 단
둘뿐인 남매여서 나이가 한참 위인 오빠로부터 많은 귀여움을 받았다. 운
수사업을 하던 오빠는 올케를 남겨두고 일찍 세상을 떠났다. 그 올케 언니

가 인천의 송림동에서 이미 장성해 결혼한 큰아들네와 살고 있었다.

주소가 적힌 쪽지 한 장을 들고 찾아간 나를 올케 언니는 끔찍이도 반겨 주었다. 자초지종을 들은 후에는 넉넉지 않은 살림임에도 불구하고 "비좁 겠지만 함께 살자. 애들이 보고 싶으니 얼른 데리고 와라."는 것이었다. 전날 설움을 당한 뒤라 올케 언니의 말은 구원과도 같았다. 150센티가 채 되지 않는 작은 키의 올케였지만 그렇게 위대해 보일 수가 없었다. 우리 가족은 다음날 인천으로 이사를 했다. 이삿짐 하나 없이 몸만 움직이는 것이었지만, 가족의 거처를 옮기는 것은 맞으니 이사는 이사인 셈이었다.

이남에 내려와서 느낀 것은 여기도 결코 안전지대가 아니라는 사실이었다. 서울에서는 거의 매일 좌익과 우익의 충돌이 생겨나 사람들이 죽고, 남쪽에서는 여순반란사건이 일어나 남한 전체가 혼돈 그 자체였다. 만약 조 선생님의 가족이라고 알려지면 좌익 쪽에서 어떤 해코지를 할 지 모를 일이었다.

"그래. 철저히 숨어서 살자. 세상이 안전해지고 아이들이 웬만큼 클 때까지는 숨어 살자. 어차피 조 선생님 소식도 끊어졌으니, 고당의 자녀들이란 걸 내세울 필요는 없다."

그리고 가슴 아픈 결정을 내렸다. 아이들은 물론이고 내 이름까지 바꿨다. 그 잔악한 일제 때에도 창씨개명을 하지 않았던 조 선생님이셨는데, 이제 자유대한으로 찾아온 가족이 성과 이름을 바꾼다니 참 아이러니컬한 일이었다.

선영이는 '이옥실', 연홍이는 '이창진', 연수는 '이창수', 나는 올케 언니의 성을 따라 소(蘇)씨 성을 갖게 되었다. 조 선생님께는 죄스러운 일이었으나, 이해해 주시리라 믿었다. 그리하여 동사무소에 바꾼 이름으로 월남

이주 등록을 했다. 이제 이 땅에서 우리를 찾을 수 있는 사람은 올케 언니네
뿐이었다.

올케 언니네 집 건너편에 서림국민학교가 있었다. 아직 어린 '창수'를
빼고 두 아이를 그 학교에 넣었다. '옥실'이가 5학년으로 '창진'이가 2학년
으로 편입했다. 그런데 학력이 또 문제였다. 저학년인 창진이는 별 문제가
없었으나 옥실이는 학력이 턱없이 처졌다. 이북 강서국민학교에서 별 배운
것이 없었던 탓이다. 학교란 것이 아이들한테 군가나 가르치고 공산주의
사상만 주입하면서 제대로 학습을 시키지 않았던 것이다. 5학년에 편입할
학생이 분수(分數)도 모르고 국사를 모르니 학교 측이 난감해 하는 것도 무
리가 아니었다. 그래도 북한서 5학년 때 월남했으니 5학년에 편입하는 것
이 합당하다고 부득부득 학교에 부탁했다. 그래서 결국 옥실이는 5학년으
로 다니게 되었다.

옥실이는 밤마다 울면서 뒤떨어진 공부를 나와 함께 했다. 나도 잘 모르
는 새로운 과목은 여고에 다니던 언니네 막내딸이 거들었다. 옥실이는 2년
간 악착스럽게 공부하더니 당시 가장 어렵다던 서울의 이화(梨花)여중에
합격했다. "눈 뜬 장님으로 애들을 키울 수는 없다."던 고당 선생의 뜻을 받
든 것이기에 딸이 너무나 사랑스럽고 자랑스러웠다.

인천에서 지내는 2년 동안 사회는 상당히 안정되어 갔고, 우리 가족 또
한 그런대로 지낼 수 있었다. 언니네 두 아들은 알루미늄 공장의 기술자로
일하고 있었다. 언니네는 우리 가족의 기본적인 생계를 도와 주었다. 우리
가 얹혀사는 셈이었다. 나는 교회에서 피아노를 치거나 삯바느질을 하면서
생활비를 보탰다.

6·25 발발 직전인 1950년 6월 17일자 〈조선일보〉. 북한이 간첩 김삼룡과 이주하를 고당과 교환하자는 제의를 하고 우리 정부가 이를 검토한다는 기사를 실었다. 이는 전면 남침을 앞둔 북한의 위장전술임이 곧 드러났다.

인천에 정착한 후, 고당 선생과 함께 일하다가 월남하신 몇몇 분이 가끔 은밀하게 찾아와 도움을 주시곤 했다. 박재창 씨, 오영진 씨, 김병연 씨, 박학전 목사님 등....... 나는 몇 분에게 선영이의 합격을 알리면서 서울로 이사하고 싶다고 도움을 청했다. 이에 앞서 인촌(仁村) 김성수 선생께서 종로구 계동 자택에서 멀지 않은 곳에 있는 한 작은 가옥을 주시겠다는 제의도 있었다. 너무나 감사한 일이었지만, 폐가 되는 일은 삼가자고 결심했던 터이라 그 호의를 사양한 적이 오래전에 있었다.

"친근한 분 댁에서 마음 편히 살았으면 좋겠다."는 내 말을 듣고 박재창 씨가 선뜻 "제 집에 와서 거하십시오."라고 하여 그 뜻을 받아들였다. 박 선생의 제의를 감사히 받아들인 것은 이화여중이 후암동에서 멀지 않은데다가, 박 선생의 부인이 아주 상냥하고 친절한 분이었기 때문이다.

그 집으로 이사하면서 우리 가족은 가명을 버리고 본명을 되찾았다. 그래도 마음이 놓이지 않아 고당 선생의 가족임을 철저히 숨겨달라고 지인들에게 당부했다. 그렇게 서울 생활을 그럭저럭 하던 중 학수고대하던 고당 선생의 소식이 들려왔다. 1950년 봄이었다.

1950년 6월 상순경 '조선민주주의 인민공화국'이라는 김일성 괴뢰집단은 평양방송을 통하여 괴상한 제안을 남한에 보내왔다. 당시 남한에서 검거된 거물급 공산주의자인 김삼룡(金三龍), 이주하(李舟河) 두 명과 평양에 억류된 고당을 교환 석방하자는 제안이었다. 그 제안은 물론 대한민국정부를 상대로 한 것이었다. 남한 정부가 이 제안에 찬성하면 "서울 방송을 통해서 회답하라. 그러면 다시 교환석방 할 지점과 일시를 기별하겠다."는 내용이었다. 이 방송은 우리 정부와 민간에서 곧 청취되었는데, 북한은 같은 방송을 일주일 이상이나 되풀이 했다. 정부 관계기관, 조선민주당, 각 언론기관에서는 북한의 진의가 과연 무엇인가를 신중히 검토했다.

당시 대한민국은 남한에서의 공산당 활동을 불법화하고 엄중히 단속했다. 이에 따라 공산분자는 검거 투옥되거나 전향했고, 자당은 지하로 잠복해 버려서 표면적 활동은 하지 못하고 있었다. 이런 정세 속에서 김삼룡과 이주하는 남한에 침투하여 공산당을 재건하려고 암약하다가 검거됐다. 이 두 명이 거물급인 것은 맞으나 그렇다고 해도 고당과 맞교환 할 만큼의 존재는 아니었다. 그동안 공산당의 기만전술을 숱하게 봐 왔기에 더욱 의심스러웠다. 그래도 평양방송을 통한 제안이 지속적으로 되풀이되었고, 한 번 속는 셈치고 해보자는 것이 당시의 여론이었다. 이승만 대통령까지도 북한의 진정성이 증명되면 허락할 수 있다고 했다.

그렇지만 역시 공산당의 기만이었다. 그 제안은 순전히 6·25 남침을 위한 하나의 연막전술에 지나지 않았던 것이다. 북한은 남한의 관심을 엉뚱한 곳으로 유도해 놓고 한쪽에서는 주도면밀하게 남침을 준비하고 있었다. 1950년 6월 25일 새벽, 북한 괴뢰군은 38선을 넘어 전면적인 공격을 가해왔다. 우리 정부가 고당의 교환문제에 대한 정식 회답을 내기 전이었다.

최근 새로 찾아낸 『고당 조만식』 전기. 저자는 조영암 씨이며 정치 신문사가 발행했다.

"고당이 있었으면······!"

6·25전쟁이 터졌다. 아무 대비도 없이 기습을 당한 한국 정부와 군은 속수무책, 남쪽으로 후퇴를 거듭할 수밖에 없었다. 전쟁 발발 닷새만인 그해 6월 30일, 이승만 대통령은 대전으로 피난하여 충남 도지사 관저를 임시 경무대 삼아 상황 전개를 살피고 있었다. 이 대통령의 부인 프란체스카 여사는 당시 일기 형식의 비망록을 꼼꼼하게 기록했다. 최근 책으로 출간된 『6·25와 이승만, 프란체스카의 난중일기』(도서출판 기파랑 출간)에는 그날 대통령 부부가 나눈 이 같은 대화가 실려 있다.

(···) 6월의 마지막 캘린더를 맞았다. 지사관저 밖 나무그늘에선 매미 소리가 울부짖고, 손도 돌보지 않은 꽃들이 제철이라고 향내를 풍기고 있었다. 대통령은 신 장관(=신성모 국방장관을 가리킴)이 겸임하는 국무총리 자리를 생각하는 것 같았다. "마미, 고당 같은 사람이 있었으면 이 난국 해결

에 큰 도움이 되었을 거야." 대통령은 그때도 고당 조만식 선생을 가슴에 새기고 있었다.

전에도 여러 차례 사람을 평양에 보내 함께 일할 것을 제의했었다. 그때 마다 고당은 핍박받는 북한민족을 두고 갈 수 없다며 사양했고, 대통령도 그때마다 안타까워했다. 대통령과 나는 많은 시간을 고당 이야기로 6월의 마지막 날을 보냈다.(...)

그리고 두어 달 가량 시간이 지난 9월 6일, 국회의장 신익희(申翼熙)가 국무총리 자리를 자꾸 요구하자 이승만이 또 다시 고당에 언급한 대목이 위의 프란체스카 일기에 나온다. "(...) 대통령은 총리 자리는 가능하면 북한 출신 인사에게 돌아가야 한다고 생각했다. 조만식 씨가 아직 생존해 있을지는 의심스럽지만, 살아있다면 그분이야말로 최고의 영예를 받아야할 애국자라는 것이다.(...)"

과연 6·25전쟁이 터진 후 고당의 운명은 어찌 되었을까?

고당은 전쟁 발발 전에 고려호텔에서 평양 교외 미림(美林)에 있는 구(舊) 삼정(三井)비행기 제작소로 이감되었다. 이 공장은 건설 도중에 8·15해방이 되었기 때문에 완공이 덜 된 엉성한 건물이었다. 북한은 이곳을 개조해서 군사시설 및 치안국 청사로 썼다.

이곳에서 고당은 독방에 갇혀 지냈다. 고려호텔에서 시중들던 둘째 아들과 사위는 이미 아오지탄광 강제노역소로 끌려가고 없었다. 일설에 의하면 당시 그곳에는 저명한 민족진영 인사 두 명도 함께 수감되어 있었다고 한다.

전쟁의 와중에 고당의 행방은 묘연해졌다. 인천상륙작전 이후 유엔군과 국군이 북진할 때 강계(江界)까지 쫓기던 괴뢰군은 고당을 어떻게 했을까? 또 휴전협정 이후 고당은 어찌 되었을까?

휴전 직후 최초로 얻은 정보에 의하면, 북괴가 강계로 이동했을 때 고당을 만포(滿浦)로 호송했다고 한다. 이 정보는 강서군 출신 모씨가 가져온 것이다. 그는 서울 시내의 어떤 중고등학교 배속 장교로 있다가 6·25 때 포로가 되어 만포까지 끌려갔었다. 이 사람은 휴전 후 포로교환 때 출신지를 남한으로 속여 서울로 돌아올 수 있었다. 그는 거기서 전 국회의원 조헌영(趙憲泳)을 비롯하여 남한에서 납치된 저명인사들을 많이 보았다고 한다. 김규식도 거기서 세상을 떠났으며, 고당은 그곳의 어떤 농가에 수용되어 있다는 소문을 들었다는 것이다.

또 전쟁 중 고당이 베이징과 모스크바에 가 있었다는 풍문도 한때 들려왔었다. 그러나 이 소문은 여러 가지 사정으로 미루어 봐서 믿기 어려웠다. 이 설은 당시 소련에 유학 갔던 한 청년이 교회 장로로 평양에서 살던 아버지에게 보낸 편지의 한 구절이 잘못 퍼진 것이었다. 그 구절은 "짧은 두루마기를 입으시고 나이가 많은 분도 여기에 와 계십니다."였다.

또 휴전 이후 옛 대동공업전문학교, 즉 그들의 소위 김일성대학 지하실에 수용되어 있다는 소문도 있었다. 그곳에서 경비원을 했다는 사람의 이야기에 의하면, 고당은 건강한 모습이었다고 한다.

소문만 무성하고 진실을 확인할 바 없는 가운데 세월이 흘렀다. 그러다가 1962년 4월 6일자 〈동아일보〉에 '죽음의 세월'이라는 제목의 연재 기사가 실렸다. 기사는 내외문제연구소 제공으로 되어있으나, 필자는 그곳 연구원이던 조성직(趙誠稙)이었다. 기사를 인용하면 이렇다.

1950년 10월 15일 국군과 유엔군 부대가 남았을 뿐, 당 간부와 내각 간부, 각 기관원들은 이미 모두 도망쳐 버렸고, 시민들은 집안에 들어박혀서 거리에는 얼씬도 하지 않았다. 대동강변에 자리 잡고 있던 내무성 정보처 안에서 깊은 밤의 정적을 깨는 일발의 총성이 요란하게 울렸고, 뒤 이어 수십 발의 총성이 주위의 적막을 흔들었다.

이 나라의 위대한 민족지도자 조만식 선생이 비극적 죽음을 맞이한 순간이었다. 이 참극은 1945년 12월 모스크바 삼상회의의 결정을 그가 반대하고 분연히 일어섰던 순간 공산당에 의하여 평양시내 고려호텔 2층에 연금된 후 5년 만의 일이었다.

6·25후 선생은 극심한 심적 고통과 심장 쇠약에 복막염이 겹쳐서, 남평양의학대학 부속병원에 누워 있었다. 유엔군의 참전으로 전세가 역전되자 내무성 넓은 구락부에 감금하여 두었던 재북 저명인사, 종교인들을 집결시키고, 병상에 누워 있던 조 선생도 그곳으로 옮겼다.

이때 이들 저명인사를 후송할 책임을 맡은 자가 바로 내무서원 한규만 소좌(당시 33세)였다. 평양출신인 그는 키가 6척, 체중이 20관이나 되는 큰 체구에 얼굴은 얽은 자였다.

제1차로 한은 조 선생을 후송하려고 했다. 한은 덥수룩한 선생의 머리를 바리캉으로 깎으려 했으나, 선생은 이를 거부했다. 그리고 입고 있던 한복을 벗기고, 군복 비슷한 것으로 갈아입히려 하니, 이 또한 거절하고... "나는 죽어도 평양을 떠날 수 없다."고 한마디로 잘라 말했다.

그러자 그 자는 우선 딴 감금인사들을 강계 방면으로 후송한 다음, 조선생과 김선묵(金善默) 목사 등 10여명의 기거할 수 없는 중환자들만 남겨 놓았다. 11시 반쯤 포장을 씌운 1대의 소련제 스리쿼터가 내무성 구락부 정문 앞에 라이트를 끈 채 달려 와서 멎자, 수 명의 내무서원이 황급한 걸음으로 건물 안으로 사라졌다. 한규만 일당이었다.

강당 안으로 들어온 한은 조 선생 앞에 이르자 "차가 왔으니 빨리 타시오."하고 소리쳤다. 조 선생은 "죽이려거든 여기서 죽이지.... 간들 어차피 도중에서 죽을 몸이 아닌가." 하고 움직이지 않았다. 한은 부하들을 시켜서 강제로 선생을 끌어내려고 했다. 이에 대하여 선생은 손을 들어 완강히 거부하며 "내 몸에 손가락 하나 대지 마라..."하고, 언성을 높여서 꾸짖었다. 비록 몸은 쇠약했을망정 그 얼굴에는 감히 접근 못할 위엄이 서려 있었다.

당황한 한은 당시 평양방위 사령관이던 무정(武亭)에게 연락을 취했다. "될 수 있는 한 살려서 데리고 가도록 하되, 만약 피치 못할 경우에는 사살하라."는 지시가 내려졌다.

이윽고 불빛 하나 없는 구락부 안에서는 한방의 총성이 요란하게 울리고, 뒤이어 무질서한 총성이 잠시 계속되었다.

김선묵 목사도 이때에 살해되고 말았던 것이다. 일을 치르고 난 그자들은 즉시 선생의 시신을 어디론가 갖다 버리고, 강동 방면으로 도망쳐 버렸다.

이 기사를 믿는다면, 고당은 모스크바 또는 베이징, 만포, 대동공전 지하실 등으로 전전하기는커녕 그중의 어느 한 곳으로도 끌려가지 않았다. 인천상륙작전 이후 한국군과 유엔군의 북진으로 북한 공산군이 퇴주하기에 급급하던 1950년 10월 15일 밤, 대동강변의 소위 내무성 정보처구락부에서 한규만의 흉탄에 의하여 세상을 떠났다는 이야기가 된다. 기사는 계속하여 "흉한(兇漢) 한규만은 6·25사변 얼마 전에도 평양에서 피신 중이던 저명한 목사 김화식(金化湜)을 잡아내다 살해했고…그 뒤에도 한은 수많은 사람을 제멋대로 쏘아 죽인 과오를 범했다는 명목으로 제대된 후 남평양피복 협동조합 위원장으로 있다가 현재는 내각 직속의 출판지도 총국 검열원으로 있다."고 이어졌다.

이런 신원과 앞에서 밝힌 그의 연령·체격·얼굴·성명을 종합해 보면, 거의 확인할 수 있는 실존 인물이다. 고당의 절친한 동지 김병연이 일제시대에 평양에서 조선일보사지국을 경영할 때 신문배달원 중에 한규만이란 자가 있었는데, 두 사람은 동일 인물로 판명됐다.

뿐만 아니라 '죽음의 세월'을 쓴 필자 조성직의 주장에 의하면, 그가 평양시 검열부 부부장으로 일할 때, 한은 그의 부하였다고 한다. 그런데 한규만이 외부로 나다니면서 검열부의 이름을 팔아 금품을 갈취한다는 정보가 있어서 그를 책망했더니 변명을 겸하여 과거의 자기 '공적'을 자랑했다는 것이다. 그 공적이란 것이 고당, 김화식 목사, 김선묵 목사와 그 밖의 많은 민족진영의 저명인사들을 바로 자신이 해치웠다는 고백이었다고 한다.

그렇다면 과연 문제의 기사 내용처럼 고당은 10월 15일 밤 흉한 한규만에게 죽음을 당했을까? 이 의문이 풀리는 데는 40년의 세월이 흘러야 했다. 북한에서 당·정 고위직을 지내다 숙청돼 소련 등 해외로 탈출·망명한 인사들이 고당의 죽음에 관해 증언을 하기 시작했던 것이다. 가령 1959년 소련으로 망명한 박길용(朴吉龍, 증언 당시 소련과학아카데미 동방학연구소 선임연구원) 박사가 1991년 6월 모스크바 자택에서 〈중앙일보〉 기자와 단독으로 만나 밝힌 고당의 최후는 이랬다. 박길용은 북한의 조ㆍ소(朝蘇)문화협회 부위원장, 동독 및 체코 주재대사, 외무성 부상(副相) 등을 지낸 인물이다.(1991년 7월 19일자 〈중앙일보〉)

6ㆍ25전쟁이 나고 석 달이 조금 지난 50년 10월 초순쯤 나는 당시 조ㆍ소문화협회 부위원장을 맡으면서 김일성 수상의 소련어 통역을 거의 전담했었다.

〈노동신문〉 주필인 친구 기석복(奇石福, 56년 문화성 부상, 숙청되어 소련에서 사망)과 함께 전쟁 상황 등을 듣기 위해 '소련파'(=소련군정을 돕기 위해 입북했던 재소 고려인사들)의 총수였던 노동당 제1서기 허가이(許哥而, 51년 부수상, 53년 숙청되어 평양에서 사망)의 사무실을 찾아갔다.

그곳에는 민족보위상 최용건(72년 국가부주석, 76년 사망)과 노동당 중앙위 정치위원들이 있었다. 이 자리에서 한 정치위원이 허에게 "불가피하게 평양을 비워놓고 후퇴할 경우 평양 형무소 등에 있는 조만식 등 수백 명의 반동분자들을 어떻게 할 것인가?"라고 물었다.

허는 즉석에서 "이미 지시가 내려졌는데 명령을 못 받았는가? 후퇴하면서 반동분자들을 끌고 갈 수 없어 그들의 목을 모두 따버리라는 지시가 내려갔다."고 답변했다.

나는 전쟁 전 박헌영 계열로 남한에서 지하공작 책임자로 활동하다 검거된 남노당 중앙위원 김삼룡과 이주하를 고당과 교환하는 문제가 남북한 간에 제기됐으나 타결되지 못한 채 전쟁이 터진 것으로 이미 알고 있었다.

1992년 10월 20일 임진강변 오두산 통일전망대에 세워진 고당의 두 번째 동상. 제막식에 참석한 인사들이 박수를 치고 있다. 왼쪽부터 방일영 전 〈조선일보〉 고문, 강영훈 전 총리, 정원식 전 총리, 민관식 전 국회의장, 홍성철 전 통일원 장관, 김재순 전 국회의장, 한경직 목사, 김영삼 전 대통령, 전선애 여사, 박준규 전 국회의장

평북 강계로 후퇴한 후 지도부에서 들어보니 인민군이 평양을 후퇴하던 10월 18일 밤 평양형무소에서 5백여명을 총살, 이들 중 조만식 등 일부 시신은 대동강변에 웅덩이를 파 가매장하고 나머지는 그대로 방치해둔 채 후퇴했다는 것이다.

2010년의 오늘, 턱없이 부족한 정보 속에서 우리는 이 증언을 믿을 수밖에 달리 어쩔 방도가 없다. 온 누리를 비추는 밝은 별처럼 동포들의 길잡이가 되었던 스승의 마지막이 이토록 허망할 줄이야! 온 민족의 사표(師表)로서 잠든 민족혼을 일깨워준 선각자 고당 조만식. 비록 지금 그 육신은 우리 곁에 없지만, 고결한 정신만은 모든 한국인의 가슴 속에 희망의 횃불로 활활 타오르며 불멸의 빛을 뿌리고 있다. 여기 민족시인 김소월(金素月)이 요절하던 그 해(1934년), 고당을 그리워하면서 잡지 〈삼천리〉에 발표한 시 '제이, 엠, 에쓰'를 함초롬히 이슬 머금은 한 송이 꽃 삼아 고당 영전에 바친다.

제이, 엠, 에쓰

김소월(金素月)

평양서 나신 인격의 그 당신님

제이, 엠, 에쓰

덕 없는 나를 미워하시고

재조 있던 나를 사랑하셨다.

오산(五山)계시던 제이, 엠, 에쓰

십년 봄 만에 오늘아침 생각난다.

근년 처음 꿈 없이 자고 일어나며,

자그만 키와 여윈 몸매는

달은 쇠끝 같은 지조가 튀어날 듯

타듯 하는 눈동자만이 유난히 빛나셨다,

민족을 위하여는 더도 모르시는

열정의 그 님,

소박한 풍채, 인자하신 옛날의 그 모양대로,
그러나 아아, 술과 계집과 이욕에 헝클어져
십오 년에 허주한 나를
웬일로 그 당신님

맘속으로 찾으시오. 오늘아침?
아름답다, 큰 사랑은 죽는 법 없이
기억되어 항상 내 가슴속에 숨어 있어,
미쳐 거츠르는 내 양심을 잠 재우리.
내가 괴로운 이 세상 떠날 때까지.

曹晩植

부록

각계 인사들의 추모 글모음

아, 고당 조만식 선생님!

세상에서는 고당 조만식 선생을 마하트마 간디에 비긴다. 두 지도자가 다같이 비살생, 비폭력, 무저항, 불복종을 민족해방과 조국 독립 방안의 기본 원칙으로 했고, 특히 종교적인 신앙을 바탕으로 했다는 점에서 많은 유사점을 찾아볼 수 있다.

그러나 '인도의 간디'로 생존하기보다 '조선의 조만식'으로 생명을 유지하기는 몇 곱절 힘든 일이었다.

오영진(吳泳鎭)1916~1974, 극작가

고당 선생은 '민족의 사표(師表)'였다. '사표'라는 말 자체가 교육자임을 연상하게 하는 바 진실로 조 선생은 민족을 교육한 어른이었다. 일제 40년간 초지일관 그 폭정에 항쟁하여 민족에게 자유 투취의 길을 가르치셨으며 해방의 은덕을 강매하는 소련의 패도를 준거(峻拒)하여 절개 지키는 법을 몸소 이민족에게 가르치셨다. 이런 의미에서 조 선생을 무슨 정치적 운동의 영도자라기보다는 민족의 교육자로서 길이 숭앙하고 기억해야 할 것이다.

김병연(金炳淵)1896~1965, 초대 평안남도 지사

일제 말기는 참으로 암울한 상황이었다. 선생은 "산을 높이 봐라. 보통 낮은 데서 옆을 볼 때와 높은 산 위에 올라가서 옆을 볼 때는 모든 것이 다르게 보인다. 높이 봐라, 그리고 멀리 봐라. 지금 당장은 일본의 천지가 되는 것처럼 보이지만, 그럴수록 크게 봐라, 멀리 봐라."라는 말씀으로 우리에게 희망을 주셨다.

박재창(朴在昌)1914~2010, 고당 기념사업회 상임위원장

선생은 수업 시간에 "눈물 즉 동정(同情)과 사랑, 땀 즉 노력, 피 즉 희생, 이 세 가지를 본받아서 민족을 사랑하고, 나라를 위해 땀 흘려 일해야 하며, 최후에 가서 나라를 위해 희생할 수 있는 각오를 가져야 한다."고 침통한 어조로 말씀하셨다.

김홍일(金弘壹)1898~1980, 육군종합대 총장, 외무부장관, 국회의원

선생은 참으로 진심이시다.

터럭만치도 허위는 없으시다.

천진난만하게 자라나는 그 순진한 때에 우리는 선생의 인격에 얼마나 감화되었던가.

고당 선생의 진심에 우리는 몇 번이나 울었던가.

방종현(方鍾鉉)1905~1952, 〈조선일보〉 기자, 서울대 문리대 학장

1945년 8월 18일경, 평양 유지들이 '평남건국준비위원회'를 백선행기념관에서 창립한다는 소문을 듣고 우리 학생치안대는 그곳 정문을 지키는 보초를 섰다. 의기양양했다. (...) 8월 24일경으로 짐작되는데 고당이 몹시 침울한 모습으로 들어오시면서 우리들을 좀 보자는 것이었다. 그리고는 하시는 말씀이,

"그것이 뭐디요?"

"목총입네다."

"그러면 밖에 내다 놓으시오."

나는 그때야 아차 실수했구나 싶어서 그 목총을 문 밖에 내놓았다. 고당 선생은 말씀하셨다.

"우리 민족에겐 총칼이 필요 없어요. 총칼을 휘두르는 자는 제 총칼에 망하거든..."

나는 그때 선생의 모습을 잊지 못한다.

홍만춘(洪萬春)1925~ , 목사

1938년 4월에 나는 고당 선생의 도움으로 미국유학을 갈 수 있었다. 떠날 때 친필로 이렇게 써 주셨다. "산이라도 동(動)케 하는 것은 신념이요, 이론이 아니다. 선(善)한 비관은 우(愚)한 낙관보다 낫다."

최봉윤(崔鳳潤)1914~2006, 미군정 공보처 차관 서울대학교 정치학과 교수

혹 평양에 나가시는 일이 있으시면 아랫반의 어린 학생들은 선생님이 돌아오는 차 시간에 맞춰 아침저녁으로 정거장에 마중 나가곤 했다. 학생들은 조 선생님의 가방을 들고 뒤를 따라다니는 것을 그처럼 영광스럽게 생각했다.

홍종인(洪鍾仁)1903~1998, 〈조선일보〉 기자 · 편집국장 · 주필 · 회장

항상 흰 수목 두루마기에 갓신을 신으시고 외출하실 때에는 말총모자를 쓰고 상반신을 약간 앞으로 굽히고 무언가 깊은 사려에 잠긴 듯 뚜벅뚜벅 걷는 자세는 참으로 성자의 모습 그대로였다.

조진석(趙震錫)1899~1990, 의사, 오산학원 이사장

점심식사로 잡곡밥에 풋고추를 고추장에 찍어 잡수시던 선생의 검소하신 의식주 생활은 오늘의 이 나라 지도층에 있는 인사들이 누구보다도 본받아야 될 줄로 안다.

유기서(劉基善)1912~?, 의사, 부산대학교 약리학 교수

死於當死非當死(마땅히 죽을 때 죽음은 죽음이 아니요)

生而求生不是生(삶을 구하는 삶은 올바른 삶이 아니다)

선생의 생과 사가 이 시구와 같다.

조윤승(曺允承)1905~2006, 목사

어떤 시인은 이런 시를 읊었다. 고당의 삶이 그러했다.

나무가 자라듯

사람은 자라서 커진다 해서

반드시 좋은 사람이 되는 것은 아니다

참나무는 삼백 년을 살지마는

말러 쓰러지면 통나무가 되고 만다

하루 사는 백합화

매우 아름답게 피어 있다

비록 그날 밤으로 시들어 없어지지만

적은 것이 그토록 아름다움을 나타내고

짧은 생명이 그같이 완전함을 보여준다

인생은 짧다.

최승만(崔承萬)1897~1984, 2 · 8독립선언 주역, 이화여대 부총장

해방 직후 조 선생은 모든 면에서 북한의 유일한 지도자로 인정받았다. 누구

든지 조 선생께서 이렇게 말씀하셨다고 하면 무조건 따라야 하는 것으로 믿었다. 우리는 그분이 인격을 갖춘 분이며 변함없는 애국자라고 믿었다. 정치역량이나 지도력은 그 다음의 문제였다. 조선민주당이 반공정당으로 그렇게 쉽게 탄생된 것은 오로지 그분의 인품과 정신적 지도력 때문이었다.

김형석(金亨錫)1920~ , 연세대 철학과 교수

오산학교를 다닐 때 고당 선생에 관해 지금도 생생하게 남아 있는 기억은 "고향을 묻지 말라!"는 한마디입니다. 이는 지켜도 되고 안 지켜도 되는 것이 아닌, 반드시 어떤 일을 하건 고향을 가려서 일을 시켜서는 안 된다는 강한 뉘앙스의 가르침이었습니다. 이 가르침의 의미가 새롭게 다가온 것은 70년대 이후입니다. 즉 영호남의 갈등이 새로운 사회문제로 불거져 나오면서 고당 선생의 혜안을 보게 된 것입니다.

최태섭(崔泰涉)1910~1998, 한국유리공업 회장

법질서가 파괴되고 설사 법조문이 있다손 치더라도 그것이 강자에게는 무력하고 약자에게만 강할 때에 그 사회는 난세(亂世)라고 말할 수 있다. 또 전제 독재정치 하에서 여러 가지 형편상 살기 힘든 세상은 난세라고 말할 수 있다. 전자는 해방 후 북한사회에 해당하고, 후자는 일제시대에 해당한다.

그렇다면 해방 전과 해방 후를 관통하는 우리 민족사에 있어서 누가 제일로 생각나는 사람일까? 일제시대에 많은 애국자 지사들이 있었지만 변절치 않은 사람은 모두 죽었고, 살아남은 사람은 일제말기에 대개 변절할 수밖에 없었다. 그렇지 않은 사람이라도 해방 후 정권과 결탁해서 과거의 업적을 흐려놓은 사람도 있었다.

그러나 고당 조만식 선생은 난세(難世)와 난세(亂世)를 겪으면서도 한점의 허물없이 살다 가신 민족의 사표이셨다. (…)

만약 고당이 월남하였다면 어찌 되었을까? 아마도 이러했을 것이다. 즉 그는 물욕이 없었으니 협잡배와 어울리지는 않았을 것이요, 또한 명예의 노예가 아니었으니 권력을 잡으려고 온갖 부정한 수단을 사용하는 사람과는 더불어 하지 않았을 것이며, 인도주의자이며 민족주의자인 그는 독재정치를 생각지 않았을 것이다.

김성식(金成植)1908~1986, 고려대 · 경희대 교수

고당 선생의 유풍 유덕을 사모하는 우리들은 적어도 그 어른의
옳음을 보고 그대로 사는 용기(見義有爲의 勇)
동족 사랑하기를 내 몸같이 하는 사랑(愛族如己의 愛)
사사로운 욕심이 없고 거짓 없는 정성(無私無僞의 誠)을 사모하고
또한 그 정신을 체득하여 실천하는 것만이 선생을 경모하는 도리가 될 것이다.

백낙준(白樂濬)1895~1985, 연세대학교 초대총장

소위 신탁통치 문제가 나왔을 때 조 선생은 어떠했을까? 사람이 아무리 자신이 있다 하여도 목숨이 달린 결정을 내리기는 누구나 꺼리는 바요, 자연 좌우를 돌아보는 법이다. 조 선생이 '예' 하면 북한의 정권이 온통 그의 손안에 들어올 수도 있었다. 그런데 조 선생은 홀로 '아니' 했다. (...) 이보다 더 무서운 영웅이 어디 있나? 때로는 역사가 한 사람의 한 마디에 달린다. 우리는 한 사람의 값을 알았다.

함석헌(咸錫憲)1901~1989, 사상가, 〈씨알의 소리〉 창간

집안이 어지러우면 어진 아내를 그리워하게 되고, 나라가 어지러우면 훌륭한 지도자를 그리워하게 마련이다. 오늘을 사는 우리가 조만식 선생을 그토록 그리워하는 까닭은 나라가 하도 어지럽기 때문이 아닐까 생각한다. (…)

정치판에서 뛰는 사람들이 나라와 겨레는 뒤로 밀어 놓고 저마다 대통령이 될 궁리만 하고 있으니, 남북통일은 고사하고 동서화합도 하기 어려운 실정이다. 지도자란 자기희생을 전제해야 하는 것임에도 불구하고, 자기의 출세나 영달을 위하여 애매한 국민을 시달리게 하는 것은 언어도단 아닌가.

한편 생각하면 고당 조만식 선생, 태어나신 그 땅을 지키다 그렇게 바람처럼 사라진 것이 다행스럽기도 하다. 왜? 선생은 한국인의 가슴마다 영원한 꿈을 심어 주신 것이 아닐까. 성서의 가르침대로 섬김을 받으려하지 않고 오로지 섬기는 일로 일관하신 선생은 오늘도 우리에게 일러주고 계신 것이다. 이 겨레를 위로하며 끝까지 섬기라고.

김동길(金東吉)1928~ , 연세대 사학과 교수

최근 백 년 동안에 민족의 위대한 거성들이 많이 배출됐다. 그 중에서 우리는 고당 선생을 민족의 큰 어른으로 들지 않을 수 없다. 민족운동의 투사로서, 신앙의 의인(義人)으로서, 교육자의 사표로서, 수양인의 거울로서 고당은 위대한 자리를 차지한다. 그는 한국의 간디였다. 그는 무실역행(務實力行)의 실천자로서, 자력갱생의 기수였다. 고당의 인격과 생활에서 우리는 네 가지의 뛰어난 정신을 발견한다. 첫째는 민족사상이요, 둘째는 기독교 정신이요, 셋째는 비폭력 저항의 원리요, 넷째는 봉사주의의 인생관이다.

안병욱(安秉煜)1920~ , 숭실대 철학과 교수

고당의 철천의 염원은 무엇이겠는가? 고당이 목숨이 끊어지는 순간까지 계속한 일편단심은 민족의 실력 배양과 나라의 번영이었다. 우리는 고당의 정신을 천추만대에 계승하도록 힘써야 할 것이다.

유달영(柳達永)1911~2004, 서울대 농대 교수

고당은 북한에 떨어진 한 알의 밀알이다. 북한 땅에 떨어진 고당을 비롯한 많은 애국 동지들의 밀알들은 반드시 싹이 나고 줄기가 자라 많은 열매를 맺을 때가 반드시 올 것이다

한경직(韓景職)1902~2000, 영락교회 목사

통일이 되면 고당 선생이 하시던 일이 온 나라에 알려져 북한 동포들의 정
신적 지주가 될 것이고, 또 통일의 후유증을 줄일 수 있는 유일한 정신적 지
도자로 추앙되리라 믿는다.

라병덕(羅炳德)1913〜?, 미군정 경무국 특무과장

| 일러두기 |

① 게재 순서는 없습니다(無順).
② 직책은 주요 직책을 표기했습니다.
③ 생몰 연대가 불확실한 분은 '?' 표시를 붙였습니다.

曺晩植

연보(年譜)

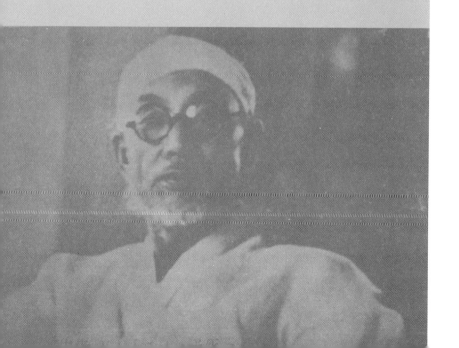

1883 1세
2월1일(음력 1882년 12월 24일) 창녕(昌寧) 조씨(曺氏) 경학(景澤), 경주(慶州)
김씨(金氏) 경건(敬虔)을 부모로 하여 평양에서 출생.
본적은 평안남도 강서군 반석면 반일리 내동
태극기를 국호로 정함

1888 6세
서당에서 한문 수학
한성~부산 간 전선 준공

1895 13세
박 씨와 첫 결혼
명성황후 시해

1896 14세
한문 수학을 마침
아관파천

1897 15세
상업에 종사
국호를 대한(大韓)으로 함

1899 17세
아들 칠숭(七崇) 태어남
〈독립신문〉 폐간

1902 20세
첫 부인 박 씨와 사별하고 이의식(당 17세) 여사와 결혼
영 · 일동맹 체결

1904　22세

상업을 그만두고 3월 13일 가족을 따라 대동강 중류 지방 베기섬(碧島只里)으로 피난감.　기독교에 입문

2월 10일 러 · 일전쟁 발발

1905　23세

평양 숭실학교 입학

을사조약 체결

1908　26세

3월 숭실중학교 졸업, 4월 도쿄로 건너가 세이소쿠(正則) 영어학교에 입학

한성에 동양척식주식회사 설립

1910　28세

도쿄에서 메이지(明治)대학 전문부 법학과 입학.

3월 25일(음) 장녀 선부(善富) 태어남.

8월 한일병탄을 축하하는 평양 거류 일본인 행사에 반발함

8월 29일 한일병탄

1911　29세

재일 한국인 교회를 설립하고 영수(領袖)의 직책을 맡음

고하(古下) 송진우(宋鎭宇), 인촌(仁村) 김성수(金性洙) 등과 교류 빈번

105인 사건으로 검거선풍

1913　31세

3월 메이지대학 전문부 법학과 졸업

4월 평북 정주 오산학교 교사로 초빙됨

안창호, 샌프란시스코에 흥사단 조직

1914 32세

5월 22일 장남 연명(然明) 태어남

제1차 세계대전 발발

1915 33세

5월 오산학교 교장에 취임

총독부, 사립학교에 일본 국가 부를 것을 지시

1916 34세

5월 15일(음) 차녀 선희(善姬) 태어남

독일, 미국에 휴전 의사 전달

1919 37세

2월 오산중학교 교장 사임

3월 3일 모락장 만세사건 일어남

3월 4일, 3·1운동 직후 사명을 띠고 도인권(都寅權)과 함께 상하이 임시정부로

향하던 중 평남 강동군 열패라는 곳에서 일본 헌병 보조원을 사칭하는 자에 의해

고발되어 평양 형무소에 투옥됨

민족대표 33인, 태화관(泰和館)에서 독립선언서 낭독, 이를 계기로 전국적인 독립운동 일어남

1920 38세

1월 가출옥으로 평양 형무소 출감

8월 23일 평양에서 조선물산장려회를 발기함

9월 서울 형무소에 수감된 남강(南岡) 이승훈(李昇薰)을 면회한 후,

오산학교에 다시 부임

인도의 간디, 영국에 대항하여 비폭력 불복종 운동 전개

1921   39세

4월 오산학교장 인가가 나지 않아 사임하고 평양으로 돌아와

평양 YMCA 총무에 취임

이승만 · 서재필 미국 워싱턴 군비축소 회의에 참석

1922   40세

평양에서 조선물산장려회 창립

4월 5일(음) 차남 연창(然昶) 태어남

조선 민립대학 기성회 운동에 이상재, 한용운, 송진우, 현상윤 등과 함께

중앙집행위원회 위원으로 활약

평양 산정현교회의 장로가 됨, 이후 김동원(金東元) · 오윤선(吳胤善) 장로와

함께 20년간 평양 사회를 지킴

5월 19일 손병희 사망, 7월 2일 이승훈 출옥

1925   43세

오산학교 교장에 재취임

조선공산당 창립

1926   44세

봄에 고당을 지지하는 오산학교 동맹 휴학

가을에 교장을 사임하고 평양으로 돌아와 숭인중학교 교장 취임

백선행(白善行) 기념관 설립

김구, 임시정부 국무령에 취임

1927   45세

2월 25일 민족단일전선 신간회(新幹會) 창립, 신간회중앙위원 겸

평양지회장으로 활동

3월 30일 월남 이상재 타계

1929 47세

8월 20일 장녀 선부, 정재윤(鄭在允)과 결혼

2월 5일 무렵 민중대회 계획이 좌절됨에 따라 신간회는 유명무실해짐

11월 3일 광주학생운동

1930 48세

국민체력의 양성을 위한 관서체육회 회장 취임

4월 14일(음) 부친 74세로 별세

김좌진, 북만주에서 공산주의자에게 암살당함

1931 49세

4월 19일(음) 모친 64세로 별세

5월 16일 신간회 해체, 이에 백선행 기념관에서 평양 지회를 열고

'신간회 해체를 반대한다' 를 연설

7월 만보산(萬寶山) 사건의 영향으로 발생한 평양 사태를 수습하기 위해 앞장섬

인정(仁貞)도서관 건립

7월 2일 만보산 사건, 9월 18일 만주사변

1932 50세

평양 YMCA 총무 사임

6월 15일 조선일보사장 취임

1월 18일 이봉창 의거, 4월 29일 윤봉길 의거

1933 51세

7월 18일 제8대 조선일보사장 사임.

후임에 계초(啓礎) 방응모(方應謨) 사장 취임

일본, 국제연맹에서 탈퇴

1934 52세
평양 숭실전문학교 신사참배 거부사건 발생
일본의 영향력 아래 만주국 황제 즉위

1935 53세
1월 〈신동아〉에 '신년에의 기원' 발표
8월 조선기독교청년연합회 주최 금강산 장안사 하령회(夏令會)에서 '기독교인의 생활' 강연
9월 송산교육회에서 고등농사학원 사업에 관해 '청년과 사회봉사' 제하의 강연
〈학해(學海)〉에 '청년이여 앞길을 보라' 기고
12월 18일 부인 이의식 여사 50세로 별세
백선행 여사 사망. 총독부, 각급 학교에 신사참배 강요. 일본, 런던군축회에서 탈퇴 선언

1936 54세
평양에서 을지문덕 장군 묘수보회(墓修保會) 창립
12월 18일 차녀 선희, 강의홍(康義弘)과 결혼
손기정, 베를린올림픽에서 세계신기록으로 우승

1937 55세
1월 8일 서울 전선애(田善愛) 여사와 결혼
4월 평양에서 조선물산장려회, 관서체육회, 을지문덕 장군 묘수보회 등의 해산을 강요받음
6월 동우회(同友會) 사건으로 평양의 많은 애국지사들에 대한 검거 선풍.
이때 체포되어 서울로 이송되어 20여일 만에 풀려남
6월 9일 동우회 사건. 7월 7일 노구교 사건으로 중일전쟁 발발

1938 56세
2월 2일 3녀 선영(善英) 태어남
3월 10일 도산 안창호 사망

1939 57세
제2차 세계대전 발발

1940 58세
2월 6일 3남 연흥(然興) 태어남

창씨개명 실시. 독일 · 이탈리아 · 일본, 군사동맹 체결

1942 60세
11월 14일 4남 연수(然守) 태어남

조선군사령 공포. 조선어 사용 금지

1943 61세
8월 13일 맏사위 정재윤 41세로 별세

아들 연창의 학병 문제 대두

총독부 징병제 공포 및 학병제 실시

1944 62세
4월 일제의 회유와 압박을 피해 평남 강서군 반석면 반일리 내동으로 은거하다

주기철 목사 순교. 연합군, 노르망디 상륙작전 성공

1945 63세
8 · 15해방! 동지들의 권유로 8월 17일 평양으로 귀환

조선건국 평남준비위원회 창립, 위원장에 선임

8월 26일 진주해 온 소련군의 종용에 의해 공산진영과의 연립정권인 평남 인민

정치위원회 수립, 위원장에 피선

9월 중순부터 조선민주당 조직에 착수

11월 3일 평양에서 조선민주당 창립, 수개월 만에 50만 당원 확보

8월 6일 미국, 일본 히로시마에 원폭 투하.

8월 8일 소련, 일본에 선전포고

8월 15일 일본, 연합국에 무조건 항복. 제2차 세계대전 종결.
12월 27일 모스크바 3상회의

1946   64세

1월 2일 모스크바 3상회의에 따른 신탁통치 반대 의견 표명
1월 5일 소련군정 및 공산당과 신탁통치 문제로 회의를 했으나 결렬됨.
그날 밤 소련군에 의해 평양 고려호텔에 연금됨
1월 2일 조선공산당, 신탁통치 지지 선언.
6월 3일 이승만, 남한 단독정부 수립 주장

1948   66세

11월 27일 전선애 여사 등 가족 월남
8월 15일 대한민국정부 수립

1950   68세

6월 북한, 평양방송 통해 조만식과 거물 간첩 김삼룡·이주하 교환 제의
10월 18일 유엔군과 한국군의 공격으로 퇴각하던 북한 공산당 상부의 지시에
의해 최후를 맞은 것으로 전해짐
6·25전쟁 발발. 9월 15일 유엔군, 인천상륙작전 개시
9월 28일 서울 수복. 10월 29일 중공군 개입

1970

'고당의 날'(매년 2월 1일)을 기념해 88회 탄신 기념 경모회(敬慕會)가 영락교회
기념관에서 엄수됨
8월 15일 대한민국정부가 건국공로훈장 대한민국장을 추서함

1991

11월 5일 동작동 국립묘지에서 추모식을 거행하고 국가유공자 제2묘역에 안장

기파랑舊婆郎은 삼국유사에 수록된 신라시대 향가 찬기파랑가讚舊婆郎歌의 주인공입니다. 작자 충담忠談은 달과 시내와 잣나무의 은유를 통해 이상적인 화랑의 모습을 그리고 있습니다. 어두운 구름을 헤치고 나와 세상을 비추는 달의 강인함, 끝간 데 없이 뻗어나간 시냇물의 영원함, 그리고 겨울 찬서리 이겨내고 늘 푸른빛 잃지 않는 잣나무의 불변함은 도서출판 기파랑의 정신입니다.

www.guiparang.com

영원한 민족의 스승 고당 조만식 전기

"북한 일천만 동포와 생사를 같이 하겠소"

초판 1쇄 발행일 2010년 9월 15일

엮은이 | 고당 조만식선생 기념사업회

펴낸이 | 안병훈

북디자인 | design54

펴낸곳 | 도서출판 기파랑

등록 | 2004년 12월 27일 제300-2004-204호

주소 | 서울시 종로구 동숭동 1-49 동숭빌딩 301호

전화 | 02)763-8996(편집부) 02)3288-0077(영업마케팅부)

팩스 | 02)763-8936

e-mail | info@guiparang.com